みぢかな国際法入門

松田幹夫　編

不磨書房

はしがき

　いまや，日本の大学自体の名称にとどまらず，学部や学科の名称にも「国際」という形容詞が使われることが，珍しくなくなった。また，東京のような大都会だけでなく地方都市にも外国人の姿が目立つというより日本社会に溶けこむようになって，短くない年月が経過した。観光・留学・ビジネスなどの目的で訪日している外国人が多い反面，外国人犯罪のニュースが，あとを絶たない。これらの現象を包括して，日本は「国際化」時代に突入したといわれるのだろう。

　ところで，本文でも述べるように，「国際」という形容詞は，もともと「法」という名詞と結びついて誕生した日本語である。その意味で，君たちがこれから学ぶ「国際法」は，「国際」の本家本元である。「国際法」から「国際」が切り離され，「政治」と結びついて「国際政治」，「経済」と結びついて「国際経済」，「化」と結びついて「国際化」などという言葉が，あらわれたわけである。

　本書は，そのように「国際」の本家本元である「国際法」を君たちに「みぢかな」法として感じてもらえるようにという意図のもとで執筆された。イラストが使われているのも，「みぢかな」法であると感じてもらいたいためである。

　執筆にさいしては，もちろん，多くの先生がたの著書・論文を参考にさせていただいた。本書の性格上，参考文献として示していないが，これらの先生がたには厚くお礼申しあげる。また，本書の出版まで根気よくお世話下さった不磨書房の稲葉文彦氏にも深甚な謝意を表したい。

2004年3月

松　田　幹　夫

目　次

はしがき

§Ⅰ　国際法はどんな形式で存在するか ……………………2
1　国際社会の法　2
2　日本と国際法との出会い　3
3　国の間の法　5
4　国際法の存在形式　6
5　条約法　8
6　国際法の法典化　13
7　ソフト・ロー　14

§Ⅱ　国家とは ……………………………………………16
1　国家が国際法主体であること　16
2　国家の構成要素　17
3　国家の類型　18
4　国家の承認　20
5　政府の承認　24
6　交戦団体の承認　25
7　国家の承継　27
8　国家の基本的権利・義務　28

§Ⅲ　国際機構とは ………………………………………33
1　国際機構の意義　33
2　国際連合　36
3　専門機関　41
4　欧州連合（EU）　42
5　国際機構を規律する法　46

6　国際機構による一般国際法の定立と執行　51
　　　7　非政府団体（NGO）　53

§Ⅳ　個人とは……………………………………………………………56
　　　1　国　籍　57
　　　2　外国人の法的地位　60
　　　3　外交的保護権　63
　　　4　庇　護　65
　　　5　難民の保護　67
　　　6　犯罪人引渡　69
　　　7　個人の国際犯罪　73

§Ⅴ　裁判権から免除されるとは………………………………………79
　　　1　国家（主権）免除　79
　　　2　外交免除　80
　　　3　領事免除　82
　　　4　軍隊・軍艦・軍用航空機の免除　84

§Ⅵ　陸とは………………………………………………………………86
　　　1　領域の構造　86
　　　2　領域取得の権原　86
　　　3　国際運河と国際河川　88
　　　4　信託統治地域と非自治地域　90
　　　5　南極大陸　92

§Ⅶ　海洋法とは…………………………………………………………94
　　　1　海洋法の成立と発展　94
　　　2　海洋の水域区分と基線　96
　　　3　内　水　98
　　　4　領　海　99

5　接続水域　101
　　6　排他的経済水域　102
　　7　大陸棚　104
　　8　公　海　104
　　9　深海底　106
　　10　群島水域　107
　　11　国際海峡　108

§Ⅷ　空・宇宙とは　……………………………………………………113
　　1　空に国家の支配権は及ぶのか　113
　　2　航空機事故に対する損害賠償の仕組み　116
　　3　宇宙開発についてのルール作り　118

§Ⅸ　人権は国際的にどう保障されるか　……………………………123
　　1　人権の国際的保障の歴史的展開　123
　　2　国際的に保障される人権の多様性(1)――個人の権利　126
　　3　国際的に保障される人権の多様性(2)――集団の権利　129
　　4　国際人権法の法形式の多様性　132
　　5　国際人権の保障手続(1)――国連による人権保障　135
　　6　国際人権の保障手続(2)――人権条約の国際的実施制度　138
　　7　国際人権の保障手続(3)――国際人権法の国内的実施　140
　　8　欧州の人権保障制度　141

§Ⅹ　環境は国際的にどう保護されるか　……………………………143
　　1　国際・地球環境問題と国際法　143
　　2　国際環境損害防止義務　144
　　3　国際環境保全の原則・規則の発展　148
　　4　地球環境保全の法制度の特色　152
　　5　オゾン層の保護　154
　　6　地球温暖化の防止　155

    7 南極の環境保護   158
    8 生物多様性の保全   159
    9 野生動植物の国際取引   161
   10 廃棄物の越境移動   162

§XI　国家責任とは　165

    1 国際法と国家責任   165
    2 国家責任の相対性と普遍性   166
    3 国家責任の成立要件   167
    4 国家責任の効果   176
    5 国家責任の履行   179

§XII　紛争を平和的に解決するには　184

    1 国際紛争の平和的解決   184
    2 裁判以外の紛争解決——交渉・周旋・仲介・審査・調停   186
    3 国際連合による紛争の平和的解決   188
    4 仲裁裁判所   191
    5 国際司法裁判所   192

§XIII　武力行使が許されるのは　200

    1 武力行使の違法化と留保   200
    2 国連による集団安全保障措置としての武力行使   203
    3 国連の平和維持活動と武力行使   206
    4 自衛権の行使   207
    5 自国民保護   211
    6 人道的介入（人道的干渉）   212
    7 武力紛争法の発展   214

事項索引　219

みぢかな国際法入門

§1　国際法はどんな形式で存在するか

1　国際社会の法

　簡単にいうと，国際法とは，国際社会の法である。たとえば，日本という国内社会には，日本国憲法以下，民法・商法・刑法など，国内法と呼ばれる法が存在している。国内社会に国内法が存在するのと同じように，国際社会にも法が存在するのであって，それが国際法である。

　国際法の前提となる国際社会は，ヨーロッパにおける主権国家の成立に始まる。中世のヨーロッパでは，キリスト教世界の統一が理念的に要請されていた。そこでは，ローマ法王を頂点とするキリスト教会が，そのような理念を体現するものとして，ヨーロッパの精神生活に君臨していた。それとともに，神聖ローマ皇帝が，古代ローマ帝国の承継者と称し，精神の世界におけるキリスト教会に対応した地位を要求していた。ところが，神聖ローマ皇帝は，それにふさわしい実力をもたなかった。諸国の王が皇帝に対して独立を主張したため，中世のヨーロッパは，政治的に分裂していた。

　こうして，16世紀以降になると，キリスト教世界の統一という理念は，期待されにくくなった。その1つの原因は宗教改革に求められ，もう1つの原因は，主権国家の成立に求められる。宗教改革によって，ローマ法王の普遍的権威は失われた。主権国家の成立により，主権国家をメンバーとする国際社会が誕生した。

　主権国家に関する第1のポイントは，それが絶対王政の国家として発展したということである。絶対王政とは，中世の封建社会が崩壊して近代市民社会が建設される時期に強力な国王が支配した体制をいうが，国王は，そのために，官僚行政機構や常備軍を利用した。また，都市のブルジョアにとっては，狭い地域を単位とする経済より広域的な商業活動が有利であったから，彼らも，国

王による中央集権化を支持した。

　主権国家に関する第2のポイントは，主権国家の中には，人種・言語・宗教などの点で同一または類似した集団を基礎として成立した国家があったということである。この集団が民族に成長すると，そうした国家も民族国家または国民国家として発達していったが，18世紀末までには，そのような国家として，イギリス・フランス・スペイン・ポルトガル・スウェーデン・オランダ・スイスなどが出現した。

　このような主権国家をメンバーとする国際社会を秩序づける法が，国際法にほかならない。その後，国際社会は，ヨーロッパからアメリカ大陸・アジア・アフリカなどに拡大されたが，国際法をもって国際社会の法とする定義は，いまなお通用する。

2　日本と国際法との出会い

　1860年1月，外国奉行・新見豊前守以下の日米修好使節団を乗せたアメリカのフリゲート艦「ポーハタン」が，浦賀を出港した。3月，水戸浪士らが桜田門外で大老・井伊直弼を暗殺したが，太平洋上の使節団は，この大事件を知らないまま，アメリカに到着した。この使節団はどんな任務のために太平洋を横断したのかというと，1858年に署名された日米修好通商条約の批准書交換（後述）のためであった。また，この使節団は，日本から正式に欧米に派遣された外交使節の第一陣であった。

　それでは，この日米修好通商条約が日本が外国と結んだ最初の条約であるかというと，そうではない。ペリーが浦賀に来航したのは，明治維新の15年前の1853年であった。翌54年，ペリーと林大学頭らとの間で署名された日米和親（神奈川）条約こそ，日本が近代的形式で締結した最初の条約である。つまり，この条約によって，日本に国際法が適用され，日本が外国と国際法上の関係にはいったことが意味された。

　このようにして，日本はヨーロッパ国際社会で生まれた国際法という法にコンタクトするようになったが，当時，「条約」という日本語が使われたことは，前記2条約に照らして明らかである。しかし，「国際法」という日本語は，ま

だ生まれていなかった。諸外国との交渉に当たった幕府の外交当局は，初めのうち国際法について全く無知であり，国際法の存在を諸外国から知らされて驚いた。彼らは，その後，国際法を指して，「万国普遍之法」という言葉を使った。いずれにせよ，日本に最初に輸入された西洋の法は国際法であった。

　1862年，幕府は，最初のヨーロッパ留学生として，10名あまりの日本人男性をオランダに派遣した。この中の2名，すなわち，西周助（西周）と津田真一郎（津田真道）のみが，法律学などを学ぶ任務を課せられた。西と津田は，ライデン大学のフィッセリング教授の指導を受けた。具体的には，2年間にわたり，国際法・自然法・国法学・経済学・統計学の5科目について，フィッセリングに学んだ。

　西と津田がオランダに留学していた1864年，清に滞在していたアメリカ人宣教師マーティンは，アメリカの有名な国際法学者兼外交官ホイートンの概論書 *Elements of International Law* を中国語に訳して，『万国公法』という題をつけた。宣教師が滞在国の言語に精通することは珍しくないが，マーティンもそうであった。この本はすぐ日本に輸入されて，翌1865年，幕府開成所から翻刻・出版され，当時の知識階級によって争って読まれた。

　この年の10月，西と津田は帰国した。そして，開成所教授職となった西は，1868年，フィッセリングの説を「訳述」した書物を刊行し，これに，やはり，『万国公法』という題をつけた。西は，オランダでは，国際法以外の科目も学んだが，留学最初の成果がこの書物であるから，西の学問的出発点は国際法であったといえる。

　とにかく，マーティンの翻訳以降，「万国公法」という言葉が日本において普及したが，同一の法を指す「国際法」という日本語の出現は，1873年まで待たなければならなかった。この年，法律学者・箕作麟祥がアメリカ人ウールジーの *International Law* を翻訳したとき，『国際法，一名万国公法』と題したのが始まりである。1881年に「官立東京大学」（東京大学の前身）の科目に採用されて以来，「国際法」の語が定着するようになった。

3　国の間の法

　それでは，なぜ箕作が「国際法」という日本語を考えついたのかというと，international の inter がもともと「間」という意味のラテン語であって，漢字の「際」が「間」という意味であるからである。「万国公法」という言葉が普及しているが，原語についてくわしく考えると，「国際法」が適当であると，箕作自身が述べている。要するに，「国際法」は，文字の上からでは，「国の間の法」という意味になる。

　そして，この場合の「国」の数は，ものによってバラバラである。たとえば，前記の日米修好通商条約や日米和親条約が日米2国間に適用されることは，いうまでもない。これに対し，国連加盟国は191であるから，国連憲章は，191カ国に適用されることになる。

　なお，教科書の題名や大学の時間割で「国際公法」という言葉が使われることがあるが，これは，「国際法」と同一である。なぜ「公」の字を使うことがあるのかというと，「国際私法」という法と区別するためである。

　国際私法とは，国際的要素をもつ私法事件において，これこれの国の民法または商法を適用せよと指定する法である。たとえば，日本人男女が日本国内で婚姻する場合，日本の民法が適用されることに疑いはない。しかし，A国の男とB国の女がC国で婚姻する場合，どこの国の民法を適用すればいいのかという疑問にぶつかる。このような場合，これこれの国の民法を適用せよと指定するのが国際私法である。そして，国際私法は，「国際」という形容詞を使っているにもかかわらず，国内法すなわち国内社会の法である。日本の場合，帝国議会が制定した「法例」という名の法律がそれである。したがって，国際法イコール国際公法であって，国際法が国際公法と国際私法に分類されると考えてはいけない。

4　国際法の存在形式

（1）　国家間の合意

　国際法は，一体どんな形式で存在しているのであろうか。その点，憲法ならば，六法のトップに例外なく「日本国憲法」という法典が掲載されているから，それをみればいい。また，民法ならば，「民法」という題の法典，刑法ならば，「刑法」という題の法典をみればいいわけで，いずれもアクセスしやすい。

　国際法の場合は，六法の最後に「国際法」または「条約」という部分があって，そこには，国連憲章その他の重要条約が収録されている。そこで，そこからアクセス可能であるにせよ，それは，国際法のほんの一部に過ぎないことに気をつけなければならない。

　国際法が「国の間の法」であるならば，それが国家間の合意に基づいて成立することは，容易に推察される。日米修好通商条約は，日米間の合意に基づいて成立した。これに対し，憲法などの国内法は，一国の意思だけで成立する。もっとも，国家間の合意は，明示的合意と黙示的合意に分けられ，前者は日米修好通商条約のように文書に記された条約となり，後者は国際慣習法となる。条約および国際慣習法が，国際法の存在形式である。

（2）　条　　約

　ここでいう条約は，広い意味であって，日米修好通商条約のように，○○条約と呼ばれる文書に限られない。国連憲章のように○○憲章と呼ばれる文書，国際連盟規約のように○○規約と呼ばれる文書，国際司法裁判所規程のように○○規程と呼ばれる文書，難民の地位に関する議定書のように○○議定書と呼ばれる文書，国際通貨基金協定のように○○協定と呼ばれる文書なども含まれる。

　日本国憲法73条3号は，「内閣の事務」の1つとして「条約を締結すること」をあげているが，ここでいう「条約」も広い意味である。また，98条2項は，「誠実に遵守することを必要とする」として，「日本国が締結した条約」をあげているが，ここでいう「条約」も同じく広い意味である。

（3） 国際慣習法

慣習法が成立するためには，慣行と法的信念が存在しなければならない。

まず，慣行であるが，多数の国家が同一の行為を繰り返すという事実が必要である。その時間については，以前は，「記憶を超えた昔からの慣行」が要求された。たとえば，「領海の幅は3カイリ」という慣習法が19世紀なかばごろに成立するまでには，「国際法の父」グロティウス（1583〜1645）が海洋の自由を主張してから約250年かかったとされる。

ところが，第2次世界大戦後の国際関係の緊密化・迅速化は，慣習法成立に要する時間を大幅に短縮した。たとえば，国際司法裁判所は，1969年に与えた「北海大陸棚事件」の判決の中で，大陸棚条約の1条から3条までの規定が同条約が採択された1958年当時すでに慣習法の規則として確立されていたと述べた。これによれば，大陸棚に関する国家実行の開始を1945年のトルーマン宣言とすれば，わずか13年の間に慣行が成立したことになる。このような立場は，学説上は「インスタント慣習法」として主張されていた。

次に，法的信念とは，慣行を守らなければならないという気持ちといってもいいし，慣行に違反すれば制裁を加えられるという意識といってもいい。つまり，慣習法が成立するためには，慣行という事実の存在だけでは不十分であって，法的信念という心理的要素も存在しなければならない。こうして成立した慣習法は，原則として，すべての国家を拘束する。しかし，その慣習法が成立する前から明確かつ継続的に反対していた国家を拘束しないとするみかたがある。これを「一貫した反対国の原則」という。

一般に，法は文章化された成文法と文章化されていない不文法に大別されるが，国際法の場合もそうであって，条約が文章化された国際法であるのに対し，慣習法は，文章化されていない国際法である。それでは，慣習法を知るにはどうすればいいかというと，教科書の随所に記載されているというほかない。また，日本国憲法98条2項は，「誠実に遵守することを必要とする」として，「確立された国際法規」をも掲げて，慣習法に対する日本の基本姿勢を示した。

（4） 特別国際法と一般国際法

このように，国際法は，存在形式を基準として，条約と慣習法に区別されるが，そのほか，妥当範囲を基準として，①特定国家に妥当する特別国際法，②

国際社会の多数の国家に妥当する一般国際法，③国際社会全般に妥当する普遍的国際法に区別される。ときには，②と③を一般国際法と呼ぶことがある。一般国際法は，慣習法の形をとる。

　特別国際法と一般国際法の関係については，国内法の場合に似て，「特別法は一般法を破る」という原則が適用される。条約が，慣習法に優先するわけである。国際司法裁判所規程38条も，裁判基準として，第1に条約をあげたあと，第2に慣習法をあげている。

　なお，38条は，裁判基準として，第3に，「文明国が認めた法の一般原則」をあげている。そこで，法の一般原則が国際法の第3の存在形式であるかどうかについて，学説が対立しているが，否定説が有力である。国際法の存在形式は，第1の条約と第2の慣習法で尽きるから，第3の法の一般原則は，時効の制度などのように，文明国が国内法で認めた一般原則と解される。

5　条　約　法

(1)　条約法条約

　1969年，「条約法に関するウィーン条約」(「条約法条約」と略す) が採択された。条約法とは，条約の締結・効力・解釈などに関する国際法の総称である。条約法は，それこそ十数世紀にもわたる慣行に基づき慣習法として発達してきた。しかし，なにぶん不文法であるから，不明確な点が多かった。それを放置することは，国際法の第1の存在形式である条約への信頼性をそこなうので，慣習法を整理・整頓して文章化したのが条約法条約である。

　条約法条約は，国家間の条約に適用される。したがって，国家と国際機構の間の条約または国際機構と国際機構の間の条約には適用されないが，これらの条約にも適用可能な規定を含んでいる。

(2)　条約の分類

　条約は，いろんな基準によって分類される。

　まず，内容を基準として，講和・安保などに関する政治的条約 (対日平和条約) とそうでない非政治的条約 (ユネスコ憲章) に分類される。

　次に，当事国の数を基準として，2国間条約 (日韓基本条約) と多数国間条

約または多辺条約（国連海洋法条約）に分類される。これと似たような分類であるが、特定国家が参加する特別条約（東南アジア非核条約）と世界の大多数の国家が参加する一般条約（外交関係ウィーン条約）という分類もある。

そして、加入の態様を基準にすると、第三国の加入を予定していない閉鎖条約（日米通商条約）と予定している開放条約という分類がある。開放条約は、第三国の加入を無条件に認めるそれ（スエズ運河条約）と一定の条件を課するそれ（国連憲章）に細分される。

また、条約の性質を基準として、当事国間の異なる利害の調整を目的とする契約条約と当事国が共通の利益の実現を目的とする立法条約に分類される。契約条約は、通例、2国間条約であり、閉鎖条約である（日米犯罪人引渡条約）。これに対し、立法条約は、原則として、多数国間条約または一般条約であり、開放条約である（国際人権規約）。

（3） 条約の締結能力・締結権

条約を結ぶものは誰かという問題は、国際法および国内法2つの面から考えなければならない。

(a) **国際法上の締結能力** 条約法条約は、「いずれの国も、条約を締結する能力を有する」（6条）と規定しているから、国際法上、当然に締結能力を認められるのは主権国家である。

連邦の構成部分が締結能力をもつかどうかといえば、連邦の中には、まれに、憲法で、その構成部分に外国と条約を締結する能力を認めた例があった（旧ソ連憲法18条A）。

国際機構は、設立条約が認める限りで締結能力をもつ。たとえば、国連憲章によれば、国連は、軍事的措置のため加盟国と特別協定を締結し（43条）、また、専門機関と連携協定を締結する（63条）。

(b) **憲法上の締結権** 国際法上、締約能力をもつものが国家であるとして、具体的にどの国家機関が締結権を有するかは、憲法上の問題である。明治憲法は、「天皇ハ国ノ元首ニシテ」（4条）「諸般ノ条約ヲ締結ス」（13条）と規定していた。このように、元首を締結権者とする例は多い。しかし、すでに述べたとおり、現行憲法上、締結権者は内閣である（73条3号）。

国際機構の内部でどの機関が締結権をもつかは、やはり、設立条約に規定さ

れる。国連憲章をみると、軍事的措置のための特別協定の締結権者は、具体的には安保理事会であり（43条3項）、専門機関との連携協定の締結権者は、具体的には経社理事会である（63条1項）。

(4) 条約の締結手続

(a) **全権委任状**　条約締結権者がすべての条約締結にたずさわることは、現実には不可能である。そこで、締結権者は、国家を代表して締結交渉に当たる個人を指名し、全権委任状を渡す。締結権者がみずから交渉に当たるさい、全権委任状は不必要である。元首・政府の長・外務大臣の場合もそうである（条約法条約2条(c)・7条2項(a)）。

日本では、締結権者である内閣が発給する全権委任状は、国事行為の1つとして、天皇によって認証される（憲法7条5号）。

(b) **署名**　交渉の結果、採択された条約文については、全権委員が署名する。署名を「調印」ともいうが、昔はともかく、いまは印を押さない。

条約には、署名だけで発効する条約と、署名のほかに批准を要する条約がある（条約法条約11・12条）。前者は、大体、政治的に重要でない技術的・行政的な条約である。後者の場合、署名は、条約文の内容を確定するという法的効果をもつ（条約法条約10条・14条）。

(c) **国会の承認**　明治憲法で示されたように、条約締結は、本来、元首の専権事項であった。しかし、民主主義国家では、国民代表議会がなんらかの形で条約締結に参加するのが通例である。たとえば、日本国憲法によれば、内閣は、条約締結にさいし、「事前に、時宜によつては事後に、国会の承認を経ることを必要とする」（73条3号）。

アメリカ憲法をみても、大統領は、条約締結にさいし、上院の出席議員の3分の2の賛成による「助言と承認」を得なければならない（2条2節2項）。

(d) **批准**　批准とは、署名された条約を締結権者が確認するという意味である。なぜ批准が行われるのかといえば、次の2つの理由に基づく。

① 国家が条約文を審査するためである。条約の交渉は、普通、当事国の一方で実施される。交渉中は秘密が保たれるから、署名のときに他方の当事国が正確に条約文を把握していないことがある。通信手段が発達していなかった時代には、とくにそうであった。そこで、最終的に同意する前に、条約文を審査

しなければならない。しかし，通信手段が発達した現在，この理由は，あまり重要でなくなった。

② 条約締結に議会の承認などが必要とされている場合，その機会をもつためである。条約に対する民主的コントロールという観点に立つと，この理由は，いまも重要である。

(e) 批准書の交換・寄託 条約は批准されただけでは正式に成立せず，批准書の交換または寄託という手続がとられなければならない。批准書とは，条約を批准するという締結権者の意思をあらわす文書である。批准書は，2国間条約の場合に交換され，多数国間条約の場合に寄託される。

寄託は，条約採択のための国際会議の開催国の外務省や国連事務局になされることが多い。従来は，寄託先は，1カ所に限定されていた。しかし，部分的核停条約（1963年）で，ワシントン・ロンドン・モスクワが寄託先とされて以来，このタイプもふえている。いずれにせよ，別段の定めがないかぎり，批准書の交換または寄託によって，条約に拘束されることについての国家の同意を確定的なものとする（条約法条約16条）。

ただ，多数国間条約では，署名国の全部ではなく，一定数の批准書の寄託があれば発効すると規定する例が多い。たとえば，国連憲章は，中華民国・フランス・ソ連・イギリス・アメリカの5カ国および他の署名国の過半数（24カ国）が批准書を寄託したときに発効すると規定した（110条3項）。署名国全部が批准書を寄託しなければ，条約が発効しないこととなると，条約発効が大幅に遅れることが予想されるから，一定数の批准書寄託だけで十分とされたのである。なお，この場合でも，未批准国に条約の効力が及ばないことはいうまでもない。

（5） 条約の登録

条約の登録という制度を始めたのは，国際連盟である。第1次大戦を誘発したのは，ドイツ・オーストリア・イタリア間の三国同盟とイギリス・ロシア・フランス間の三国協商の対立であったが，同盟の内容も協商の内容も秘密であった。そこで，ウィルソン・アメリカ大統領は，有名な14原則の1つに公開外交を掲げ，連盟規約は，加盟国が締結する一切の条約は連盟事務局に登録され，事務局はなるべくすみやかにこれを公表せよと規定した（18条）。

国連憲章も，この制度を引き継いで，加盟国が締結するすべての条約は国連

事務局に登録され，事務局はこれを公表せよと規定している（102条1項）。ただし，規約では，未登録の条約が「其ノ拘束力ヲ生スルコトナカルヘシ」（18条）とされていたのに対し，憲章は，未登録の条約も有効と認め，ただ，いかなる国連機関においても「援用することができない」（102条2項）と規定するにとどまった。

つまり，規約の場合，加盟国と非加盟国の間の未登録の条約は，非加盟国を拘束しても，加盟国を拘束しないという不合理な結果をもたらした。しかるに，憲章のもとでは，未登録の条約も当事国を拘束し，当事国は，国連以外の機関で，その条約に基づいた権利を主張できる。こうして，登録された条約を事務局は公表しなければならないが，公表は『国際連合条約シリーズ』（日本語訳なし）に順次掲載するという形をとっている。ウィルソン大統領が意図した公開外交は実現した。

（6） 条約の留保

多数国間条約の当事国は，本来，条約のすべての条項を適用すべきであるが，ときには，留保をつけて，条約全体または若干の条項の法的効果を排除または変更することがある。留保は，2国間条約については，ほとんど問題にならない。2国間条約で留保をつけることは，実質上，交渉再開を提案することに等しい。

留保は，3種類に分けられる。①一定の条項の適用に関するもので，ある国家がある条項を留保すれば，その国家には，その条項が適用されないことになる。②条約の適用地域に関するもので，ある国家が植民地について留保すれば，その条約は，その植民地に適用されないことになる。③一定の条項の意義に関するもので，ある国家がある条項を特定の意義に解釈することを留保すれば，その国家に関する限り，その意義で解釈されることになる。これら3種類の中で，もっとも重要なのは①である。日本は，不戦条約（1928年）1条の中の「其ノ各自ノ人民ノ名ニ於テ」という字句は「日本国ニ限リ適用ナキモノト了解スルコトヲ宣言」した。

国家は，条約の趣旨・目的と両立するならば，署名・批准などのさいに，留保をつけることができる（条約法条約19条）。ただし，特定の条約が留保を禁止している場合，留保することはできない。たとえば，大陸棚条約（1958年）は，1条から3条までの留保を禁止した（12条）。また，国連海洋法条約（1982年）

も，「他の条の規定により明示的に認められている場合を除くほか，留保を付すこともまた，除外を設けることもできない」と規定している（309条）。

　留保の長所は，条約の成立を容易にすることである。多数国間条約では，多数の当事国が別々の利害をかかえるから，同一の規定を一律に適用することが無理である場合が少なくない。留保を認めないことにすると，当事国が減少し，ことによると，条約そのものが成立しない可能性がないでもない。そこで，留保を認めることにすると，ある条項に反対する国家は，その条項を留保できるから，当事国が増加する見込みが生まれる。

　これに反し，留保の短所は，条約関係を複雑にし，条約の効果を減殺することである。ある国家が留保すると，留保された範囲で，条約の適用が制限される。複数の国家が別々の留保をつけると，それぞれ留保された範囲で，条約の適用が制限される。そのため，条約関係がまちまちになる。それだけでなく，条約の適用が制限されると，条約上の権利・義務も制限され，条約の効果も減殺されるわけである。

6　国際法の法典化

　すでに述べたように，一般国際法は，慣習法という形式で成立している。しかし，慣習法はなにぶん文章化されていないから，なにが慣習法であるのか認定するのが容易ではない。そこで，慣習法を成文化して「条約」の形に整える作業を法典化（古い日本語では「法典編纂（へんさん）」）という。

　"international law" という英語を考えついたことで有名なイギリスの思想家ベンタム（1748～1832）は，「法典化（codification）」という言葉をも発案しただけでなく，これを最初に実行した。1873年には，法典化を目的として，国際法学会および国際法協会という文字どおりインターナショナルな2つの団体が，相次いで設立された。そして，1899年と1907年の2回にわたるハーグ平和会議は，戦争法の分野で，かなりの成果をあげた。

　平時法の分野では，1930年，国際連盟が主催した国際法典編纂会議が，一応注目される。国籍・領海・国家責任の3議題について論議されたが，国籍についての条約を採択するにとどまった。その一因は，準備不足であった。

連盟時代の反省を踏まえた国連総会は，「国際法の漸進的発達及び法典化を奨励する」ために研究を発議し勧告せよという国連憲章の規定（13条1項）に基づき，補助機関として，国際法委員会を設けた。同委員会は，各国の有能な国際法学者・外交官など34名で構成される。委員は，国連総会で選挙されるが，個人の資格で選ばれるのであって，国家の代表ではない。日本人委員は，横田喜三郎（学者）・鶴岡千仭（外交官）・小木曽本雄（外交官）・山田中正（外交官，1992年以降）である。

委員会は，これまで，20以上もの条文草案を採択した。それから成立したものとしては，海洋法4条約（1958年），外交関係ウィーン条約（1961年），領事関係ウィーン条約（1963年），条約法条約（1969年）など，第2次世界大戦後の重要条約があげられる。

もっとも，国連で法典化作業を営んでいるのは，国際法委員会だけではない。国際人権規約については人権委員会，宇宙条約については宇宙空間平和利用委員会というように，国際法委員会以外の国連機関も，法典化において重要な役割を演じた。

7　ソフト・ロー

国連総会決議は，新加盟国の承認（4条2項）・安保理非常任理事国の選挙（23条1項）・事務総長の任命（97条）など，国連の組織・運営に関して採択される場合，および，補助機関の設置（22条）など，総会自身の内部運営に関して採択される場合には，法的拘束力をもつ。

しかし，それ以外には，一般に，勧告的な効力しか認められない。採択のときに反対した国家はもちろん，棄権した国家も，賛成した国家すらも，決議を守るべき法的義務を負わない。したがって，世界人権宣言のように，その趣旨・目的に異議をさし挟む余地がなく，反対した国家なしに採択された超有名決議であっても，条約としての法的拘束力をもたない。

ところが，1974年に総会が採択した「新国際経済秩序（NIEO）樹立宣言」という決議が1つのきっかけとなって，ある種の総会決議になんらかの法的効力を認めようとするソフト・ローの概念が浮上してきた。ただし，以前からソ

フト・ローに似たような合意がなかったわけではない。たとえば，安保理非常任理事国の地理的配分を定めていたロンドン協定（1946年）のような紳士協定がそうであった。紳士協定は条約ではないから，違反しても国際違法行為にならない。しかし，信義に基づく遵守が誓約されているから，違反が非友好的行為となることは免れない。

　ソフト・ローは，条約および慣習法といった拘束力のあるハード・ローに対比されるとともに，将来，それ自身がハード・ローに移行する可能性を秘めている合意であると主張される。しかし，いまなお，いくつもの論点をはらむ概念である。

§Ⅱ 国家とは

1 国家が国際法主体であること

　一般に，法は，法が定める権利・義務をもつものとしての主体を予定している。国際法主体とは，国際法が規定する種々の権利・義務をもつものを指す。
　一体なにが国際法主体であるかといえば，国家または交戦団体（後述）のような国家に準じる団体だけが国際法主体であるというのが，18・19世紀の通説であった。たしかに，国家は，一般国際法に基づいて，国民および領域に対する統治権ならびに条約締結能力を有し，違法行為に対する責任を負うから，国家が国際法主体であることに問題はない。問題は，国際機構および個人も国際法主体となるかどうかである。
　まず，国際機構であるが，すでに述べたように，国連憲章63条は，国連の主要機関の1つ経済社会理事会が専門機関（ILO・ユネスコなど）との間に連携関係の条件を定める協定を締結できると規定して，国連に条約締結能力を与えた。このように，国際法は，国家だけではなく，国際機構にも主体性を認めることがある。
　次に，個人であるが，権利の面では，EU司法裁判所が，個人の出訴権を認めた。義務の面では，旧ユーゴスラビア国際刑事裁判所が，旧ユーゴ領域で1991年以降国際人道法の重大な違反を犯した個人を審理するために設立された。個人の刑事責任を追及する国際裁判所としては，第2次世界大戦直後のニュールンベルグ，極東国際軍事裁判所以来のものである。このように，国際的な場面で個人が権利を行使し責任を問われることが，ありうる。
　したがって，現在，国際法主体として認められるのは，①国家，②国際機構，③個人である。しかし，①の国際法主体性と②③の国際法主体性の間に顕著な差があることに注意しなければならない。それは，①の国際法主体性が一般国

際法で定められ，その範囲が包括的であるのに対し，②③の国際法主体性が条約で定められ，その範囲も条約で定められる範囲内に限られるということである。その結果，①が原則的な国際法主体となるのにひきかえ，②③は，制限的な国際法主体となるにとどまる。

2　国家の構成要素

　国際法上の原則的主体である国家とは，どのような存在であろうか。この問題は一見簡単に思われるが，特定の政治団体が国家であるのかどうか，判断に迷う場合が，現実にはある。たとえば，旧ソ連を構成していた白ロシア（現ベラルーシ）とウクライナは，旧ソ連とともに国連の原加盟国であったが，白ロシアとウクライナは，はたして国家といえたのか。また，台湾の地位は，どうみればいいのか。こう眺めてくると，たしかに，国家の概念は，それほど単純ではない。

　ある政治団体が「国家」といえるためには，国家を構成する要素を備えなければならない。それは，「国の権利及び義務に関する条約」（1933年）によれば，①永久的住民，②明確な領域，③政府，④他国と関係を取り結ぶ能力である（1条）。

　①は，定住者を指し，放浪者を含まない。ただし，共通の言語・文化・人種的背景をもたなくてもいい。人口の多少も問われない。

　②でいう「領域」とは，領土（陸地）のことであって，領水・領空・海床上の人工建築物のことではない。領域の広狭は問われない。「明確な」といっても，領域の境界は，詳細に画定されなくてもいい。たとえば，イスラエルが国連に加盟したとき，その国境は必ずしも画定されていなかった。

　③は，②内の①を統治する組織である。対外関係において国家を代表するのは③であり，これを抜きにして，そのような関係を維持することは，不可能である。そこで，あらゆる国家が③をもたなければならないとされるが，それは，③のもとで組織されない①が国家を構成すること自体，そもそも考えられないからである。もっとも，第2次世界大戦中のノルウェーのように，外国によって軍事的に占領されている間，③が一時的に亡命しても，国家は消滅したとみ

なされない。

④は，簡単には外交能力と呼ばれ，具体的には条約締結能力・使節権・戦争権といった形であらわれるが，これらは，主権の属性といってもさしつかえない。この外交能力を他国との関係で制限されずに保持し行使できる国家が，主権国家または独立国である。実在する国家の間には，①の多少・②の広狭・③の体制的相違など，種々の差が認められる。それにもかかわらず，どの国家も，主権国家である限り，国際法上，平等の関係に立つ。

3　国家の類型

（1）概　　説

すでに述べたように，外交能力を完全に保持し行使しうる国家が，主権国家である。主権国家は，原則として，日本のような単一国家であり，この場合，政府という1つの中央政治権威が，対内的かつ対外的に，その国家を代表する。

ところが，国家の中には，他国と結合することによって，外交能力の一部または全部を喪失するものが，ある。これまで，国家の類型としてあげられてきたのは，現実に存在した種々の国家結合から帰納されたものである。そのため，実際には，コモンウェルス（英連邦）のように，どの類型にも当てはまらない独特な国家結合がありうるし，同じ類型に属する国家結合の間にも，ニュアンスの差が認められる。

国家結合は，並列的なそれと従属的なそれに大別される。前者においては，複数国家が対等の立場で結合する。後者においては，国家は，その外交能力を他国によって制限されるという形で，他国に対して従属関係に立つ。

（2）並列的国家結合

これは，①身上連合，②物上連合，③国家連合，④連邦に細分される。

①は，複数の君主国が，王位継承法などによって偶然同一人物を君主とする場合に，成立する。構成国が，依然，国際法主体である。過去の例としては，グレート＝ブリテン・ハノーバー（1714～1837年）が有名である。現存する例はない。

②は，複数の君主国が条約締結などによって同一人物を君主とする場合に，

成立する。連合自体は，国家ではないが，国際法主体である。過去の例としては，オーストリア・ハンガリー（1867〜1918年）が有名である。現存する例はない。

③は，複数の国家が条約によって結合し，これらの上に立つ機関を設ける場合に成立する。その機関は，構成国に対して行使すべき特定の権限を与えられる。通例は，連合自体は国際法主体ではなく，構成国が，国際法主体として外交能力を保持する。過去の例としては，アメリカ（1778〜1787年）が有名である。現存する例はない。

④は，複数国家が結合して，これらの上に立つ機関を設ける場合に成立するが，その機関が構成国に対してだけではなく，構成国国民に対しても権限を行使する点において，③と異なる。その機関すなわち中央政府によって行使される権限の広範なところからみて，④そのものが主権国家である。戦争を宣言し，講和を結び，政治的・軍事的条約を締結できるのは，④のみである。構成国は，そのような外交能力を保持しないから，主権国家ではない。アメリカ・カナダ・ドイツ・インドなど，現存する例は多い。

(3) 従属的国家結合

これは，①保護関係，②付庸関係に細分される。

①は，重要な外交関係を処理する権限を委譲するという方法で，弱国が強国の保護下にはいるときに成立する。この場合，強国は，保護国と呼ばれて，依然，主権国家である。これに対し，弱国は，被保護国と呼ばれて，主権国家でなくなる。ただし，保護国が締結した条約は，当然には，被保護国に適用されず，保護国が他国と戦争しても，被保護国は巻きこまれない。

1905年の日韓保護協約により10年まで日本を保護国とした韓国のほか，被保護国の先例は多い。最後の被保護国は，ピレネー山脈の内陸国アンドラである。同国は，1278年以来，フランス・スペイン両国の共同保護下におかれた。しかし，1993年2月，新憲法案が議会で可決され，6月，フランス・スペインは，同国を主権国家として承認した。7月には国連に加盟した。12月，日本は，同国に国家承認を与えた。

②は，国家の一部が独立しようとする段階で，制限された外交能力を本国の国内法によって認められるときに成立する。本国が宗主国と呼ばれて，依然，

主権国家であるのに対し，独立しようとする一部は，付庸（従属）国と呼ばれる。過去の例としては，トルコを宗主国とした第１次大戦前までのエジプトが有名である。現存する例はない。

（4） コモンウェルス（英連邦）

コモンウェルスは，イギリスおよびイギリスの植民地であった３種類の主権国家によって構成される。①カナダ・オーストラリアなどのように，イギリスと元首を共通する国家。②インド・キプロスなどのように，共和制をとる国家。③マレーシアなどのように，独自の君主制をとる国家。このように，構成国の政体は３種類に分けられるが，すべてを通じて，イギリス元首が「コモンウェルス首長」である。コモンウェルスの構成国は，増加する一方であり，2004年現在，50カ国を越えた。それは，世界の全国家の４分の１以上を占める。

こうして，元首はただひとりではないから，コモンウェルスは，身上連合でも物上連合でもない。構成国は，条約締結能力および使節権を行使し，別個に交戦国または中立国の地位に立つことができるから，主権国家である。「英連邦」ともいわれるが，連邦の類型にも当てはまらない。

1971年のコモンウェルス首脳会議が採択した原則宣言は，コモンウェルスを「独立主権国家のボランタリーな連合」と定義した。なお，構成国相互間で交換される外交使節が大使・公使ではなく「高等弁務官」と呼ばれるのは，イギリス帝国時代以来の独特の結びつきを示す標識である。

4　国家の承認

（1） 国家形成の諸態様

国家が形成される態様は，さまざまである。たとえば，日本のように自然に誕生した国家があれば，満州国のように他国によって政策的に作られた国家もある。また，リベリアのように処女地に建設された国家があれば，タンザニアのように，タンガニーカとザンジバルという２つの主権国家が合併して形成された国家もある。

しかし，比較的多いのは，国家の一部が分離・独立する場合であろう。もっとも，この場合も，アメリカやラテン・アメリカ諸国のように，本国との武力

闘争を経て独立する場合があれば，第2次世界大戦後のアジア・アフリカ諸国の多くのように，平穏に独立する場合もある。

　国家が形成される態様がさまざまであるとして，どの国家も「国家」といえるためには，それにふさわしい要素を備えなければならない。その要素は，すでに述べたとおり，①永久的住民，②明確な領域，③政府，④他国と関係を取り結ぶ能力である。それでは，国家は，この4要素を備えさえすれば，自動的に国家としての国際法主体性を与えられるかというと，現実には，新国家が形成されると，まず，外国から承認を受け，次に，両国間に国際法に基づく外交関係が開かれるというケースが，多い。したがって，国家の承認という行為にどのような意味が盛りこまれているかが，重要課題として，クローズ・アップされる。

（2）学　　説

　国家承認の性質をめぐって，2つの有力な学説が，対立してきた。①創設的効果説によれば，新国家は，外国から承認を受けることによってのみ，承認した外国との関係で，国際法主体となりうる。いいかえれば，承認を契機として，新国家は，事実上の国家から国際法上の国家に切りかえられる。承認を与えない国家からみれば，新国家は，いつまでも事実上の国家にすぎない。

　②宣言的効果説によれば，国家はその構成要素を備えさえすれば，当然，国際法主体となり得るのであるから，承認はなんら法的関係を創設するものではなく，既存の事実を宣言するにすぎない。新国家は，承認の有無にかかわらず，すべての外国に国際法主体性を主張できる。

　このように，国家承認の性質をめぐって，2つの有力な学説が対立しているが，どちらの学説が正しいのであろうか。ここで気をつけなければならないのは，国家が形成される態様がさまざまであるために，現実には，創設的効果説が当てはまるケースもあれば，宣言的効果説が当てはまるケースもあるということである。

　たとえば，国家の一部が本国との武力闘争を経て独立するとき，本国としては，分離・独立した部分の国家性を否認しがちであるから，その部分が国家としての国際法主体性をもつに至ったかどうかは，承認という外からみえる行為にかからしめるほうが明確である。つまり，このケースでは，承認に創設的効

果が認められる。これに対し，タンガニーカとザンジバルが合併してタンザニアが誕生したようなケースでは，承認がなくても国際法主体性をもっていると解され，それゆえ，承認が与えられても，宣言的効果しかないというべきである。なぜなら，それまで国際法主体であった複数の主権国家が合併と同時に国際法主体でなくなるとは考えにくいからである。

このように，創設的効果説が当てはまるか，宣言的効果説が当てはまるかは，ケース・バイ・ケースで異なる。しかし，承認問題が注目されるのは，アメリカやラテン・アメリカ諸国の独立のときのように，創設的効果説が当てはまるケースであるから，その限りで，創設的効果説を支持していいであろう。

ただ，創設的効果説の難点は，未承認国に国際法上の権利・義務を全く帰属させないことである。この難点を解決する手がかりは，交戦団体承認の制度に求められる。あとで言及するように，国家の一部が分離・独立するために武力闘争するプロセスで交戦団体として承認され，戦闘遂行方式などに関して国際法を適用されることがある。このように，本国との武力闘争のプロセスで限定的範囲にせよ国際法主体となった国家の一部が，武力闘争に勝って分離・独立を達成すると同時に，国際法主体性を失うということは，論理的にもうなずけない。未承認国であっても，交戦団体と同等，または，それ以上の国際法主体性を認められてもいい。このように，未承認国にも一定の権利・義務の帰属を認めるという形で宣言的効果説に歩み寄ることによって，創設的効果説は，その難点を克服できるであろう。

（3）要　件

国家間の実行によれば，国家承認は，2つの要件のもとで行われる。①は，国家が国家を構成する4要素を事実上具備して存在することである。いいかえれば，国家としての政治権力が確立されることが必要であって，それは，一定の領域と住民を統治する実効的・自主的・永続的な政治権力が確立されていなければならないことを意味する。②は，国家が国際法を守る能力と意思をもつことである。

このような要件を満たさない国家に対する承認は，尚早の承認と呼ばれ，国際法上，違法である。ただし，要件①が比較的判定しやすい客観的な基準であるにしても，要件②は，判定しにくい主観的な基準であるため，判定に承認国

の自由裁量が働くことは否定できない。また，承認の効果が相対的であるから，尚早の承認であっても，当事国間では，合法的承認と同様に扱われるであろう。

(4) 方　式

(a) **明示的承認と黙示的承認**　明示的承認は，承認するという意思を明確に告知することで，通告・宣言・条約規定・国際会議の決議などによって行われる。たとえば，日本は，1932年の日満議定書の中で，「日本国ハ満州国ガ……独立ノ一国家ヲ成スニ至リタル事実ヲ確認シタ」（前文）という形で，満州国を明示的に承認した。

黙示的承認は，承認に明示的に言及はしないが，相手を国家として承認した上でなければ行えないような行為を通じて行われる。通商航海条約の締結・正式な外交関係の開始・領事認可状の交付・国旗の承認などがそうである。

(b) **個別的承認と集団的承認**　承認は，国家が個別的に行うのが通例である。しかし，複数国家が共同して行う集団的承認という方式もある。たとえば，ベルリン条約（1878年）で，締約国のイギリス・オーストリア＝ハンガリー・フランス・ドイツ・イタリア・トルコ・ロシアは，モンテネグロ・セルビア・ルーマニアの独立を承認した。ただし，集団的承認といっても，国際社会を代表する承認ではなく，承認の効果は，集団的承認に参加した国家だけに及ぶ。

(c) **法律上の承認と事実上の承認**　法律上の承認とは，通常行われる正式の承認を指す。事実上の承認は，法律上の承認の前に行われることがあるが，これは，承認国からみて，新権力が十分に安定していないとき，国際法を守る能力と意思について期待を与えないときなど，承認の要件が必ずしも十分でないときに行われる。事実上の承認は，暫定的なものであって，要件が満たされないことがはっきりした場合，承認国はこれを撤回できる。

(5) 効　果

国家承認がなされると，被承認国は，承認国との関係で，国家としての国際法主体性を認められる。つまり，一般国際法上の権利を主張し，義務を負担する地位に立つ。しかし，承認は国家によって個別的になされる行為であるから，その効果は，相対的であって，承認国と被承認国の間でのみ発生する。したがって，被承認国が，第三国に対して国家としての国際法上の権利を主張することはできない。第三国も，被承認国に対して国家としての国際法上の義務を

課することはできない。

5　政府の承認

(1) 意　義
　政府の承認とは，革命・クーデターなどの非合法的手段で政府が変更したとき，外国が新政府をその国家を代表する政府として認める行為である。このように，政府の非合法的変更の場合に政府承認が行われるのは，武力による分離・独立の場合の国家承認と似ており，政治的動揺の中で新政府がはたして国民を統治するに足りる権力的基盤をもつかどうかを確認する必要があるからである。

(2) 要　件
　合法的に成立した政府が法律上の政府と呼ばれるのに対し，非合法的に成立した政府は，事実上の政府と呼ばれる。事実上の政府は，権力が国家の領域全域でなくても一般に及ぶ一般的事実上の政府と，地方にしか及ばない地方的事実上の政府に分けられる。承認の対象となるのは，一般的事実上の政府であって，地方的事実上の政府ではない。この立場を事実主義と呼ぶ。
　すなわち，政府承認にさいしては，新政府の権力が領域一般に対し実効的・自主的に確立されていなければならない。したがって，正統政府に鎮圧されそうな革命軍を新政府として承認するような行為は，政府承認の要件に欠ける承認であって，尚早の承認となり，国際法上，違法である。
　この事実主義のほかに唱えられたのが，正統主義である。この立場によれば，権力を握るあらゆる政府は，その適法性を認められるためには，単に事実上の支配権を有するだけでなく，その国家の確立された法秩序に服さなければならない。
　アメリカ大陸では，正統主義は立憲主義の形をとった。すなわち，トバール・エクアドル外相は，1907年3月，「非合法的手段を通じて権力を握った政府は，承認されるべきでない」という意見を表明した。これをトバール主義と呼ぶ。
　トバール主義は，重大な反論にさらされた。なぜなら，他国政府の立憲的適法性を検討することは，その国家の国内事項への干渉となるからである。そこ

で，国内事項不干渉の見地から，承認制度自体を疑問とし，ある国家に革命政府が樹立された場合，承認とは無関係に，これと外交関係を維持すべきであるという主張が出された。その典型は，1930年にエストラーダ・メキシコ外相が唱えたエストラーダ主義である。

しかし，トバール主義にせよ，エストラーダ主義にせよ，別段，国際法の一般原則ではない。政府変更という国内事項に外国が干渉する余地を少なくするのは，やはり事実主義である。

(3) 方　　　式

国家承認の方式と同様である。

(4) 効　　　果

政府承認が行われると，新政府は，国家を代表する資格を与えられる。政府承認に伴って，外交関係が再開されることが多いが，これは，承認の当然の効果ではない。ただし，政府承認も，国家承認同様，国家によって個別的になされる行為であるから，その効果は相対的であって，承認国と被承認政府の間でのみ発生する。

近年，注目されるのは，政府承認を行わない国家がふえてきているという傾向である。たとえば，1980年，イギリス政府は，従来の承認は新政府の人権侵害政策などに賛成すると誤解されるから，政府承認を行わない他国の方針をイギリス政府がみならうことには実益があるとし，今後は，新政府がその国家の領域を実効的に支配する能力をもつかどうかを評価して，関係処理を決定すると発表した。このような傾向は，エストラーダ主義の再現ともみられている。

6　交戦団体の承認

(1) 意　　　義

内戦の進行中に叛徒が地方的事実上の政府としての実質をもつに至ると，外国または正統政府によって交戦団体として承認されることがある。これにより，叛徒の団体は，暫定的にせよ，一定の範囲内で国際法主体性を認められる。外国が交戦団体承認を行うのは，叛徒の占拠地域内に存在する自国の利益または自国民を保護するために，叛徒と直接交渉する必要があるからである。正統政

府が交戦団体承認を行うのは，それによって，叛徒の占拠地域で発生した事件について国家責任（§XI参照）を免れたいからである。

（2）要　　　件
交戦団体承認が行われるためには，以下が要求される。①散発的ゲリラでなく，相当の規模の武力闘争が展開されていること，②叛徒が地方的事実上の政府としての実質を有し，占拠地域で秩序を維持していること，③叛徒が戦争法規を遵守する能力と意思をもつこと，④占拠地域に保護を必要とする利益を外国がもつこと。

これらの要件に欠ける承認は，やはり尚早の承認であり，その国家の国内事項に干渉するものとして，国際法上，違法である。

（3）方　　　式
国家承認および政府承認と同様，明示的承認と黙示的承認があるが，明示的承認がなされるのは，ごくまれである。外国は，内戦に対して中立宣言を発するという形で，交戦団体承認を行うケースが多い。たとえば，アメリカの南北戦争にさいして，イギリス・フランスなどは，中立宣言という形で，南部連合を交戦団体として承認した。

（4）効　　　果
外国が交戦団体承認を行うと，①交戦団体は，占拠地域内における承認国の利益および国民を保護し，損害発生の場合は，承認国に対し国際的な責任をとらなければならない。②承認国は，正統政府と交戦団体の間の戦闘を国際法上の戦争に準じるものとみなし，中立国の地位に立たなければならない。しかし，この場合でも，正統政府は，叛徒に交戦団体承認を与えていないから，叛徒との戦闘を国際法上の戦争に準じるものとみなす必要がなく，叛徒を捕らえたときは，刑法に違反するものとして，処罰しても構わない。

正統政府が交戦団体承認を行うと，①交戦団体との戦闘は，国際法上の戦争に準じるものとみなされ，両者間に交戦法規が適用されるから，正統政府が，交戦団体のメンバーを捕らえたときには，捕虜として待遇しなければならない。②交戦団体の占拠地域内における外国の利益および外国人の生命・財産が侵害されたときは，その外国に対して交戦団体みずからが責任をとらなければならない。

交戦団体は，多かれ少なかれ，暫定的存在である。なぜなら，それは，正統政府の武力を排除して，一般的事実上の政府に拡大すれば，政府承認の対象となるからである。さらに，分離独立を達成すれば，国家承認の対象となるからである。反対に，正統政府の武力によって鎮圧されれば，消滅の運命をたどるからである。

7　国家の承継

（1）意　　義

国家の承継とは，一定の地域を統治する国家が変更した場合，旧統治国（先行国）の権利・義務がどのようにして新統治国（承継国）に引き継がれるかという問題であって，以前は，国家相続といった。民法上の相続では，被相続人の死亡が前提となるが，国際法上の承継では，必ずしも先行国の消滅は，前提とならない。第2次世界大戦後，アジア・アフリカその他の地域で植民地が次つぎ分離・独立するとともに，国家承継の問題は現実的にも重要な意味を帯びるようになったが，これも，先行国が国家として存続している場合である。

（2）条約の承継

先行国が結んだ条約はどのようにして承継国に引き継がれるかという問題は，国家承継の核心をなしていて，いくつもの説が唱えられた。このような状況の中でもっとも有力なのは，クリーン・スレイトの原則である。この原則によれば，先行国と政治的継続性があるとはいえない承継国は，条約義務について，クリーン・スレイト（clean slate,「文字が書かれていない石板」という意味）で出発する。とくに，分離独立を達成し，先行国からの政治的独立を強調する新興国に，この傾向が目立つ。そこで，条約に関する国家承継条約（1978年）も，「新独立国」について，クリーン・スレイトの原則を定めている（16条）。

なお，この原則には，次のような例外がある。①は，国際慣習法の一部になっている条約である。承継国が慣習法に拘束されることは，普遍的に受け入れられているということである。②は，先行国との間に継続性がある場合である。すなわち，従属状態から完全国家性への展開が漸進的である場合，承継国は，独立前に国際法主体の権利の若干を享有するということである。③は，属

地的条約である。すなわち，属地的条約は，主権を行使する国家の人格から独立した地位をその地域に押しつける法的効果をもつということである。属地的条約は，境界を画定する。アメリカは，イギリスからの独立にさいして，以前に決定された境界線を受け入れた。アフリカ諸国首脳会議も，植民地時代の境界を守る決定を下した。

（3） 国際機構における加盟国の地位の承継

① 国連原加盟国であるインドが，1947年，インドとパキスタンに分裂して独立したとき，新しいインドは原加盟国と同じ国際法主体と考えられ，パキスタンは，憲章4条のもとで新規加盟の手続をとった。

② エジプトとシリアが合併してアラブ連合共和国となったとき，同国外相は，同国は国連の単一の加盟国となるという公文を，1958年3月1日，事務総長に送った。3月7日，事務総長はこの公文を全加盟国に通知し，アラブ連合共和国代表は，それまでシリア代表が占めていた信託統治理事会の議席についた。このように，国際機構の加盟国である複数国家が合併した場合，新規加盟の手続は必要でなく，通告だけで加盟国の地位を認められる。なお，1961年，アラブ連合共和国が解体し，シリアが独立国としての地位を回復したさいも，同国がかつて加盟国であったという理由から，新規加盟の手続を経ることなく，加盟国の地位も回復した。

8 国家の基本的権利・義務

（1） 概　説

国家は，国際法主体として，一般的に権利・義務をもつ。国家がもつ権利・義務は，国際慣習法およびその国家が締結する条約における権利・義務である。しかし，それらの権利・義務を1つ1つ数え出すのは，困難であるばかりか，不必要でもある。また，それは，個々の国家によって異なる。それにしても，慣習法に基づいて国家一般に認められる権利・義務の中に，国家である以上は当然にもつと考えられるような権利・義務が，存在する。それが，国家の基本的権利・義務である。

国家の基本的権利・義務の中で重要なのは，主権のほか，平等権・自衛権・

不干渉義務である。なによりも，国家の基本的地位を示す概念としてとりあげられなければならないのは，主権である。

(2) 主 権

(a) **意義** 国際法主体である国家が主権をもつことは，ほとんど自明の理として，一般に受け入れられてきた。しかし，主権という言葉には，いくつもの意味がある。近代的な主権概念は，フランスのジャン・ボーダン（1530～1596）によって明確にされ，本来は，国内における国王（国家）権力の正当化を目指した国内法上の概念として提出された。ところが，主権は，国家権力の対外的独立性をも重要な要素として含んでいたため，その後，国際関係における国家の基本的地位を示すものとして，国際法にも導入されるようになった。

このような事情を背景として成立したため，主権概念には，2つの側面が含まれる。1つは，対内的な側面であって，国家権力の国内における最高性，または，最高性を有する国家権力そのものを意味する。したがって，対内主権としての主権は，領域権と同じ意味になる。その例としてあげられるのは，ポツダム宣言8項「日本国の主権は，本州，北海道，九州及四国並に吾等の決定する諸小島に局限せらるべし」の中の「主権」である。

2つは，対外的な側面であって，国家が外部の支配に従属しないこと，自己の意思に反して他の国家権力に拘束されないこと，または，そのような国家権力そのものを意味する。したがって，対外主権としての主権は，独立権と同じ意味になる。その例としてあげられるのは，日本国憲法前文3項「政治道徳の法則は，普遍的なものであり，この法則に従ふことは，自国の主権を維持し，他国と対等関係に立たうとする各国の責務である」の中の「主権」である。

独立権を意味する主権から，自己を拘束する法規・決定などの作成に平等に参加できるという意味が引き出される。これを平等権または国家平等の原則という。国連憲章2条1項が「この機構は，そのすべての加盟国の主権平等の原則に基礎をおいている」と規定しているのは，主権と平等原則の一体性をあらわす。

(b) **管轄権と関連** 国際法の世界でよく使われる「管轄権」という言葉にはどんな意味があるかというと，広狭2つの意味がある。狭義では，それは民事・刑事の訴訟事件を処理する国家権力すなわち司法権または裁判権をあらわ

す。広義では、司法権のほかに、立法権・行政権を含む国家の一般的権力をあらわす。国際司法裁判所規程36条の「管轄権」は狭義であり、国連憲章2条7項の「管轄権」は広義である。

　国連国際法委員会が1949年に報告した「国家の権利及び義務についての宣言案」2条は、「すべての国は、国際法によって認められた免除にしたがい、その領域ならびに領域内にあるすべての人または物に対し管轄権を行使する権利をもっている」とした。ここでの「管轄権」も広義であるが、「国際法によって認められた免除」とは、外交使節などが外国で管轄権から免除されることを指す。

　国家の管轄権がその国家の領域内にあるすべての人または物に対して行使される（属地的管轄権）ことは、前記「宣言案」が述べるとおりであって、管轄権行使は自国領域内に限られるが、管轄権そのものは、外国で旅行または居住する自国民にも及ぶ（属人的管轄権）。また、あらゆる国家は自国領域内の外国人に管轄権を行使できるから、外国人は、本国および在留国両方の競合的管轄権のもとにおかれることになる。このような場合、どのような調整がなされるかというと、在留国の同意または特別の条約規定のない限り、本国は、在留国内の自国民に対して逮捕その他の強制措置をとることができない（属地的管轄権の優位）。いずれにせよ、管轄権は主権の具体的発現とみていいであろう。

(3) 自　衛　権

(a) 伝統的国際法上の自衛権　　伝統的国際法上の自衛権は、刑法上の正当防衛から類推された概念である。たとえば、日本の刑法36条1項は、正当防衛を規定して、「急迫不正の侵害に対して、自己又は他人の権利を防衛するため、やむを得ずにした行為は、罰しない」といい、37条1項は、緊急避難を規定して、「自己又は他人の生命、身体、自由又は財産に対する現在の危難を避けるため、やむを得ずにした行為は、……罰しない」という。これにみならって、国際法上の自衛権（狭義）は、急迫不正の侵害に対して自己を防衛する権利であり、緊急避難は、急迫した侵害に対して自己を防衛する権利であるとされた。両者を合わせて、自衛権（広義）と呼ぶ場合もある。

　しかし、このような自衛権は、戦争が合法的であった時代には目立たなかった。自衛権は、戦争違法化の時代にはいって、武力行使禁止の例外として、注

目されるようになった。不戦条約（1928年）締結のさい，提案国の1つであるアメリカ自身，自衛権を制限も棄損もしないとの立場を明らかにした。

(b) **国連憲章上の自衛権**　国連憲章は，2条4項で，武力行使を禁止した。しかし，その例外の1つとして，51条で，国連加盟国に対して「武力攻撃が発生した場合には……個別的又は集団的自衛の固有の権利を害するものではない」と述べて，自衛権を認めている。

伝統的国際法の「急迫不正の侵害」は「武力攻撃」に変更され，自衛権も，個別的自衛権と集団的自衛権に分けられた。個別的自衛権とは，攻撃された国家自身が反撃する権利を指す。これに対し，集団的自衛権は，国連憲章が初めて導入した権利であって，自国が攻撃されていなくても，自国と連帯関係にある他国が攻撃されたとき，それを自国への攻撃とみなして反撃する権利をいう。

この51条は，冷戦期に，西側最大の軍事同盟の設立条約である北大西洋条約（1949年）5条においてのみならず，東側最大の軍事同盟の設立条約であったワルシャワ条約（1955年）4条にもとり入れられた。日本に関しては，サンフランシスコ平和条約（1951年）5条(c)項や日米安保条約（1960年）前文・5条に引用されている。日本政府の解釈によれば，日本は，個別的自衛権を保持し，行使する。しかし，集団的自衛権は保持するが，行使しない。

（4） 不干渉義務

(a) **意義**　国家が国際法上負っている義務の中で，もっとも重要なのは，不干渉義務である。この義務は，国家の対外主権すなわち独立権に対応しており，どの国家も独立権をもつから，国家は，他国の国内・国外事項の処理に干渉してはならないのである。不干渉義務は，沿革的には，他国の国内事項に干渉してはならないという形で主張された。国家の政治組織・経済体制・関税・移民に関する問題が，従来，国内事項とされてきた。

ところで，一般国際法上，国内事項とされている問題であっても，それについて関係国間で条約規定が設けられれば，国内事項でなくなる。その意味で，国内事項の範囲は「流動的」である。つまり，国内事項とは，内容が国際法によって規律されない事項である。これに対し，内容が国際法によって規律される事項が，国外事項である。ただ，国内事項と国外事項が密接に関連する近年，不干渉義務の範囲は，国外事項にも拡大される傾向にある。

また，干渉とは，国家が，現実の状態の維持・変更のため，その意思を他国に強制的に押しつけることである。したがって，武力による威嚇，外交・通商関係の断絶，なんらかの不利益措置を示唆して，一定の措置を要求すれば，それは，干渉となるであろう。単なる勧告や斡旋・仲介の申し出は，干渉にならない。

　国際法上，原則として，干渉は違法であり，それだからこそ，国家は，一般に不干渉義務を負う。ただ，人道的干渉・集団的干渉などの場合，例外的に，干渉は合法的であると主張されることがあるが，議論が多い。

　(b)　**国連憲章**　　国連憲章2条7項は，「この憲章のいかなる規定も，本質上いずれかの国の国内管轄権内にある事項に干渉する権限を国際連合に与えるものでは」ないと規定する。これによって国連に禁じられているのは，一般国際法上の用語としての「干渉」であって，国連が「関与」することは必ずしも禁じられていない。

　すなわち，国連の実行によれば，ある国家の国内事項を「議題にする」ことはもちろん，「討議する」ことも，「調査委員会を設置する」ことも，「干渉」にはならない。勧告も，加盟国一般に向けられる場合，また，特定の加盟国に向けられても，一定の作為・不作為を求めない場合は，「干渉」にならないとされる。こうして，国連は，「干渉」の意味を弾力的に解釈して，加盟国の国内問題をよくとりあげる。それだけでなく，「国際関心事項」という概念を導入することによって，国内事項に対し，実質的には「干渉」に近い「関与」をする傾向も目立つ。

§Ⅲ 国際機構とは

1 国際機構の意義

今日の国際社会では国家・国際機構・非政府団体（NGO）・企業・個人などさまざまなアクターが活躍しているが，これらのうち国際連合や国際労働機関などの国際機構といわれる団体が活躍する場面がふえている。国際機構の活動は，集団安全保障などの国際社会の平和と安全の面ばかりか，開発を中心とする国際協力の面でも重要であり，国際法の分野でも多大な貢献をしている。

国際機構に関して国際法学は伝統的にその主要な関心を，政府間国際機構（Intergovernmental Organization）に向けてきた。一般的に国際機構とは，①多くの国家に共通する特定目的を達成するために，②国家間の条約である設立条約（国連の場合は，国連憲章）に基づいて設置され，③固有の常設機関を持ち，④加盟国とは別個の意思をもつ組織体のことである（条約法条約2条1項(i)，国際機構条約法条約2条1項(i)）。

これに加えて，最近では，赤十字国際委員会，アムネスティ・インターナショナル，グリーン・ピースなどの政府間の団体でないNGOが，国際法の定立や執行に深くかかわるようになっており，注目されている。

(1) 国際機構の種類

国際機構は，通常，①加盟国数や地理的範囲，②機構の目的・任務，③機構が有する権限の性質などによって分類される。

(a) 普遍的国際機構と地域的国際機構 国際機構は，その加盟国数や参加国の地理的範囲により，普遍的国際機構と地域的国際機構とに分類される。普遍的国際機構は，世界の多数の国が加盟しており，また，どの国にも加盟の機会が与えられる組織をいう。その例として，国際連合（UN，加盟国数191ヵ国）およびその専門機関，国際原子力機関（IAEA，加盟国数136ヵ国），世界貿易機

関（WTO，加盟国数146カ国）などをあげることができる（2003年5月現在）。他方，地域的機構は，加盟国が一定の地域に限定される組織をいう。その例として，欧州連合（EU，加盟国数15カ国），東南アジア諸国連合（ASEAN，加盟国数10カ国），アジア開発銀行（ADB，域内加盟国数44カ国，域外加盟国数18カ国）などをあげることができる。もっとも地域的機構の名称は，地域的範囲というよりも政治的範囲を意味することがあり，たとえば北大西洋条約機構（NATO）や経済開発協力機構（OECD）のように加盟国が地理的に必ずしも限定されないことがある。

(b) **一般的国際機構と専門的国際機構**　国際機構は，その活動目的・任務の観点から，一般的国際機構と専門的国際機構とに分類される。一般的国際機構は，軍事・政治・経済・社会・文化等の幅広い分野における活動目的・任務を有する組織をいい，その例として，国連，EU，米州機構（OAS），アフリカ連合（AU）などをあげることができる。他方，専門的国際機構は，特定の専門分野を活動目的・任務とする組織をいう。これらを活動分野から分類すれば，次のようになる。

① 安全保障分野……………北大西洋条約機構（NATO）など
② 経済分野…………………世界貿易機関（WTO），国際通貨基金（IMF），国際復興開発銀行（IBRD），国際金融公社（IFC），国際開発協会（IDA），アジア開発銀行（ADB），アフリカ開発銀行（AfDB），米州開発銀行（IDB）など
③ 社会分野…………………世界保健機関（WHO），国際労働機関（ILO），国連食糧農業機関（FAO）など
④ 文化・科学・技術分野…国際原子力機関（IAEA），国連教育科学文化機関（UNESCO），世界知的所有権機関（WIPO），世界気象機関（WMO）など
⑤ 交通・通信分野…………国際海事機関（IMO），国際民間航空機関（ICAO），国際電気通信連合（ITU），万国郵便連合（UPU）など

(c) **通常の国際機構と超国家的国際機構**　国際機構は，その権限の観点か

ら，通常の国際機構と超国家的国際機構とに分類される。通常の国際機構は，勧告等を通じて，加盟国の活動の調整をはかるものであり，多くの国際機構がこれに該当する。これに対して超国家的国際機構は，加盟国の権限が委譲され，理事会や委員会の定める規則が加盟国内の私人または企業に対し直接規律を及ぼす権限を有する組織をいう。例として，EUがある。

(2) 国際機構の歴史的発展

以上のようなさまざまな種類の国際機構が歴史的に発展した契機は，近代の産業革命と技術革新にあった。18世紀末のヨーロッパの産業革命と技術革新は，諸国民の人的・物的な交流をもたらしたが，同時に諸国家は運輸・通信等の発達により国際的な調整が必要となった。このような国際化した諸問題の解決は，伝統的な2国間の外交交渉や種々の国家の国内政策によってではなく，諸国家の国際協力を通じてより実効的に可能となることが，しだいに理解されるようになった。そこで19世紀後半には，諸国間に共通の国際河川・交通・通信・郵便などの諸問題を議論する国際会議が開かれるようになり，これらの会議のために常設的な事務局が設置された。これらは国際行政連合と呼ばれ，国際法主体性を認めることはできなかったが，機関としては事務局を有し，条約の執行・管理，会議の準備などの事務を行った。

第1次世界大戦の反省に基づき，1919年のパリ平和会議によって建設された国際連盟は，総会，理事会および事務局の3機関を設け，本部をスイスのジュネーブに置いた。その主たる任務は，国際の平和と安全の保障であったが，同時に委任統治制度の創設など諸国民の福祉増進のための国際協力の仕事も併せて行うこととなり，連盟は，安全保障ばかりか福祉増進や交通・通信・保健などを活動対象とする世界で最初の一般的国際機構となった。

第2次世界大戦末に設立された国際連合は，国際連盟の機能を継承し，これに代替する新たな一般的国際機構である。また，第2次世界大戦中から，国際協力の特定分野を担当する専門的国際機構が続々と誕生したが，戦後，その数を徐々に増していった。これら専門的国際機構の中には国連と協定を結んで国連の専門機関となったものもある。さらに1980年代には，環境問題など地球全体で取り組むべき諸問題に対する国際世論の高まりから，国際機構の数も急増した。こうして，今日では，国連の主要機関と補助機関，さらには国連と協定

を締結した専門機関を総称して「国連ファミリー」と呼ぶようになっている。

2　国際連合

(1)　国連の成立過程

　第2次世界大戦後の国際社会の平和秩序のためにどのような制度を設けるべきかについては，同大戦中からすでに検討されていた。たとえば，1941年8月の英米両首脳による大西洋憲章では，「一層広範かつ恒久的な一般的安全保障制度」の確立について述べており，この憲章は1942年1月の連合国共同宣言でも支持された。また，1943年10月の米英ソ中の4カ国によるモスクワ宣言では，できるだけ早い時期に「一般的国際機構を設立する必要性」があることを認め，同機構は「すべての平和愛好国の主権平等を原則とし，国際の平和と安全の維持を目的として，国の大小を問わずそのような国々への参加に開かれた」ものであることが示された。この宣言は，1943年11月から12月に米英ソで行われたテヘラン会談，1944年8月から10月に米英ソ中の4カ国の代表者によって開催されたダンバートン・オークス会議，1945年2月のヤルタ会談において具体化され，1945年4月から6月に開催されたサンフランシスコ会議において，国際連合憲章（国連憲章）が，50カ国の署名をもって採択された（同年10月15日にポーランドが署名し，原加盟国は51カ国となった）。同年10月24日，国際連合は，正式に発足した。

　このように国連の設立条約である国連憲章は，戦争状態という状況下で，枢軸国ばかりか中立国をも排除して連合国側だけで起草され，大戦中の大国間の協調が戦後も維持されることを想定していた。連合国中の米英仏ソ中の5大国に安全保障理事会（安保理）の常任理事国という特別な地位を与えたことでも明らかなように，この結果創設された国連は，大国のリーダーシップと責任を前提としており，憲章が実効的に機能するためには大国間の協調が不可欠となる。

(2)　国連の目的および原則

　国連憲章の第1条は国連の目的を定めているが，それは，①国際の平和と安全を維持すること，②人民の同権および自決の原則の尊重に基礎をおく諸国家間の友好関係を発展させ，世界平和を強化するために他の適当な措置をとるこ

と，③経済的・社会的・文化的または人道的性質を有する国際問題を解決するために国際協力を推進することである。

国際の平和と安全の維持という目的を実現するために，国連憲章は，安保理に対してその主要な責任を負わせ，総会に対しても一定の権限を与えた。また，国際協力の推進については，総会および総会の権威の下に経済社会理事会（経社理）が，憲章に定められた任務を果たすこととした（13条2項・60条）。

このような国連の目的を実現するに際して遵守するべき原則として国連憲章は第2条で，以下の原則を規定している。すなわち，①加盟国の主権平等，②憲章上の義務の誠実な履行，③国際紛争の平和的手段による解決，④武力不行使原則，⑤国連に対する加盟国による援助の供与，⑥国際の平和および安全の維持に必要な範囲で，非加盟国がこれらの原則を遵守することの確保，⑦内政不干渉，である。

（3） 国連の構成国

国連憲章は，憲章の署名国である51カ国を原加盟国とし（3条），これ以外の国についても加盟の手続を定めている。すなわち，憲章は，加盟を希望する国が，①国連憲章に掲げる義務を受諾すること，②この義務を履行する能力と意思を国連によって認められること，③平和愛好国であること，を加入による加盟の要件としている（4条1項）。そして，加入による加盟を承認する手続は，安保理の勧告に基づき総会が決定することとした（4条2項）。しかし，安保理での手続には常任理事国に拒否権が与えられているため，国連の発足後，最初の10年間は，米ソ両陣営間の冷戦を背景として，多くの国が国連加盟を実現することができなかった。

しかし，この状況は冷戦の緩和とともに改善され，1955年に米ソ両陣営間の妥協で，16カ国の一括加盟が実現し（日本も1956年に加盟），その後は，アジア，アフリカ，ラテン・アメリカの旧植民地諸国の新規独立に伴う加盟や，冷戦終結後のソ連邦，ユーゴスラビアの解体に伴う構成国の加盟などがあり，2002年9月にはスイスと東チモールが加盟したことにより，加盟国数は191カ国となっている（2003年12月現在）。

（4） 国連の機関

国連の主要機関は，総会，安全保障理事会，経済社会理事会，信託統治理事

会，国際司法裁判所，事務局である（7条）。また，これらの機関の下には，憲章に基づいて補助機関やさまざまな計画（たとえば，国連開発計画（UNDP）などがおかれることがある。

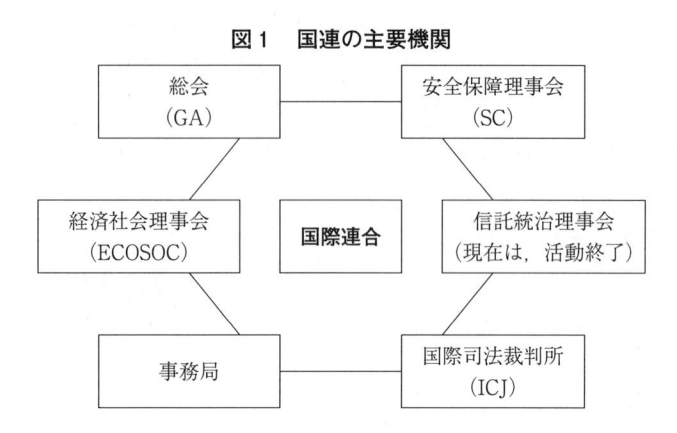

図1　国連の主要機関

```
        総会 ─────── 安全保障理事会
       (GA)              (SC)
        │                 │
  経済社会理事会   国際連合   信託統治理事会
   (ECOSOC)              (現在は，活動終了)
        │                 │
      事務局 ─────── 国際司法裁判所
                          (ICJ)
```

(a)　**総会**　総会は，全加盟国によって構成され，その任務は憲章の範囲内のすべての事項に及ぶ（10条）。総会は，国連の活動全般について任務を達成することを目的としており，広範な一般的・包括的権限を有している。したがって，安保理との権限調整がなされる必要がある（12条）。

各加盟国は5人以下の代表者を総会に出席させることができる（9条2項）。総会での表決にあたり，加盟国はそれぞれ1票をもち（18条1項），①原則として出席しかつ投票する国の過半数で意思決定を行うが（18条3項），②憲章に定める重要問題（たとえば，国際の平和及び安全の維持に関する勧告や新加盟国の承認など）または投票により重要問題と指定された事項については，出席しかつ投票する国の3分の2の賛成を必要とする（18条2項）。何が重要問題であるかは，憲章の18条2項に列挙されているほか，出席し投票する国の過半数で重要問題の追加を行うことができる（18条3項）。なお，総会の決議の法的効力は勧告にすぎないが，加盟，権利および特権の停止の決議，除名，予算の承認，理事国の選挙など，国連の組織内部の運営に関する事項は，決定としての効力をもつ。

(b)　**安全保障理事会**　安全保障理事会（安保理）には，国際の平和と安全の維持に関する主要な責任が委ねられており，国連の集団的安全保障の中心的

機関である。このため、加盟国は、安保理がその責任を果たすために、加盟国に代わって行動することに同意し（24条1項）、同理事会の決定を国連憲章に従って受諾し、履行することに同意している（25条）。

安保理は、5カ国の常任理事国（P5）と10カ国の非常任理事国の合計15の理事国から構成される。常任理事国は、中国、フランス、ロシア、イギリス、アメリカの各国であり（23条1項）、憲章に国名が明記されているため（ただし憲章中はロシアはソヴィエト社会主義共和国連邦、中国は中華民国となっている）、憲章の改正がなされない限り変更されず、特に拒否権が認められることに示されているように特別な地位にある。非常任理事国は、総会に出席しかつ投票する国の3分の2によって2年の任期で選出されるが、退任する理事国は引き続き再選されることはできない（23条2項）。非常任理事国が選出される際の基準は、①国連の目的に対する貢献度と、②衡平な地理的分配といわれる。現在の地理的分配は、アジアとアフリカ5、ラテン・アメリカ2、東欧1、西欧その他2の計10カ国である。

安保理の表決方法は、手続事項と非手続事項に分類され、①手続事項については、9理事国以上の賛成投票によって成立し（27条2項）、②それ以外の非手続事項については、すべての常任理事国の同意投票を含む、9理事国以上の賛成投票によって成立する（27条3項）。この結果、常任理事国は、1国でも反対すれば決定を妨げることができるという意味で、拒否権を持つ。安保理の決定は、憲章25条によって、すべての加盟国を拘束する。

(c) **経済社会理事会**　経済社会理事会（経社理）の任務は、経済的・社会的・文化的・教育的・保健的な国際事項について国際協力を推進することである（62条1項）。これらの活動は、理事会の補助機関（68条）または国連と連携協定を締結した専門機関（63条）を通じて行われる。

経社理は、総会によって選出される54カ国の理事国から構成される（61条1項）。また、経社理の表決は、出席しかつ投票する理事国の過半数によって行われる（67条2項）。その法的効力は、勧告にとどまる。

(d) **信託統治理事会**　信託統治理事会の構成は、他の機関と異なり、特殊な制度がとられた。すなわち、憲章によれば、理事会は次の理事国から構成される。(A)信託統治地域の施政国、(B)安保理の常任理事国のうち施政国でない国、

(C) 3年の任期で総会から選出される国，ただしその数を(B)に加えた値が(A)と同じにならなければならない（86条）。

信託統治理事会の手続も，経社理の手続と同様に，出席しかつ投票する理事国の過半数によって行われる（89条2項）。

なお，当初は11あった信託統治地域が相次いで独立し，施政国の数も減少するにつれて，総会から選出される国の数も激減し，最後の信託統治地域であるパラオの独立により，この理事会の任務は1994年に事実上終了した。

(e) **国際司法裁判所**　国際司法裁判所（ICJ）は，連盟時代の常設国際司法裁判所（PCIJ）を継承したものであるが，連盟時代とは異なり，国連の主要機関の1つとなっている（7条・92条）。他の諸機関とは異なり，裁判所を構成する15人の裁判官は国家代表ではなく個人的資格で選出され，裁判所もオランダのハーグにある平和宮に置かれている。裁判所の任務は国際司法裁判所規程によって定められ，同規程は国連憲章と不可分の一体をなしている。

(f) **事務局**　事務局は事務総長1人と職員から構成され，このうち事務総長は，安保理の勧告に基づき総会が任命する（97条）。事務総長の職は慣習により各地域の出身者が交代で務めている。すなわち，ヨーロッパ出身の初代事務総長のトリグブ・リー（在任1946～53，ノルウェー），第二代事務総長のダグ・ハマーショルド（在任1953～61，スウェーデン）のあと，アジア出身のウー・タント（在任1961～71，ビルマ（現ミャンマー）），ヨーロッパ出身のクルト・ワルトハイム（在任1972～81，オーストリア），ラテン・アメリカ出身のデ・クエヤル（在任1982～91，ペルー），アフリカ出身のブトロス・ガリ（在任1992～96，エジプト），同じアフリカ出身のコフィ・アナン（在任1997～，ガーナ）と続いた。

事務総長は，国連に対してのみ責任を負う国際公務員または国際職員であり，その権限は行政職員の長として事務運営のあらゆる面に及ぶほか，主要機関からの広範な授権に基づいて，重要な任務の執行を行う（98条）。政治的影響力も大きく平和維持の機能でも憲章上一定の権限を与えられ（99条），加盟国間の紛争解決に重要な役割も果たしている。事務総長以外の職員は，総会が設ける規則に従って，事務総長が任命する（10条1項）。

事務総長および職員は，その任務の遂行にあたっては，いずれの国の政府や

国連以外の他の当局からも指示を受けてはならない（100条1項）。その任務を外部（とりわけ本国）からの影響を受けずに独立して遂行するために，一定の特権と免除が国際法上認められる（105条2項）。このような特権免除の具体的内容を明文化したのが，「国際連合の特権及び免除に関する条約」（1946年国連総会採択）と「専門機関の特権及び免除に関する条約」（1947年国連総会採択）である。また，1952年には，国連職員の具体的な権利義務を規定する国際連合職員規則を総会が採択している。

(g) **国連の補助機関・計画等**　国連憲章は，総会，安保理，経社理の下に補助機関を置くことができることを定める（7条2項・22条・29条・68条）。また，これ以外の機関であっても，その任務の遂行に必要な範囲で補助機関を設置できる。さらに，国連の諸機関が計画等を作成することがある。これら補助機関は，独立の国際機構ではなく，当該機関を設置した国際機構の一部を構成する。

このような補助機関や計画として，行政調整委員会（ACC），国際法委員会（ILC），国連児童基金（UNICEF），国連パレスチナ難民救済事業機関（UNRWA），国連難民高等弁務官事務所（UNHCR），国連人権高等弁務官事務所（OHCHR），国連訓練・調査研修所（UNITAR），国連貿易開発会議（UNCTAD），国連開発計画（UNDP），国連食料計画（WFP），国連環境計画（UNEP），国連持続可能な開発委員会（CSD），国連大学（UNU）などがある。

3　専門機関

(1)　専門機関とは

専門機関とは，①政府間の協定によって設置される機関で，②経済・社会・文化・教育・保健・衛生等の各分野で，広い国際的責任を有し，③国連と連携協定を結んで国連と関係をもたされる国際機構をいう（57条・63条）。専門機関の中には，国連が成立する以前の国際行政連合に由来するものもある（たとえば，万国郵便連合（UPU））。

専門機関はそれぞれ独自の設立条約によって設置されており，この点で，国連の補助機関とは異なる。専門機関は，国連の諸機関と協力して活動するにあ

たり，国連と連携協定を結ぶ。国連が専門機関と連携する際しては，国連総会およびその権威の下で経社理があたる（60条）。国連の関与の程度と専門機関の自主性は，それぞれの連携協定によって異なるが，一般的には，専門機関の活動報告の審議，あるいは国連の目的に沿った活動を行うように勧告する権限などが国連には認められ，各専門機関の政策と活動を調整する。

（2） 専門機関の種類

専門機関は，その専門分野によって，たとえば次のように分類できる。

① 経済分野…………国際復興開発銀行（世界銀行）（IBRD），国際通貨基金（IMF），国際開発協会（第2世銀）（IDA），国際農業開発基金（IFAD），国際金融公社（IFC）

② 社会開発分野………国連食料農業機関（FAO），国際労働機関（ILO），世界保健機関（WHO），国連工業開発機構（UNIDO）

③ 文化・科学・技術・教育分野
　……国連教育科学文化機関（UNESCO），世界気象機関（WMO），世界知的所有権機関（WIPO）

④ 交通・通信分野……国際電気通信連合(ITU)，国際民間航空機関(ICAO)，国際海事機構（IMO），万国郵便連合（UPU）

なお，国際原子力機関（IAEA）は，国連と協力関係にあるため専門機関と同種の性質をもつとされるが，経社理の他に国連総会や安保理とも関係を有しているため，厳密には専門機関ではない。また，世界貿易機関（WTO）は，経社理との連携関係を有しないため，専門機関ではない。

4　欧州連合（EU）

（1）　EUの歴史

第2次世界大戦後の欧州統合の動きは1950年のシューマン宣言を起点とした。1952年に西欧6カ国（フランス，西ドイツ，イタリア，ベルギー，オランダおよびルクセンブルク）を原加盟国として，石炭および鉄鋼の部門統合を目的とする「欧州石炭鉄鋼共同体」（ECSC）が発足した。その後，ECSCの成果を経済全般の分野に拡大して市場統合を促進することを目的とする「欧州経済共同体」

(EEC) と，原子力産業の管理および促進を目的とした「欧州原子力共同体」(Euratom) を設立する条約がそれぞれ1957年に署名され，1958年に発効・発足した（これらの条約は総称してローマ条約と呼ばれることがあるが，この言葉は，とくに前者を意味して用いられることがある）。1967年にはこの3つの共同体の閣僚理事会や執行機関が統合された。さらに，EEC条約を改正し域内市場の拡大をめざした単一欧州議定書 (SEA) が，1986年に署名され，1987年に発効した。欧州連合を設立する条約（マーストリヒト条約）は，1992年に署名，1993年に発効し，欧州連合 (EU) は，①経済通貨統合（従来のEECが欧州共同体 (EC) に改称），②共通外交・安全保障政策 (CFSP)，③司法・内務協力 (JHA)（後の警察・刑事司法協力 (PJCC)）の三分野を中核とすることとされた。これにより，共通通貨政策を前進させたが，機構的にはEUが従来の3つの共同体 (EC, Euratom, ECSC) を包括した。1997年には「自由・安全・司法領域」概念を導入する新欧州連合条約（アムステルダム条約）が署名され，1999年に発効した。2001年には今後の拡大に備えた機構改革を目的としたニース条約が署名され，2003年に発効した。2003年にECSCは解消された。なお，2004年に欧州憲法条約が署名され（未発効），従来の機構枠組みの変更を検討中である。

　2005年現在，EUには25カ国が加盟している。2004年に，東欧・中欧の10カ国（チェコ，エストニア，キプロス，ラトビア，リトアニア，ハンガリー，マルタ，ポーランド，スロベニア，スロバキア）が新たに加わり，更なる加盟国の拡大も検討されている。

　本章では，アムステルダム条約，ニース条約により改正されたマーストリヒト条約を，EU条約と呼ぶ。これに対して，EC条約とは，単一欧州議定書，マーストリヒト条約，アムステルダム条約によって改正されたローマ条約を意味し，広義のEU法体制の一部を構成する。

(2) EUの目的と特徴

　EUには，①EC分野（共通経済政策），②共通外交・安全保障政策 (CFSP)，③警察・刑事司法協力 (PJCC) という3つの活動分野があるが，EC分野については主権の制限を伴う超国家的秩序を構成するEC法が適用され，CFSP分野とPJCC分野では，主権の制限を認めないEU法（狭義）が適用される。両法をあわせて広義のEU法となるが，EU法はこのように混成的な法秩序と

なっている。この結果，EC 分野については，EU としての共通政策であるため，EC 立法および欧州裁判所の司法審査の対象となるが，CFSP と PJCC については，EU としての共通政策ではなく，加盟国の政府間の政策協力にすぎないとされる。

(3) EU の機関

EU の主要機関としては，欧州理事会，閣僚理事会，欧州委員会（コミッション），欧州議会，および欧州裁判所がある。

これら諸機関の任務・権限は，EU の3つの活動分野によってそれぞれの活動の法的根拠が異なるため多様である。しかしながら，EU はその活動の整合性および継続性を確保するため「単一制度枠組」を採用し，EU が対外的・対内的に行動するに際して，欧州理事会の政策指針の下，EU 諸機関が三分野に共通の機関として各分野に応じて行動することとした。

(a) **欧州理事会** 欧州理事会（European Council）は，欧州首脳会議ともよばれるが，政治レベルでの最高意思決定機関であって，加盟国首脳および欧州委員会委員長から構成され（EU 条約4条2段），一般的政策指針を策定するとともに（EU 条約4条1段），CFSP 政策の共通戦略を決定する（たとえば，EU 条約13条2項）。

(b) **閣僚理事会** 閣僚理事会（Council of Ministers）または欧州連合理事会（Council of the European Union）は，主たる決定機関であり，加盟国の閣僚級の代表から構成される（EC 条約203条1段）。閣僚理事会は，議題や分野に応じて担当の閣僚が出席し理事会を構成するため，単一の構成ではない。閣僚理事会は，加盟国の一般経済政策の調整，共通政策に関する主要な決定の採択等を行うほか（EC 条約202条），CFSP 分野については，共同行動を採択し（EU 条約14条1項），また，PJCC 分野については，加盟国に共同行動の採択を勧告する（EU 条約34条2項）。

(c) **欧州委員会** 欧州委員会（European Commission）は，コミッションとも呼ばれる執行機関であり，全般的能力を基準として選定され，かつ，独立した20人の委員から構成される（EC 条約213条1項）。委員の任期は5年である（EC 条約214条1項）。欧州委員会は，出身国たる加盟国から独立して EU の一般利益を代表する機関としてその任務を遂行し（EC 条約213条2項），条約の特

定条項を施行するための規則を発令し，EUの活動に割り当てられた予算の歳出を管理する。

(d) **欧州議会** 欧州議会（European Parliament）は，加盟国を1つの選挙区とする直接選挙により選出される議員から構成され（EC条約189条1段・190条1項），任期は5年である（EC条約190条3項）。発足当時は，諮問的権限のみが付与されていたにすぎなかったが，近年，その権限は強化されつつあり，各加盟国国民を代表する機関として，閣僚理事会と共同した立法過程への参加，行政監視，予算権限，対外関係における権限等を行う権限を有する。

(e) **欧州裁判所** EUは代表的な司法制度として，欧州司法裁判所（Court of Justice）と第1審裁判所（Court of First Instance）を有する。欧州司法裁判所は，加盟国の合意に基づく15名の判事から構成され，9名の法務官から補佐を受ける（EC条約221条・222条）。判事と法務官の任期はそれぞれ6年である（EC条約223条）。第1審裁判所は，同じく15名の判事から構成されており，任期は6年である（EC条約225条）。これらの裁判所の任務は，条約の「解釈及び適用について，法規の遵守を確保する」ことである（EC条約220条1段）。

裁判所での訴訟形態としては，①加盟国，法人または個人が欧州裁判所に直接提訴する「直接訴訟」と，②加盟国内の裁判所が具体的な訴訟の中でEU法の解釈または有効性について欧州裁判所に先決的な意見を求める「先決裁定」などが存在する。

直接訴訟のうち，加盟国，共同体諸機関および欧州中央銀行（ECB）が提起する訴訟は欧州司法裁判所が管轄権を有する（欧州司法裁判所規程51条）。義務不履行訴訟（EC条約226条・227条）やPJCC事項については，第1審裁判所は関与せず，司法裁判所が第1審かつ終審となる。第1審裁判所が第1審として管轄権を有するのは，自然人または法人が提起する取消訴訟（EC条約230条），不作為訴訟（EC条約232条），損害賠償請求訴訟（EC条約235条），職員訴訟（EC条約236条），仲裁条項に基づく審理（EC条約238条）である。これらの事件の判決のうち，法律問題についてのみ欧州司法裁判所への控訴が可能である（EC条約225条1項後段）。

(f) **その他** 以上説明した主要機関以外にも，経済社会評議会，会計検査院，地域評議会，欧州中央銀行（ECB），欧州投資銀行（EIB）などの諸機関が

（4） EC法とその特徴

広義のEUの活動のうち，EC分野では経済共通政策を実現するため，各加盟国から委譲された立法権限に基づき超国家的規範であるEC法が制定されている。このようなEC法の法源に含まれる主要なものは，①EC条約などの3つの共同体の設立条約およびその後の改正条約，②ECが第三国または国際機構と締結した国際協定（条約），③EC条約に基づく派生法としての規則，指令，決定等である。また，条約や立法によらない不文形式のものとして，法の一般原則と判例法がある。

EC法に関する欧州裁判所の判例は次の二点を原則として確立している。すなわち，①EC法は，原則として加盟国の立法措置を必要とせず，個人に対し直接に権利義務を定めることができること（直接効果），②EC法は，加盟国の憲法を含む国内法に優位する効力を有すること（優位性），である。

5　国際機構を規律する法

（1）　国際機構の設立と能力

このように今日の国際社会において国際機構は種々の重要な活動を行うが，国際社会には国際機構に法主体性を与えるための統一化された制度は存在しないため，国家が設立条約によって国際機構を設立することとなる。

また，国際機構が有するその資格や能力も原則として設立条約によって規定されるが，国際機構の権限には，設立条約で明示的に付与された権限（明示的

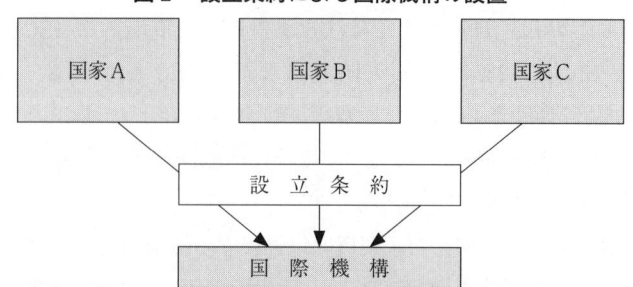

図2　設立条約による国際機構の設置

権限）に加えて，国際機構の目的や任務から黙示的に付与されていると理解される権限（黙示的権限）も含まれると考えられている。

（2） 国際機構の組織構造（内部組織）

国際機構を設立する条約は，機構の内部組織についても定めることが多い。国際機構はその前身である国際行政連合とは異なり，恒常的な内部組織を有する点に特徴がある。国際機構の場合は，全加盟国の代表から構成される総会，一部の加盟国によって構成される理事会，それに中立的な立場で事務を遂行する事務局の3つの内部機関を有することが多い。また，国際機構には，裁判所や補助機関が設置されていることがある（たとえば，国連行政裁判所など）。

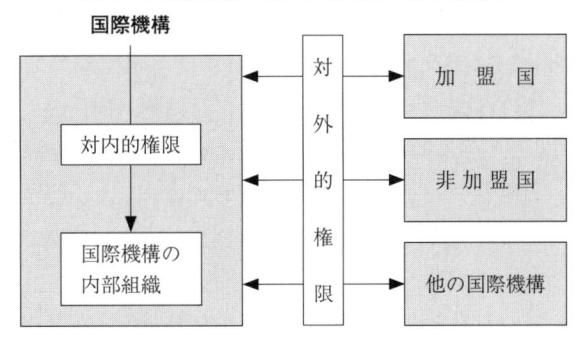

図3　国際機構の対外的権限と対内的権限

（3） 国際機構の対外的権限

(a) **国際機構の法主体性**　国際機構の法主体性については，従来は賛否両論があったが，今日では，国家が条約によって設立する国際機構は国際法主体性を有すると考えるのが多数説である。本見解は，ベルナドッテ伯事件に関するICJの勧告的意見の中でも示された。この事件は，第1次中東戦争中の1948年に現地で任務を遂行中であったスウェーデン人の国連調停官ベルナドッテ伯が暗殺されたことを契機とし，国連総会が，国連の職員の損害に関して当該職員の国籍国とは別に国際請求を国連が提起できるかについて，ICJの勧告的意見を求めたものである。国連憲章には国連の国際法主体性そのものを定める規定はないが，本勧告的意見の中でICJは国連の請求権を肯定し，その前提として，国連の法主体性を認めた。

もっとも国際機構が国際法主体性を有するとしても，国家が完全な国際法主

体としての権利義務を享受するのに対して，国際機構は設立条約（または設立後の加盟国の合意）によって付与された権利義務の範囲内において限定的に主体たりうるにすぎない。

(b) 国際機構の外交能力と特権免除　国際機構には一定の外交能力が認められる場合がある。国家に関しては，一般国際法に基づいて一般的な外交能力が原則として等しく認められるが，国際機構が有する外交能力は，当該組織の設立条約に基づいてその目的の実現および任務の遂行に必要な範囲内で認められるにすぎない。

国際機構の外交能力のうちで具体的に問題となるのは，国際機構自身による外交能力の前提となる使節権である。使節権には，①能動的使節権（ある国際法主体が他の国際法主体に対して外交使節を派遣する権利）と②受動的使節権（他の国際法主体が派遣する外交使節を接受する権利）という2つの側面がある。まず，能動的使節権の例は，常設のものについては欧州共同体のような一部の例を除き，一般化していないが，特定目的のための特別に代表を派遣したり機関を置く例は多い。他方で，受動的使節権に関しては，ほとんどすべての国際機構がその加盟国の派遣する代表団や常駐使節団を受け入れる形で，これを行使している。

国際機構が自らの使節を派遣する場合，その任務遂行にあたって特権免除が認められることがある。たとえば，国連憲章105条は，国連の代表と職員がその任務を遂行するために必要な範囲内で特権と免除を享有することを認めている。さらに，「国連の特権及び免除に関する条約」（1946年国連総会採択）や「専門機関の特権及び免除に関する条約」（1947年国連総会採択）が制定され，発効している。また国際機関に派遣される使節に対する特権免除については，「普遍的国際機構との関係における国家代表に関するウィーン条約（国際機構国家代表条約）」が1975年に採択されているが，国際機構の本部所在地の負担が重いため反対が多く，未発効である。

(c) 国際機構の条約締結能力　国際機構の設立条約上，明文で条約締結能力が規定されている場合，または，明文で規定されていなくとも，その目的や任務から考えて条約締結能力が必要と認められる場合に，その国際機構の条約締結能力は認められる。現在では，多くの国際機構が，その設立条約上，明文

で条約締結能力を認められている。

たとえば，国連については，安保理と加盟国との兵力提供等に関する特別協定（国連憲章43条），経社理による専門機関および加盟国との連携協定（57条・63条），信託統治協定（79条），国連の特権免除に関する加盟国との協定（105条3項）などがある。また EC は，国家と通商協定を締結し（EC 条約133条3項・300条），国家または他の国際機構と連合協定を締結することができる（EC 条約310条）。

(d) **国際機構の請求能力**　国際機構は，国家による国際義務違反により被った損害に対し，国際請求を提起することができる。国際機構の請求能力を認めたリーディング・ケースとしては，前述したベルナドッテ伯事件がある。同事件で ICJ は，国連職員が任務遂行中に殺害されたことで発生した国連の損害につき，職員の本国とは別に，国連が直接加害国に国際請求を提出する能力を認めた。

もっとも，国際請求権を行使するため国家を相手取って国際裁判所に訴えを提起する能力は，条約等で認められた例外的な場合を除いて，一般的には認められていない。

(e) **国際機構の責任能力**　国際機構は，国際法上の違法行為を行った場合，国際責任を負う能力を有する。たとえば，国連は，平和維持活動中の違法な行為によって発生した損害について国連自身が賠償を支払ってきている。また，EC は，①共同体の契約上の責任は当該契約に適用される法律により決定され，②それ以外の責任については加盟国の国内法に共通な一般的原則に従って，損害を補償する旨の明文の規定がある（EC 条約288条）。

なお，国際機構が国際責任を負う場合，単独で国際責任を負う方法以外に，機構と加盟国との間で責任を分担する方法がある。後者の場合，国際機構と加盟国とが連帯責任を有する事例と，国際機構が第一次的責任を負い，加盟国にはそれを補充する責任があるとする事例とに分かれる。

(f) **国際機構の領域管理能力**　国連は，信託統治地域の施政権者となりうる（国連憲章81条）。また，その他の地域に関しても，国連は少なくとも一定期間ある領土を統治することができる。たとえば，オランダとインドネシア間に発生した西イリアン問題に関して，1962年に両国が締結した協定により，西イ

リアンは，同年10月から翌年4月まで国連暫定行政機構（UNTEA）が直接的に統治した。また，冷戦終結後には，国連カンボジア暫定統治機構（UNTAC）(1992〜1993年）や国連東チモール暫定行政機構（UNTAET）(1999〜2002年）などが設立され，これらの地域を統治した。

(4) **国際機構と国家の関係**

(a) **国際機構における加盟国の役割の二重性**　国際機構の加盟国は，当該国際機構との関係で，①機構の内部的な構成要素としての役割と，②機構の外部にある行為主体の役割という二重の役割を有する。すなわち，一方では，国際機構の加盟国は，設立条約に従って，総会や理事会に代表を出席させ投票権を行使し，分担金支払いの義務を負うなど，国際機構の内部的な構成要素として活動する。他方で，加盟国は，国際機構と対等な関係にある外部の行為主体として，本部協定，特権免除協定などを結び，それらの協定に基づいた権利・義務を国際機構に対して有する。

(b) **加盟国以外の第三国（非加盟国）との関係**　国際機構は，加盟国以外の非加盟国である第三国とも交渉し，国際協定を締結して関係を構築する場合がある。

国際機構の国際法人格が当該国際機構の非加盟国との関係においても認められるか否かについては，学説上の争いがある。国際機構の国際法人格は，設立条約に代表される加盟国の合意に基礎付けられているのであるから，国際機構の法人格を非加盟国との関係において主張するには，一般的には，相手方の非加盟国による明示または黙示の承認が必要である。また，この立場が国際慣行にも合致しているといわれる。

(5) **国際機構と国内法**

国際機構は，国際法上の法主体性ばかりではなく，各国国内法上の法主体性も認められる。これは，国際機構がその活動を遂行する際に，特定の加盟国の領域内で，その加盟国の国内法に従って行為を行うからである。

これら国際機構の国内法上の権利能力については，設立条約，特権免除条約，本部協定などによって言及がなされる。とくに，契約をすること，不動産または動産の取得または処分，国内法廷での訴訟能力などが明文で規定されている場合が多い（たとえば，EC条約282条）。

6　国際機構による一般国際法の定立と執行

近年，国際社会の組織化の進展に伴い，国家を規律の対象とする国際法規範の定立・執行・適用に，国際機構が関与する分野は拡大してきている。

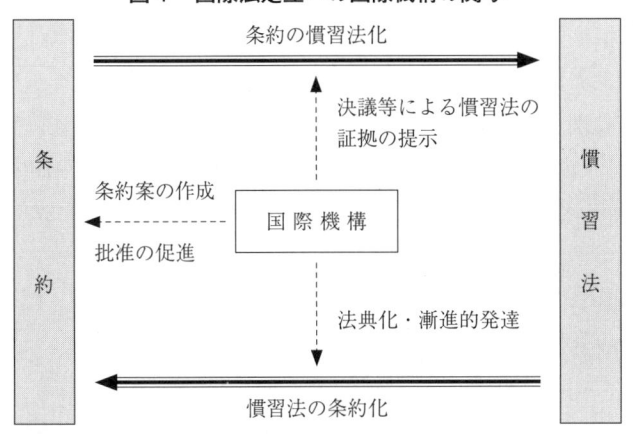

図4　国際法定立への国際機構の関与

```
           条約の慣習法化
      ────────────────────→
条      決議等による慣習法の
        証拠の提示                慣
約      条約案の作成              習
        ┌──────────┐
        │ 国際機構 │              法
        └──────────┘
        批准の促進
        法典化・漸進的発達
      ←────────────────────
           慣習法の条約化
```

（1）　国際法定立に寄与する国際機構

国際機構は国際法の定立に際して一定の貢献をしてきている。

まず，国際機構による条約作成について，たとえば，国連総会は，憲章13条1項a号に基づき，34人の専門家からなる国際法委員会（ILC）を総会の補助機関として設置して，国際法の法典化（慣習法の文書化）や漸進的発達（新しい国際法の形成に向けての活動）に取り組んでいる。また，憲章の62条3項は，経社理の権限に属する事項につき，総会に提出するため，理事会が条約案を作成できるとする。このようにして制定された条約としては，1966年の国際人権規約や1984年の拷問等禁止条約などがある。この他に，国連の権威の下，招集された国際会議によって条約が作成されることがある。たとえば，1961年の外交関係に関するウィーン条約，1969年の条約法に関するウィーン条約，1982年の国連海洋法条約，1992年の気候変動枠組条約，1998年の国際刑事裁判所規程などである。さらに，主要な国際条約への加盟国の参加を促進する活動も国連総会は行っている。

国連総会以外にも，たとえば国際労働機関（ILO）は，国際労働基準を定めるさまざまな条約案を採択し，すべての加盟国に対して批准を促し，批准をしない国に対しては当該問題に関する国内法や国内慣行の実情を報告させて批准を促進する活動を行う（ILO 憲章19条5項）。また，世界保健機関（WHO）の総会は，疾病の国際的蔓延を防止することを目的とする衛生上および検疫上の要件および他の手続に関する規則を採択した場合，当該規則は，加盟国が定められた期間内に拒絶または留保を通告しない限り，加盟国に対して拘束力を有する（世界保健機関憲章22条）。さらに，国際民間航空機関（ICAO）の理事会は，国際民間航空に関する国際標準と勧告方式を採択し，これを国際民間航空条約（シカゴ条約）の附属書として公表する。この場合，加盟国は，適用除外の通告を一定期間内に行わないかぎり，これに拘束される（シカゴ条約37条・38条・54条(1)）。

　他方で国際機構は慣習法の形成にも貢献している。たとえば，国連総会は，人民の自決の権利（たとえば，1960年の植民地独立付与宣言など），天然資源の恒久主権（たとえば，1962年の天然資源に対する恒久主権に関する宣言など），国有化の権利（たとえば，1974年の国家の経済的権利義務憲章など）に関する一連の決議を通じて，当該概念の慣習法化に貢献してきた。

（2）　国際法の執行に寄与する国際機構

　今日の国際機構は，単に国際法を制定するばかりか，その実施や執行も行う。このような執行の例としては，①条約の実施状況に関する国家による報告制度（たとえば，国際人権条約の実施状況に関する国家報告制度），②国際機構自らによる情報収集や調査（たとえば，国連憲章34条，EC 条約211条），③視察・査察（たとえば，国連憲章87条，安保理決議に基づく査察），④不遵守の場合の制裁や強制（たとえば，国連憲章41条・42条に基づく強制行動）などがある。

（3）　国際法の適用に寄与する国際機構

　国際機構は，国際法の適用に関しても一定の役割を果たしている。とくに国連における国際司法裁判所（ICJ）や EU における欧州司法裁判所のように，国際機構が紛争解決機関として司法機関を付置する場合，これらの司法機関による裁判を通じて，国際機構は国際法の適用の分野でも多大な貢献を行っている。

7 非政府団体（NGO）

（1） NGO の歴史と活動

　非政府団体（NGO）とは，非国家的・民間レベルの合意に基づき設立され，教育，学術，宗教，文化，経済，人道等のさまざまな分野での国際的または単一国家の枠を越えた公益活動に従事する団体をいい，民間団体，私的国際組織などとも称される。その形態も市民団体・宗教団体・学会・政党・労働組合・企業連合などさまざまである。

　国際機構と NGO のかかわりは古く，国際連盟の時代にすでに，NGO は非公式に協議関係を得ており，国連憲章起草の段階でも，機構の機能・方針にかかわるような重大な提言を行っていた。

　NGO は，近年その数が増加し，活動分野も多様化してきた。NGO は支持基盤の広がりとともに，資金力・情報収集力・メディアに対する影響力をつけ，緊急援助，開発援助，難民，人権，環境などの分野での活動が注目されるようになった。これに伴って，政府や国際機構との協力関係も質的・量的な飛躍を遂げている。

　国家が狭隘な国益にとらわれがちなのとは異なり，NGO は環境保護や人権擁護など人類社会の利益の観点から活動することができると一般にいわれる。問題領域に関する専門性，客観的な事実調査と情報提供，世論の効果的な喚起などを通じて，その信頼性や正当性が認められ，国際社会における地位を確立した NGO も少なくない。

（2） NGO の法的地位

　NGO は，さまざまな分野で活躍しているが，その法的地位は，国内法または国際法に依拠して決定される。たとえば，図 5 は，途上国での援助に従事する NGO に対する法的規制の一例である。

　現状では，NGO の設立を規律する一般国際法は存在しないため，NGO は国内法で設立されるのが普通である。NGO は，複数の国家で活動する場合があるが，特定の条約がないかぎり，それぞれの国で別個にその設立が認められなければならない。さらに，外国で設立された NGO がある国の領域で活動する

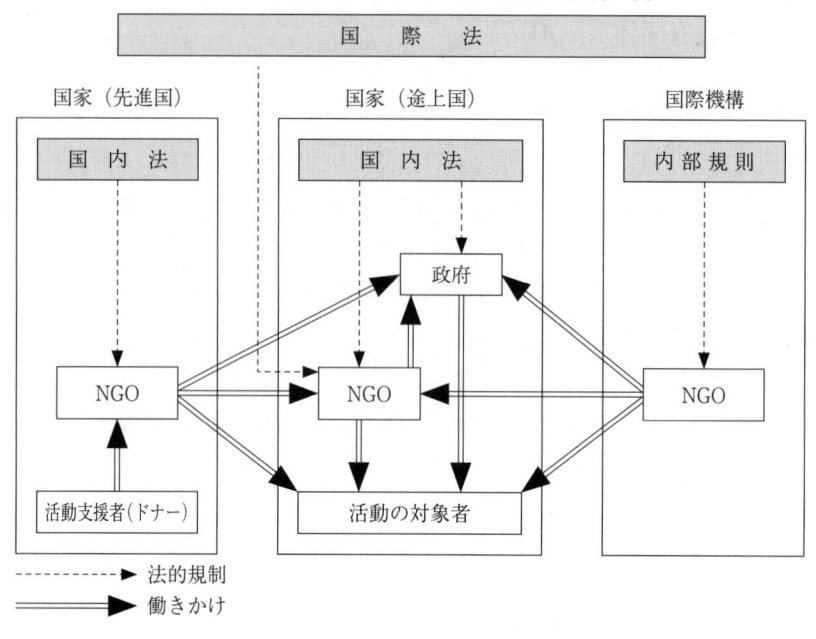

図5 さまざまな法によるNGO活動の規制の例

```
                              国 際 法
┌─────────────┐  ┌─────────────┐  ┌─────────────┐
│ 国家（先進国）│  │ 国家（途上国）│  │  国際機構   │
│             │  │             │  │             │
│ ┌─────────┐ │  │ ┌─────────┐ │  │ ┌─────────┐ │
│ │ 国 内 法 │ │  │ │ 国 内 法 │ │  │ │ 内部規則 │ │
│ └─────────┘ │  │ └─────────┘ │  │ └─────────┘ │
│             │  │    政府     │  │             │
│    NGO      │  │    NGO      │  │    NGO      │
│             │  │             │  │             │
│ 活動支援者   │  │ 活動の対象者 │  │             │
│ （ドナー）   │  │             │  │             │
└─────────────┘  └─────────────┘  └─────────────┘
```

------▶ 法的規制
━━━━▶ 働きかけ

場合には，当該領域国の許可を得なければならないし，現地当局の行政的規制の対象となる。したがって，国際法上，各国は，それぞれの国内でのNGOの設立とその活動について，広範な裁量を有する。

　他方で，国際法によってNGOの地位や権能が定められる場合もある。たとえば，赤十字国際委員会などの人道的団体は国内法上の基盤を有すると同時に（赤十字国際委員会は，スイスの国内法に基づいて設置される），紛争犠牲者の保護を定めたジュネーブ条約によって国際法上の地位が定められている。

　また，特定の国際機構との関係で，NGOの地位が定められることがある。たとえば，国連憲章71条は，「経済社会理事会は，その権限内にある事項に関係のある民間団体（non-governmental organization）と協議するため，適当な取極を行うことができる」と定める。経社理は，同規定に基づきNGOの協議資格制度を設けて，1996年に従来の協議取決めを改訂し，決議1996/31を採択した。この規定に基づいて経社理との協議資格を有するNGOは，2003年現在で，2,300を超える。この協議資格を有するNGOは，出席できる会合や発言権の

程度によって，①一般協議資格（経社理の活動全般に関与），②特別協議資格（経社理の活動の一部に関与），③ロースター（経社理等に場合に応じて関与）に分類される。NGOの協議資格は，経社理の下部機関であるNGO委員会の勧告に基づき，同理事会において決定される。

(3) 国際法過程における NGO の役割

従来は国家によって独占されてきた条約作成についても，今日ではNGOが発言力を増している。たとえば，国連等が主催する条約作成のための国際会議において，NGOは各国政府に対する圧力団体として機能するほか，時には政府の代表団の一員として条約作成に携わることもある。これまでも，リオデジャネイロでの国連環境開発会議（1992年），対人地雷に関するオタワ・プロセス（1997年），気候変動枠組条約に関する京都会議（1997年），国際刑事裁判所規程を制定するローマ会議（1998年）などの国際法の定立の場面で，NGOは重要な役割を果たしたと評価されている。

さらに，国際法を執行する場面でもNGOは活躍することがある。たとえば，国連などの国際人権保障システムは，NGOをパートナーとして認め，その情報や提案に大きく依存しており，経社理決議1503に基づく手続の中では，NGOに国連人権委員会への人権侵害の通報資格を認めている。また，NGO自身が，直接現地調査を行い報告書を公表することにより，関係国に圧力を加えることもある。

§Ⅳ 個人とは

　16～17世紀の国際法の黎明期にあっては，たとえばグロティウス（1583～1645）に代表されるように，国家と並んで個人も国際法の規律対象とされ，国際法上の権利義務を有すると考えられていた。しかし，18世紀以降，実証主義的な国際法学が支配的になると，主権国家のみが国際法の唯一の法主体であり，したがって個人は必然的に国際法の主体ではなく客体であるという見解が有力となった。

　他方で，国家を中心とした今日の国際社会にあっても，個人について国際法上の権利義務が実際に条約により定められることがある。具体的には，①国際機構への代表権（たとえば，国際労働機関憲章3条1項），②国際機構への請願権・申立権（たとえば，国連憲章87条ｂ，「市民的及び政治的権利に関する国際規約（自由権規約）」の選択議定書），③国際裁判所への出訴権（たとえば，1908～1918年の中米司法裁判所，1919年のヴェルサイユ条約297条，「国家と他の国家の国民との間の投資紛争の解決に関する条約（投資紛争解決条約）」36条，欧州人権裁判所，欧州司法裁判所，国連海洋法条約の深海底裁判部），④個人の義務（たとえば，「集団殺害罪の防止及び処罰に関する条約（ジェノサイド条約）」1条・4条，「アパルトヘイト犯罪の鎮圧及び処罰に関する国際条約（アパルトヘイト条約）」1条・3条，国際刑事裁判所規程1条・25条）がある。

　しかし，これら個人の国際法上の権利義務と国家の国際法主体性との間には顕著な相違がある。第1に，個人の国際法主体性は国家間の条約に基づいて初めて認められるものであり，その地位は個人の具体的権利義務を定めた条約の内容に依存する。第2に，個人に国際法主体性が認められる場合でも，個人が国家と条約を締結する地位は与えられておらず，個人には，国際法を制定・改正・終了する権利は当然には認められていない。その結果，国家が本源的な国際法主体であるのに対し，個人は制限的で派生的な国際法主体であるにとどまる。

1 国　　籍

（1）　国籍の機能

　自然人または法人を特定の国家に結びつける法的なきずなを国籍という。伝統的国際法では，国籍の付与は，当該国家の重大な利害にかかわる問題であり，各国の国内管轄事項であると考えられたため，誰に国籍を与えるかは，各国が国内法令に基づき，原則として自由に決定できるとされた。

　人は国籍という結びつきを特定国家と有することによって，特定国の国民としての地位と諸権利を保障される。伝統的国際法では，人は単一の国籍を必ず持ち，複数の国籍を有するべきではないという「国籍唯一の原則」が支持されてきた。しかし今日では徐々に重国籍を容認する動きが大きくなっている。さらに，EUは国家を超越する新しい概念として「連合市民権」の地位を創設した（EC条約17条）。

　また国籍は兵役義務や参政権などの国民に固有な権利義務の基準として従来から機能してきたが，外国人の参政権については，社会への定着という事実に注目し，国籍概念から離れて，地方レベルで外国人の参政権を認めようという風潮が近年強まっている。

（2）　国籍取得の法的性質

　個人が国籍を取得するための要件は，従来から国際法上の国内管轄事項とされ，各国が自由にその国内法によって決定しうるとされた。

　しかし，国籍を付与する基準が多様であったり，国籍付与に関する国内法が未整備であったりするため，いずれの国の国籍をも有しない無国籍者が発生することも多々あった。

　こうした状況に対して，国籍はさまざまな権利を享受するための法的基礎となることから今日では，個人について国籍を権利として保障するべきだという認識が，国際社会で広く共有されるようになっている（たとえば，世界人権宣言15条1項，自由権規約24条3項，「児童の権利に関する条約（児童の権利条約）」7条）。また，国籍を恣意的に剥奪されない権利や国籍を変更する権利も，多くの国際人権文書で認められている（たとえば，世界人権宣言15条2項，「無国籍

者の減少に関する条約」,「あらゆる形態の人種差別の撤廃に関する国際条約（人種差別撤廃条約）」5条(d)iii,「女子に対するあらゆる形態の差別の撤廃に関する条約（女子差別撤廃条約）」9条1項）。

(3) 国籍取得の方法

一般に，国籍の取得には，先天的取得と後天的取得がある。前者の例は出生による国籍の取得であり，後者の例としては帰化がある。

(a) **出生による国籍の取得**　出生による国籍取得には，親の国籍をその子に与える血統主義と，出生地国の国籍が子に与えられる生地主義とがある。前者は，父親がその国籍を有することを要件とする国（父系主義）と，父母のいずれかがその国籍を有するだけでよいとする国（父母両系主義）とがある。出生による国籍付与の基準が各国で異なる結果，いずれの国の国籍も有しない無国籍や国籍を複数もつ重国籍が生ずることになる。無国籍であることは，いずれの国からも保護を受けることができず，個人にとって重大な不利益をもたらすので，現代では，子の無国籍を防ぐ義務が条約によって課されている（自由権規約24条3項，児童の権利条約7条）。他方で，重国籍は兵役義務や外交的保護権の行使にあたり問題を生ずるおそれがあり，望ましくない。

ただ，いずれの国であっても国籍を決定するにあたり単一の基準のみに基づいて行うことはなく，厳格な血統主義を採用している国であっても，最近では，血統主義と生地主義を併用する国や，血統主義を原則としつつも，外国人父母の一定の居住歴を要件として，出生地の国籍を付与する国も存在する。

日本は，女子差別撤廃条約の批准に伴う1984年の国籍法改正で，子は「出生の時に父又は母が日本国民であるとき」日本国民とすると定め（国籍法2条1号），従来の父系主義を改め父母両系主義を採用した。さらに補足規定として，①子が日本で生まれ，②父母がともに知られないときまたは国籍を有しないときは，日本国民となるとして，補充的に生地主義を採用している（国籍法2条3号）。

(b) **帰化による国籍の取得**　出生後に後天的に国籍を取得する方法の代表例は，帰化である。今日，帰化は多くの国で認められるが，その条件は国毎に異なる。

たとえば，日本における帰化の要件やその手続は国籍法に記されている（国

籍法4条～10条)。それによれば，外国人は，帰化によって日本の国籍を取得することができるが，帰化をするには法務大臣の許可を得なければならない。

法務大臣が帰化を許可するにあたっては，その者が，①引き続き5年以上日本に住所を有すること，②20歳以上で本国法によって能力を有すること，③素行が善良であること，④自己または生計を一にする配偶者その他の親族の資産または技能によって生計を営むことができること等の一定の要件を満たしていることが必要とされる（5条1項）。

もっとも，日本国民と一定の身分関係にある場合や，日本で生まれたなどの日本と一定のつながりがある場合には，先の要件が緩和される（6条～8条）。さらに，日本に特別の功労のある外国人については，先の要件を満たさなくとも，国会の承認を条件として，法務大臣はその帰化を許可することができる（9条）。

他方で，日本国民が，自ら望んで外国の国籍を取得する場合，日本の国籍を失う（11条1項）。

(4) 法人（企業）の国籍

法人（企業）にも自然人と同様に国籍の概念が適用されるが，国籍決定の基準は一定ではなく，各国がそれぞれの立場から異なる法制度を有する。大別すれば，設立準拠地法主義と本拠地法主義とに分類できる。

ここで設立準拠地法主義とは，法人の設立にあたって準拠された法が，法人の国籍を決定する基準となるとする立場であり，主に英米法系の諸国で採用されている。これに対して，本拠地法主義は大陸法系の諸国でみられる方式であり，法人格の取得にあたって，本拠地所在地やその経営管理を基準として法人の国籍を決める立場である。バルセロナ・トラクション事件の第2段階（1970年）で，国際司法裁判所（ICJ）は，いずれの国が会社に関する外交的保護権を発動できるのかについて，設立準拠法または本拠地法を基準として決定されるとした。

日本法では，外国法人を定義する明文規定が法令中に存在せず，その私法上の地位については民法36条と商法485条ノ2が定めている。これらの規定により，外国法にもとづいて設立された法人は，日本に本店を設けるかまたは日本において営業を行うことを主たる目的とする限り，日本国内で内国法人と同等

の私法上の権利能力を取得することが認められている。

2　外国人の法的地位

　外国人とは，ある国でその国の国籍を有しない者をいい，一般には無国籍者を含む。日本の法令では，外国人とは，「日本国民でない者」（国籍法4条1項）で，「日本の国籍を有しない者」（出入国管理及び難民認定法2条2号）である。
　今日，国家は，領域主権に基づいて，その国籍を問わず，自国領域内にあるすべての人に対して，属地的・排他的な統治を行いうる。外国人も，所在する国家の法に従う義務を負い，同国家の司法権や行政権に服する。ただし，このことによって，外国人が自国民と完全に同一の立場に立つことにはならず，国家はそれぞれ国内法に従って，外国人の権利を制限し，または，その義務を（領域国の国民と比較して）軽減している。

（1）　外国人の入国

　国家は，外国人の入国を認める義務を一般国際法上負わない。それゆえ，個人は入国の権利を有せず，そもそも外国人の入国を許すか否か，もし許すとしてもいかなる条件下で許すのかは，一般には各国の裁量の問題となる。したがって，各国は，自ら定める国内法に基づいて特定要件に該当する外国人の入国を拒否できるばかりか（たとえば，出入国管理及び難民認定法5条1項），好ましくない外国人の入国を拒否することができる。
　このように入国や滞在条件を決定する国家の裁量はこれまで広範に認められてきたが，現代では人権条約上の外国人の権利に基づく制限によって，この国家の裁量は狭められるようになっている。とくに，滞在国との実質的な結びつきのある外国人を追放したり，再入国を制限することは，人権条約上の家族生活や私生活の尊重の権利などに反するため，当該分野における国家の裁量は縮小している。
　さらに，2国間の通商航海条約や多数国間条約によって，国民相互の入国を認める場合も増加している（たとえば，日米友好通商航海条約1条や1985年に締結されたシェンゲン協定）。このように外国人の入国が条約によって義務付けられている場合，国家は，条約上の義務として，外国人の入国を許さなければな

らない。さらに、そのような条約規定が存在しなくても、外国人の入国を許すのが事実上の慣習となっているため、もし入国を許さない場合、その外国人の本国から非友好的行為とみなされる可能性がある。

具体的な入国手続としては、実際に赴く前に自国が発給する旅券（パスポート）に相手国の領事館等で査証（ビザ）を受け、到着後に入国審査を受けるのが通常の手続である（たとえば、出入国管理及び難民認定法6条1項）。それゆえ査証は入国許可の前提であり入国許可とは異なる。なお、査証免除協定等により査証が免除される場合もある。

（2） 外国人の出国

外国人の自らの意思に基づく出国は、原則として自由であり、国際法上一般に認められている（世界人権宣言13条2項、自由権規約12条2項）。ただし、国の安全・公の秩序・公衆の健康等を理由として、法律に定められた手続に従って、外国人の出国に一定の制限を課すことは許容される（自由権規約12条3項、難民条約32条1項）。

国家は、好ましくないと考える外国人を強制的に出国させることができる。ただし、法律に基づくものでない場合や、理由の提示や手続的保障がない場合、外国人を退去強制（追放）することは許されない（自由権規約13条、難民条約32条2項）。日本の場合、出国を強制できる手続として、①出入国管理及び難民認定法に定められている退去強制と②逃亡犯罪人引渡法に定められている犯罪人引渡とがある。

（3） 外国人に認められる権利

外国人は、滞在国の国民と同様にその国の属地的管轄権に服し、法令の適用を受ける。

ある国家の領域内にいる外国人にいかなる権利義務を認めるかは同領域国の裁量に任されるというのが、国家の領域主権の優越性を前提として成立した近代国際法の原則であった。他方で、同国は、領域主権の排他性が認められる代償として、外国人の身体や財産を保護する義務を負う。

外国人に対して与えられなければならない保護の程度については学説が分かれている。すなわち、外国人の処遇に関しては、先進諸国の国内で通常与えられている保護の程度を目安として国際法上の最低基準が存在するという国際標

準主義（文明標準主義）と，各国が自国民に対して与えている水準を目安として国内法によって自由に決定してよいという国内標準主義が唱えられてきている。欧米諸国が前者の主張を支持する一方で，非欧米諸国は，発展段階や国内体制の相違または自国内における外国人の事実上の優遇を避けることを理由として，後者の主張を支持している。

この対立は今日でも継続しているが，第2次世界大戦後は，国際人権保障の観点からこの対立の解消が試みられている。そもそも，国際人権法は一般に内外人平等原則に立脚しており（世界人権宣言6条・7条・23条，「経済的，社会的及び文化的権利に関する国際規約（社会権規約）」2条2項），その保障は明示的に国民にのみ適用される権利を除き，当然に外国人に及ぶと解されるが，国際人権文書の中で，外国人に認められる権利義務を定めることがなされている。たとえば，国連総会は，1985年に「在住する国の国民ではない個人の人権に関する宣言（外国人の人権宣言）」（総会決議40/144）を採択し，外国に居住する個人（居住外国人）に対して認めるべき人権を明らかにした。さらに，「すべての移住労働者とその家族の権利保護に関する条約（移住労働者権利保護条約）」が1990年に成立し2003年に発効した。

外国人の処遇については，一般国際法以外にも2国間の通商航海条約の中で，相手国国民の処遇に関して締約国相互間で内国民待遇や最恵国待遇を規定することが多い。ここで，内国民待遇（national treatment）とは，お互いに相手国の国民に自国民と同じ待遇を与えることを約束することをいい（日米通商航海条約22条1項），課税・裁判・契約・財産権などについて認められる。内国民待遇が付与されると，条約で定められた範囲内で，外国人は領域国の国民と同等の権利を享受する。これに対して，最恵国待遇（most-favoured-nation treatment）とは，いずれかの第三国またはその国民に与えるよりも不利でない待遇を，相手国またはその国民に与えることをいう（日米通商航海条約22条2項）。最恵国待遇が付与されると，その国民は，在留外国人の間で最も有利な待遇を受けることになる。

（4） 日本における外国人の権利・義務

日本国憲法は，外国人の地位に関する明文の規定を有しないが，憲法中の基本的人権の保障は，その権利の性質から日本国民のみを対象とすると考えられ

るもの以外であれば，日本に在留する外国人にも及ぶと考えられる。

　公法上の権利のうち，選挙権および被選挙権（公職選挙法9条・10条, 地方自治法18条・19条）ならびに公務員就任権（外務公務員法7条1項）などは，権利の性質上，国民と同等には認められないと解される。しかし，最近では，日本に定住または永住する外国人については，地方自治体レベルの選挙権を与えるべきだと主張されるようになっている。

　次に，私法上の権利については，原則的に内外人平等主義を採用しているが（民法2条），財産取得や資源開発，船舶・航空機の所有などには外国人に対する禁止や制限が存在する。たとえば，外国人による日本船舶所有権（船舶法1条）や鉱業権（鉱業法17条）の取得は禁止され，土地所有権（外国人土地法）および国または公共団体に対する損害賠償請求権（国家賠償法6条）の取得は制限される。

　自由権と比較して，社会権の外国人への適用は，立法政策の問題とされ，国籍による制限を課した条項（国籍条項）を含む法律により，しばしば制限されてきた。しかし，社会権のうち，健康保険・厚生年金保険・雇用保険等については，これまでも外国人に適用されてきた。また，従来の国籍条項を撤廃することで，外国人でも利用可能となった制度もある（たとえば，日本は難民条約への加入に際して，国民年金法・児童扶養手当法・特別児童扶養手当等の支給に関する法律・児童手当法から国籍条項を撤廃した）。

　他方で，短期滞在者や不法滞在者に対して，これらの権利をどこまで認めるかが問題となる。たとえば，1990年に厚生省（現在の厚生労働省）は，生活保護の適用を受ける外国人を，永住者・日本人の配偶者等・永住者の配偶者等・定住者に限定し，それ以外の者には生活保護法を準用しないという指示を出した。

3　外交的保護権

　外国人が損害を被ったにもかかわらず，在留する国家（在留国）によって保護を与えられない場合，その被害者の本国（国籍国）は在留国に対して，保護を与えるよう要求することが国際法上認められている。これが，在外国民に対する国家の外交的保護である。

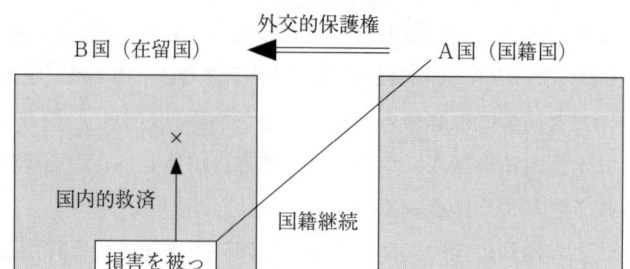

図1　外交的保護権の行使

```
                    外交的保護権
B国（在留国）  ←――――――――  A国（国籍国）
   ┌─────────────┐         ┌─────────────┐
   │      ×      │         │             │
   │ 国内的救済  │ 国籍継続│             │
   │      ↑      │ ╱       │             │
   │ ┌────────┐  │╱        │             │
   │ │損害を被│ ╱           │             │
   │ │ったA国民│            │             │
   │ └────────┘  │         │             │
   └─────────────┘         └─────────────┘
```

（1）　国家の権利としての外交的保護権

　外交的保護権は国家の権利であるため，被害者の国籍国は被害者の要請があったとしても，これを発動しなければならない義務は負わず，相手国との外交関係への配慮からこの要請に応じなくともよい。逆に，国家は外交的保護権を行使するにあたり，被害者の要請がなくとも，この権利を行使することができる。外交的保護権が国家の権利であることは，1924年のマヴロマティス特許事件でも常設国際司法裁判所によって確認されている。

（2）　外交的保護権行使の要件

　国家が外交的保護権を行使するためには，①国籍継続の原則と，②国内的救済の完了の原則の2つの要件が必要とされる。

　第1の要件である国籍継続の原則は，被害者である個人が，外交的保護権を行使する国家の国籍を，侵害を受けたときから在留国に対して請求がなされるまで，継続して保持しなければならないとする原則である。複数の国籍を持つ個人（重国籍）の場合，実効的国籍の原則が適用され，常居所や職業活動の本拠が所在し事実上最も緊密な関係にある国籍国が外交的保護権を行使できると一般にいわれている。また，この実効的国籍の原則は，単一の国籍しか有しない場合にも適用されることがある。たとえば，ノッテボーム事件におけるICJ判決（1955年）では，帰化により獲得した関係国籍は「真正な連関」を示すものではないという理由で，国籍国による請求が認められなかった。

　第2の要件である国内的救済完了の原則は，外交的保護権を国家が行使するためには，被害者である個人が，在留国において利用しうる国内的救済のため

のあらゆる手段を尽くしていることが前提とされるという原則である。たとえば，上訴の認められている国において，最終審の判決が下される以前の段階では，本要件は満たされない。ただし，在留国に国内的救済のための実効的手段が存在しない場合や，国内判例が確定しており上訴審で勝つ見込みがまったくなく，無駄であることが明白である場合には，これを尽くすことを要しない。

（3） 法人に関する外交的保護権

　法人に関しても，個人に準じて外交的保護権の行使は認められると考えられる。ただし，いかなる国家がその権利を行使できるかについては争いがある。この点に関して，ICJ は，バルセロナ・トラクション事件（1970年）において，会社に関して外交的保護権を行使しうるのは，原則として設立準拠法国および本拠地所在地国（カナダ）だけであるとして，実際に損害を被った株主の本国（ベルギー）による外交的保護権の行使を認めなかった。

（4） カルヴォ条項

　19世紀から20世紀の始めにかけて，ラテン・アメリカ諸国は，それらの国家が外国人（企業）と締結するコンセッションなどの契約の中に，いわゆるカルヴォ条項（Calvo clause）を挿入するようになった。ここでカルヴォ条項というのは，ある国家と外国人との契約から生ずる紛争は，契約の一方の当事者である国家の国内的救済手続によってもっぱら解決し，契約の他方当事者である外国人は，本国政府の外交的保護を求めないという条項である。同条項は，当時の新興独立国であったラテン・アメリカ諸国に対する外交的保護権行使を口実とした欧米諸国による干渉を回避することを意図したものであった。

　伝統的国際法の観点からすれば，カルヴォ条項が国家の外交的保護権の行使を妨げることはできないというのが一般的見解である。外交的保護権は国家の権利なのであるから，個人が他の国家との契約において，自らに属しない権利を放棄することはできないためである。

4　庇　　　護

（1） 庇護の意義

　本国からの迫害を逃れて外国に行く個人に，国家が自国領土内や在外公館に

おいて与える保護を庇護という。一般的に庇護とは、自国領域に逃れてきた外国人に対して、領域国として庇護を与える領域的庇護を意味するが、在外公館等において与える外交的庇護が主張されることもある。

図 2　領域的庇護と外交的庇護の例

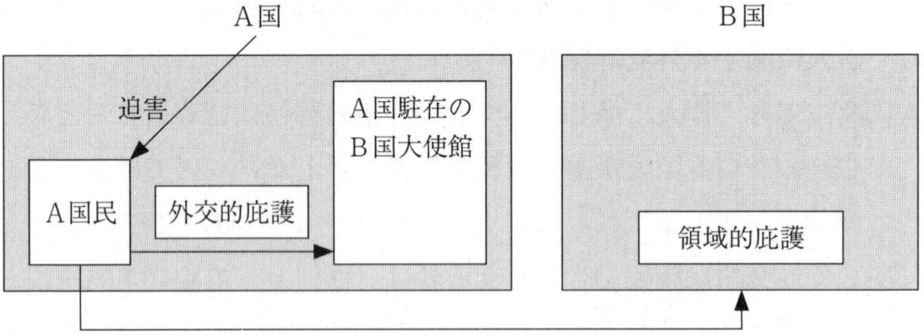

```
     A国                              B国
 ┌──────────────────────┐    ┌──────────────────────┐
 │  迫害    ┌─A国駐在の─┐│    │                      │
 │    ↘   │  B国大使館  ││    │                      │
 │ ┌───┐ │             ││    │    ┌──────────┐      │
 │ │A国民│→│  外交的庇護 ││    │    │ 領域的庇護 │      │
 │ └───┘ └─────────────┘│    │    └──────────┘      │
 │   │                  │    │         ▲            │
 └───┼──────────────────┘    └─────────┼────────────┘
     └──────────────────────────────────┘
```

(2) 領域的庇護

領域的庇護を与える権利は、国家主権から派生するため、庇護権は国家の権利である。領域的庇護は、慣習法上の国家の権利であると考えられる。

領域的庇護が国家の権利であるというこの考え方をさらに発展させて、庇護権を個人の有する国際法上の権利とする見解も主張される。たとえば、世界人権宣言は個人の庇護を求める権利を認めており（14条）、1967年に国連総会が採択した「領域内庇護に関する宣言」（決議2312）もこの立場を支持している。しかし、この立場は一般には認められておらず、領域的庇護を個人に付与するか否かは国家が決定するとされている。

憲法上、政治的に迫害された者に対して庇護請求権を認める国家があり、この場合、国家は国内法上の義務として庇護を与えなければならない。もっとも、個人の庇護権を基本法で規定してきたドイツでも、1993年に庇護権の請求資格を制限する規定を追加した（ドイツ基本法16 a条）。

(3) 外交的庇護

外交使節・領事の在外公館等は不可侵であることから、これらの在外公館等に逃亡してきた者に対して公館内に保護することを外交的庇護という。外交的庇護は、主にラテン・アメリカ諸国の慣行や条約において存在してきたが、一般国際法上認められていない。これは、1950年の庇護事件（アヤ・デ・ラ・トーレ事件）においてICJによって確認された。なお、最近、在外公館などで

第三国の国民が庇護を求める事例が見られるが（たとえば，2002年の中国の瀋陽にある日本領事館への北朝鮮出身者による駆け込み事件），このような庇護の実定法上の評価については議論が分かれる。

5 難民の保護

(1) 難民の意義

難民とは，①人種・宗教・国籍もしくは特定の社会的集団の構成員であることまたは政治的意見を理由に，②迫害を受けるおそれがあるという十分に理由のある恐怖を有するために，③国籍国の外にいる者であって，④その国籍国の保護を受けることができないものまたは受けることを望まないものをいう（「難民の地位に関する条約（難民条約）」1条A(2)）。また，無国籍者については，上述の①および②に該当し，かつ，常居所を有していた国の外におり，その国に帰ることができないか帰ることを望まないものも，難民に含まれる。

(2) 難民の保護

難民の入国を認めて庇護を与えるか否かは，伝統的には国内問題とされ，当該国家の自由であるとされてきた。しかし第1次世界大戦以後の難民の集団的発生を契機として，その国際的保護の必要性が認められ，1951年に難民条約が採択された。さらに，その適用対象を時間的に拡大するために1967年に「難民の地位に関する議定書（難民議定書）」が採択された。

このように国際社会は既に第2次世界大戦以前から難民問題に対処してきたが，第2次世界大戦後は，この問題に対応するため1948年に国連総会により国際避難民機関（IRO）が設立され，さらに1951年以降その任務は国連難民高等弁務官事務所（UNHCR）に引き継がれている。

(a) **難民の入国と追放禁止**　前述したように難民条約において難民の定義が定められたが，国家は難民を受け入れて保護する義務を負わず，個々の難民の資格認定手続は，各国が自ら定めるところによる。

難民条約は，難民の入国と追放に関する締約国の義務として次のことを定めている。まず，締約国は，たとえ避難国に不法に入国・滞在する難民であっても，遅滞なく当局に出頭し，その不法入国・滞在の理由を示す者に対しては，

不法入国・滞在を理由として刑罰を科してはならない（31条）。また，国の安全または公の秩序を理由とする場合を除いて，合法的に領域内にいる難民を国外に追放してはならない（32条）。さらに，締約国は，「追放・送還禁止の原則」（ノン・ルフールマン原則）と呼ばれる義務を負う。すなわち，締約国は，生命または自由が脅威にさらされるおそれのある領域の国境へ難民を追放または送還してはならない（33条1項）。

近年では，ノン・ルフールマン原則は，すでに入国・滞在している難民の追放・送還の禁止を定めているだけではなく，国境における入国拒否も，この原則の違反に含まれると主張される。また，ノン・ルフールマン原則は，難民条約から離れて諸国に広範に受け入れられているため（たとえば，1967年に国連総会で採択された「領域内庇護に関する宣言」3条），今日では一般慣習国際法の原則になっているとする見解もある。

(b) **難民に与えられる権利**　難民条約は，合法的に締約国内にいる難民に与えられる生活上の諸権利を詳細に定めており，これらの権利はその保護の程度に応じて次のように分類できる。

① 内国民待遇が付与される権利……宗教および宗教教育の自由（4条），著作権・工業所有権（14条），裁判を受ける権利（16条），配給（20条），初等教育（22条1項），公的扶助（23条），労働法制・社会保障（24条）

② 最恵国待遇が付与される権利……非政治的・非営利的団体および労働組合の結社の権利（15条），賃金が支払われる職業に従事する権利（17条）

③ できるだけ有利な待遇で，一般に外国人に与えられるのと同程度の待遇が付与される権利……動産・不動産に関する権利（13条），自営業（18条），自由業（19条），住居（21条），中等教育（22条2項）

④ 一般の外国人と同じ規制に服する権利……居住地を選択する権利および国内の移動の自由（26条）

(3) 国内避難民の保護

近年では，民族紛争などによって常居所を追われたが，国境を越えずに国内にとどまっているため難民条約中の難民としての要件を満たさない「国内避難民（IDP）」が発生している。IDPは難民と同様な生活を余儀なくされているにもかかわらず，自らの国家にいるため，難民条約の保護は及ばない。

当初 UNHCR はこれら難民条約によって保護されない者を活動の対象としていなかったが，今日ではこれら広義の難民についても，国連事務総長，国連総会，経済社会理事会の要請を受け，領域国の同意を条件として援助の対象としている。また，1998年には「国内避難民に関する指針」が国内避難民担当国連事務総長代表によって国連人権委員会に提出された。

なお，1969年に採択された「アフリカにおける難民問題の特定の側面を規律するアフリカ統一機構条約（アフリカ難民条約）」は，難民の定義を拡大し，「外部からの侵略，占領，外国の支配，又は，……公の秩序を著しく乱す出来事のために，出身国又は国籍国の外の場所に避難所を求めて，その常居所を去ることを余儀なくされたすべての者」も保護の対象としている（1条2）。

6　犯罪人引渡

他国等で罪を犯し自国領域内に滞在する犯罪人を，他国からの引渡請求に応じて当該他国に訴追・処罰を目的として引き渡すことを，犯罪人引渡という。外国人の出国は原則として本人の意思に基づくが，例外的に領域国が出国を強制することができる場合があり，犯罪人引渡はその1つである。

（1）犯罪人引渡の法的性質

一般国際法上，国家は外国と条約等により約束をしないかぎり犯罪人を他国に引き渡す義務を負わず，引き渡すか否かは国家の裁量である。もっとも，今日では2国間や多数国間で犯罪人引渡条約が締結されており，この場合には引渡は条約上の義務となる（たとえば，日本はアメリカとの間に日米犯罪人引渡条約，韓国との間に日韓犯罪人引渡条約を締結している）。そのような条約が存在しなくとも，相互主義に基づく国内法の手続または国際礼譲として犯罪人引渡を行うことができる。

たとえば，日本に所在する逃亡犯罪人に対して外国からの引渡要請があった際の手続は，逃亡犯罪人引渡法に定められており，次のとおりである。①外国から逃亡犯罪人の引渡請求がなされた場合，(a)引渡請求が引渡条約に基づく場合は同条約に適合していること，(b)引渡条約に基づかない場合は日本から相手国に対する同種の請求に相手国が応ずる相互主義の保証がなされていることを

それぞれ条件として，外務大臣は書類を法務大臣に送付する（3条）。②法務大臣は東京高等検察庁検事長に対して逃亡犯罪人を引き渡すことができる場合か否かの審査の請求を東京高等裁判所に行うように命じ（4条），東京高等検察庁の検察官は東京高等裁判所に対し審査の請求を行う（8条）。③東京高等裁判所は引渡可否の審査と決定をする（9条・10条）。④法務大臣が引渡についての最終決定をする（14条）。

（2）　双方可罰性の原則と特定性の原則

犯罪人引渡の要件は，通常この手続を定めた条約や国内法中で規定されるが，一般には双方可罰性の原則と特定性の原則が問題となる。

双方可罰性の原則とは，引渡を請求される犯罪行為が，引渡請求国と被請求国の双方で刑法上の犯罪に該当しなければならないとする原則である（たとえば，日米犯罪人引渡条約2条1項，日韓犯罪人引渡条約2条1項，逃亡犯罪人引渡法2条5号）。また，引渡の対象となる犯罪は，通常，重大な犯罪に限定される（たとえば，日米犯罪人引渡条約2条1項，日韓犯罪人引渡条約2条1項，逃亡犯罪人引渡法2条3号・4号）。

特定性の原則とは，引渡請求国が，引渡請求の根拠となった犯罪についてのみ訴追・処罰するものとし，それ以外の理由で処罰したり，第三国に引き渡したりしないことをいう（たとえば，日米犯罪人引渡条約7条1項，日韓犯罪人引渡条約8条1項）。

（3）　自国民不引渡の原則

自国民不引渡の原則とは，引渡の対象となる者が被請求国の国民の場合，引渡を行わないとする原則である。たとえば，日本の逃亡犯罪人引渡法2条9号は，逃亡犯罪人である日本国民を請求国に引き渡してはならないとする（ただし，引渡条約に別段の定めがないことを条件とする）。これに対して，刑罰法規の適応について属地主義を採用している英米では，自国民であっても引渡を行っている。

自国民不引渡の原則については，このように異なる実行が存在するため，国際慣習法上の原則とはいえない。日本が米国・韓国と締結した犯罪人引渡条約では，被請求国は自国民を引き渡す義務を負わないものの，裁量により引き渡すことができるとする（日米犯罪人引渡条約5条，日韓犯罪人引渡条約6条）。

（4） 政治犯不引渡の原則

政治犯不引渡とは，政治犯罪人の引渡を行わないことをいう。政治犯の不引渡の原則は，犯罪人引渡の例外として，犯罪人引渡条約や引渡を規律する国内法中に定められることが多い（たとえば，日米犯罪人引渡条約4条1項1号，日韓犯罪人引渡条約3条(c)，逃亡犯罪人引渡法2条1号，2号）。

(a) **沿革**　フランス革命以前のヨーロッパでは，諸国間の友好関係を築くため，普通犯罪ではなくむしろ政治犯罪が，犯罪人引渡の主要な対象とされた。しかし，フランス革命以降は，政治犯の引渡は他国の政争の一方の当事者に加担することとなるため，かえって紛争に巻き込まれるおそれが生じた。また，政治犯の引渡は，しだいに普及した政治的自由の思想と相容れないものであった。その結果，政治犯については犯罪人引渡の対象から外すという慣行が始まった。

(b) **政治犯の意義**　政治犯罪については国際法上明確な定義は存在しないが，一般に国家の政治体制を変更することを目的として行う犯罪とされる。いかなる罪を犯した者を政治犯とするかについては，各国の国内法に任されている。

政治犯罪とされるものうち，革命・クーデターの陰謀，非合法な政治結社の結成などは，人損・物損を伴う普通犯罪的要素を含まないため，純粋な政治犯罪（または絶対的政治犯罪）とされる。純粋な政治犯罪が政治犯不引渡の対象となることに国際法上の争いはない。

これに対して，純粋な政治犯罪の要素に加えて，普通犯罪の要素を含むものを相対的政治犯罪という。相対的政治犯罪は，さらに複合的犯罪と牽連犯罪とに大別される。複合的犯罪とは，たとえば君主制を打倒するために君主を殺害する行為のように，単一の行為が政治犯罪と普通犯罪とを同時に構成するものをいう。牽連犯罪は，たとえば君主制の転覆を計画しつつ，同時にそのために放火や殺人を行う場合のように，2つ以上の犯罪からなり，それぞれが別個の政治犯罪と普通犯罪を構成しつつも互いに関連しているものをいう。相対的政治犯罪への政治犯不引渡原則の適用については扱いが一定していない。ハイジャック犯の引渡にあたり，その政治犯罪性が問題となった張振海事件の東京高裁決定（1990年）では，相対的政治犯罪について，①当該犯罪行為は真に政

治目的によるものか否か，②同行為は客観的にみて政治目的を達成するのに直接的で有用な関連性を持つか否か，③行為の内容・性質・結果の重大性等が，意図された目的と対比して均衡を失っていないか否か，という基準に照らして判断し，その結果，当該ハイジャック行為は政治的性質が普通犯罪的性質をはるかに凌ぐものとは認められず，政治犯罪に該当しないとした。

なお，外国の元首またはその家族に対する危害行為は政治犯罪とみなされないという条項（ベルギー条項または加害条項）が，多くの犯罪人引渡条約に挿入されている（たとえば，日韓犯罪人引渡条約3条(c)(i)）。また，条約によって国際犯罪とされる行為は，犯罪人引渡との関係では引渡犯罪とみなされる（たとえば，ジェノサイド条約7条，アパルトヘイト条約11条，「航空機の不法な奪取の防止に関する条約（ハーグ条約）」8条，「民間航空の安全に対する不法な行為の防止に関する条約（モントリオール条約）」8条，「国際的に保護される者（外交官を含む。）に対する犯罪の防止及び処罰に関する条約」8条，「人質をとる行為に関する国際条約」10条，「テロリストによる爆弾使用の防止に関する国際条約」9条・11条）。

(c) **政治犯不引渡原則の法的性質**　政治犯不引渡の原則の法的性質については，それが条約上の原則であり条約締結国のみを拘束するのか，または，慣習法上の原則でありすべての国家を拘束するのかで意見が分かれる。さらに同原則が慣習法であるとしても，政治犯引渡を拒否することができるとする被請求国の権利と解する説と，引き渡してはならないという被請求国の義務と解する説とに分かれる。

尹秀吉（ユン・スーギル）事件は，政治犯不引渡原則が慣習国際法として確立しているかが争われた事件である。本件で原告（尹秀吉）は留学の目的で日本に密入国した韓国人であり，過去強制命令処分を受けたが，自らが政治犯罪人であると主張しその取消しを求めた。1969年の東京地裁判決は政治犯不引渡原則が確立した国際慣習法であるとしたが，1972年の東京高裁判決ではこれを覆して不引渡原則の慣習法性を否定し，1976年の最高裁判決も高裁判断を支持した。

（5）　死刑廃止と引渡

死刑廃止を求める最近の動向を受けて，死刑廃止国から死刑が執行される可能性のある国への犯罪人引渡が人権条約に違反すると主張されることがある。

たとえば，米国ヴァージニア州で死刑の適用される罪で起訴されたドイツ人のゼーリングは，逃亡先の英国から犯罪人引渡条約に基づき米国に引き渡されようとしていた。ゼーリングは，ヴァージニア州に引き渡されれば死刑囚として「死の順番待ち」という危険にさらされることとなり，これは欧州人権条約3条の禁止する拷問または非人道的なもしくは品位を傷つける取扱いもしくは刑罰にあたると主張した。1989年に欧州人権裁判所は，もし引渡が実施されれば，英国の3条違反を生ずるとした。

7 個人の国際犯罪

(1) 個人の国際犯罪の分類

国家を中心に発展してきた伝統的国際法においては，個人が国際法上の国際責任を負う場面は，きわめて限られた部分と考えられてきた。しかしながら，今日では，国際法によって個人が行う犯罪の構成要件やその手続が直接に定められるようになり，このような国際犯罪の概念は海賊・戦争犯罪・テロ・ハイジャックなどを中心に多岐にわたっている。

個人が行う国際犯罪の類型としては，①複数の国家の刑事管轄に関係するが，犯罪の構成要件や手続が各国の国内刑法によって定められている「渉外性を持つ国内法上の犯罪」，②「諸国の共通利益を侵害する行為としての国際犯罪」，③「国際法違反の犯罪」に分類される（広義の国際犯罪には，この他に，国家が行う「国家の国際犯罪」がある）。本章では，個人が行う犯罪であり，かつ，国際法がその犯罪の構成要件と手続を直接に規定する「諸国の共通利益を害する国際犯罪」と「国際法違反の犯罪」に限定して論ずる。

(2) 諸国の共通利益を侵害する国際犯罪

諸国の共通利益を害する犯罪とは，①当該行為が，多数の諸国の共通利益を侵害する行為であるため国際法上の犯罪とされ，②犯罪の実際の処罰が，基本的に各国に委ねられている犯罪をいう。諸国の共通利益を害する犯罪については，関係する国際法の規定によって犯罪の内容が定められると同時に当該犯罪を処罰するための権利義務が各国に課されており，各国が定める国内法やその手続を通じてその処罰が行われる。

具体的には，海賊行為，海底電線等の損壊，戦争法規等の違反，奴隷売買等の犯罪が，諸国の共通利益を侵害する国際犯罪として考えられてきた。まず，海賊行為は「人類共通の敵」であるとして，慣習法上普遍主義が適用され，すべての国が海賊の支配下にある船舶等を公海上で拿捕し，自国の国内裁判所で裁判する権利が認められている（国連海洋法条約105条）。同種の伝統的な国際犯罪としては，海底電線等の損壊（海底電信線保護万国連合条約，国連海洋法条約113条），紛争犠牲者保護のための諸条約における戦争法規等の違反（ジュネーブ第１条約49条，第２条約50条，第３条約129条，第４条約146条），奴隷売買（奴隷条約，国連海洋法条約99条），麻薬・向精神剤の取引（国連海洋法条約108条，「麻薬及び向精神薬の不正取引の防止に関する国際連合条約」）などがある。

1970年代以降，これらの伝統的な国際犯罪に加えて，国際交通の安全に関する犯罪やテロ行為などに関する犯罪が条約によって定められるようになった。国際交通の安全にかかわる犯罪については「航空機の不法な奪取の防止に関する条約（ハーグ条約）」や「民間航空の安全に対する不法な行為の防止に関する条約（モントリオール条約）」，「海上航行の安全に対する不法な行為の防止に関する条約（ローマ条約）」などの条約がある。また，テロ行為等に関する犯罪については「国際的に保護される者（外交官を含む。）に対する犯罪の防止及び処罰に関する国際条約」，「人質をとる行為に関する国際条約」，「核物質の防護に関する条約」，「国際連合要員及び関連要員の安全に関する条約」，「テロリスト

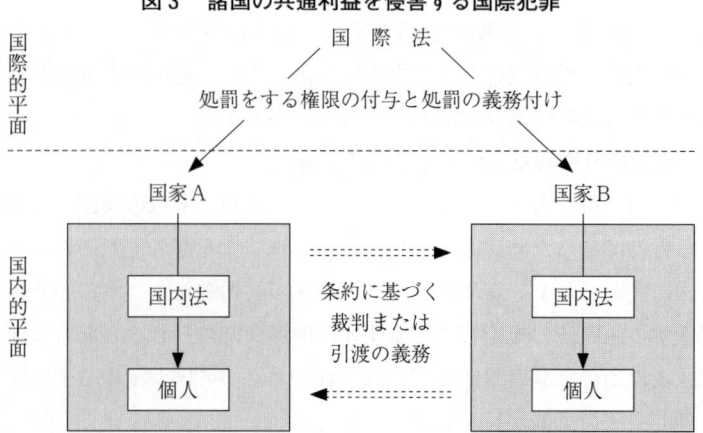

図３　諸国の共通利益を侵害する国際犯罪

国際的平面／国際法／処罰をする権限の付与と処罰の義務付け

国内的平面／国家Ａ（国内法→個人）／国家Ｂ（国内法→個人）／条約に基づく裁判または引渡の義務

による爆弾使用の防止に関する国際条約」,「テロリズムに対する資金供与の防止に関する国際条約」などがある。

これらの新しい犯罪については,条約がその犯罪の構成要件を規定するだけではなく,そのような行為を国内法規で処罰するための措置をとる義務を締約国に課している。すなわち,①これらの犯罪の具体的な訴追や処罰の方法については各国の国内刑法規範に委ねられるが,②犯人の処罰が必ず実施されるように,自国で訴追・裁判をするかまたは関係国に引き渡すかの選択を義務付ける「引渡または裁判（aut dedere, aut judicare）」の原則が定められている。

なお,日本は,条約によって処罰するように当事国に義務付けられた犯罪について,条約上の国外犯に対しても刑法の適用があるとする規定を設けた（刑法4条の2）。

（3） 国際法違反の犯罪

国際法違反の犯罪とは,ある個人の行為が国際社会全体の利益を侵害する行為であるため,当該個人の刑事責任が国内法を経由せずに国際法に基づいて直接に成立し,その訴追・処罰が国際的平面で行われるものをいう。たとえば,ジェノサイド条約とアパルトヘイト条約は,それぞれの犯罪を国際法上の個人の国際犯罪として詳細に定めているばかりか（ジェノサイド条約1条〜4条,アパルトヘイト条約1条〜3条）,犯罪に対処するための手続として国内裁判所に加えて国際刑事裁判所を予定している（ジェノサイド条約6条,アパルトヘイト条約5条）。

図4　国際法違反の犯罪

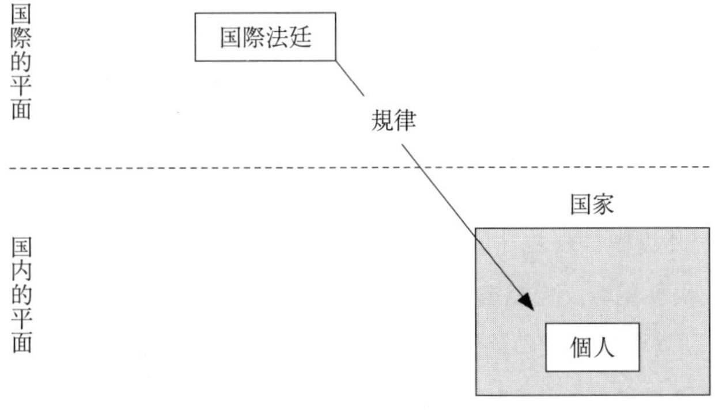

国際法違反の犯罪に関する国際法廷を設置する企ては，たとえば第1次世界大戦後のウィルヘルム2世の訴追計画にみられるが（ヴェルサイユ条約227条），国際法廷が実際に設置されたのは，第2次世界大戦後に連合国側が枢軸国の戦争犯罪人の処罰を目的として設置したニュールンベルグ国際軍事裁判所および極東国際軍事裁判所であった。これらの裁判所は，通例の戦争犯罪に加えて「平和に対する罪」と「人道に対する罪」を裁判管轄に服する犯罪とした（たとえば，極東国際軍事裁判所憲章5条）。さらに，国家機関として行動した個人の行為に対しても，これらの裁判では刑事責任を追及した（同6条）。これらの裁判所は条約に基づいて設置される常設的・普遍的な裁判所ではなかったが，1946年に国連総会は，裁判で承認された原則を確認する決議を採択し，1950年に国際法委員会（ILC）はニュールンベルグ原則を定式化した。以後，ILCは「人類の平和と安全に対する罪」の法典化と常設的な国際刑事裁判所の設立を検討したが，冷戦下にあっては，これらの作業は事実上頓挫してしまった。

　冷戦終結後になって広い意味での戦争犯罪が国際社会において注目され，1993年に安全保障理事会は，国連憲章第7章に基づく決議808により旧ユーゴ紛争における戦争犯罪等を裁く裁判所の設置を決定し，さらに決議827によって旧ユーゴ国際刑事裁判所（ICTY）の規程を採択した。ICTYは，オランダのハーグに設置された。また，1994年に安保理は決議955に基づきルワンダ国際刑事裁判所（ICTR）をタンザニアのアルーシャに設立した。さらに，1996年にはILCによる「人類の平和と安全に対する罪」の法典案が採択された。

　これら冷戦後の動向は，国際刑事裁判所（ICC）の設立を積極的に推進することとなった。すなわち，ILC起草の国際刑事裁判所の規程案に基づいて1998年にローマで外交会議が開催され「国際刑事裁判所に関するローマ規程（ICC規程）」が採択された。同規程は60カ国の批准を得たため2002年7月1日に発効した。

　ICCは，個人に対して裁判権を行使する常設の司法機関であり（ICC規程1条），ハーグに設置される（3条）。ICCの管轄権は，ジェノサイド罪，人道に対する罪，戦争犯罪，侵略の罪に及ぶが（5条1項），侵略の罪についてはその定義および管轄権行使の条件を定める規定が採択された後に管轄権が行使されることとなった（5条2項）。ICCの管轄は，国内刑事管轄に優越するもの

§Ⅳ 個人とは 77

ではなく、各国の国内裁判所が被疑者を捜査または訴追する意思または能力を持たない場合にのみ管轄権が及ぶという「補完性の原則」が適用される（前文

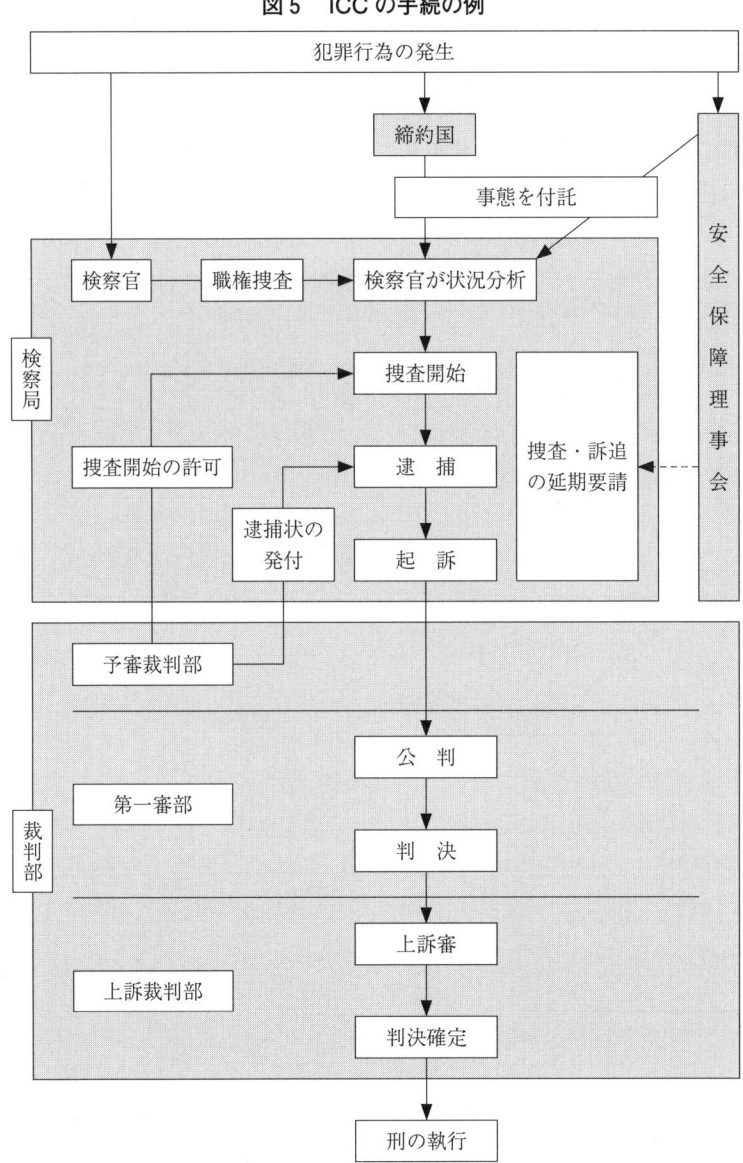

図5　ICCの手続の例

```
                    犯罪行為の発生
                         │
                       締約国
                         │
                    事態を付託 ←──────┐
                         │              │
 検察官 ──職権捜査── 検察官が状況分析    安
   │                     │              全
  検                   捜査開始          保
  察                     │              障
  局                    逮 捕 ←── 捜査・訴追  理
 捜査開始の許可           │       の延期要請   事
         逮捕状の       起 訴                 会
          発付           │
         予審裁判部      │
 ─────────────────────────────────
                       公 判
   第一審部              │
  裁                    判 決
  判   ─────────────────────────
  部                    上訴審
   上訴裁判部            │
                      判決確定
                         │
                      刑の執行
```

（図の構成：検察局／裁判部（第一審部・上訴裁判部）／安全保障理事会）

10項・1条2文後段・17条)。国家はICC規程の締約国となることで裁判所の管轄権を受諾したものとみなされるが(12条1項),ICCが管轄権を行使する前提条件として,①犯罪行為が行われた領域国(船舶・航空機内の場合は登録国)または②被告人の国籍国のいずれかがICC規程の締約国(または管轄権を受諾した非締約国)でなければならない(12条2項・3項)。ただし,国連憲章第7章に基づき行動する安保理により事態が検察官に付託される場合は,非締約国の犯罪であっても管轄権を行使することができる(13条(b))。また,ICCの管轄権行使が開始される方法としては,①締約国による検察官への事態の付託(13条(a)・14条),②国連憲章第7章に基づき行動する安保理による検察官への事態の付託(13条(b)),③検察官による職権捜査がある(13条(c)・15条)。

§V 裁判権から免除されるとは

1 国家(主権)免除

(1) 意 義
　裁判権から免除されること，略して裁判権免除とは，国家・外交官・領事官・軍隊などが外国の裁判権に服さないことである。まず，とりあげられるのは，国家免除とも主権免除とも呼ばれる国家の裁判権免除である。「対等なものは，対等なものに支配権をもたない」という規則によれば，国家は，他国に対し裁判権を請求できない。それゆえ，国家は，外国の裁判所に訴えることができても，自発的に裁判権に服さないかぎり，訴えられることはない。

(2) 絶対免除主義
　19世紀末までに国際法の原則として受け入れられるようになった裁判権免除は，行為の主体が「国家」であるという理由だけで免除を認める絶対免除主義であった。それは，レッセ・フェール(自由放任)の概念に支配された時期に形成された。そのころは，主権国家の活動はもっぱら公的・政治的なものに限られ，私人の行う通商的・経済的性質の活動との間には，明確な線が引かれていた。

　しかし，19世紀後半にレッセ・フェール的国家観が衰退し始めるとともに，国家は，それまでもっぱら私的と考えられていた経済的・社会的領域にはいりこみ，私人との間で競争・衝突が頻発するに至る。そうなると，私人は常に裁判に服さなければならないのに，国家が免除を請求する権利を保持しているのは，私人を不利な立場におくものであるという批判が高まるのは当然であろう。こうして，絶対免除主義は，修正を余儀なくされる。

(3) 制限免除主義
　第1次世界大戦後は，2つの主義が，並存するようになった。1つは，国家

の実行として普及していた絶対免除主義である。もう1つは，国家の通商的・私的行為には免除を与えず，主権的・公的行為に関してだけ免除を与える制限免除主義である。制限免除主義は，公的行為と私的行為の区別という難問をかかえながら，しだいに，絶対免除主義にとって代わってきた。たとえば，日ソ通商条約付属書（1957年）は，日本の領域においてソ連通商代表部が締結または保証した商事契約上の紛争は，仲裁等の裁判管轄に関する留保がないかぎり，日本の裁判所の管轄に属すると規定している（4条2項）。

このように，国家免除が制限されるようになったのは，①外国の通商活動は，国家の本来的な権力活動でないからであり，②そのように非権力的な活動の場において，国家と私人が競争するとき，国家のみが免除を享有すると，私人が著しい不利益をこうむることになるからである。

制限免除主義においては，裁判権免除の認められる公的行為と認められない私的行為を区別する基準をどう立てるかが，問題である。この基準について，学説は一致していない。そこで，条約の中で免除が認められない場合を明記する傾向がある。たとえば，ヨーロッパ国家免除条約（1972年）は，免除が認められない13の場合を列挙し，それに該当しない場合は免除を認めると規定している。

2 外交免除

（1） 外交関係の概説

次にとりあげられるのは，外交免除，すなわち，外交官の裁判権免除であるが，外交官は，外交関係ウィーン条約（1961年）によれば，使節団の長（大使・公使・代理公使）と外交職員（公使・公使参事官・参事官・1等書記官ら）に大別される（1条(e)項）。使節団の長は外交使節といってもさしつかえない。

外交免除に関する法の大部分は，外交関係条約に包含されている。国際社会のほとんどの国家がこの条約の当事国となっているという事実は，この条約がいかに重要であるかを物語っている。また，この条約の規定の大部分は，慣習法として確立された規則を法典化したものである。したがって，条約の非当事国に対してさえ，国際慣習法として適用される。

外交使節を派遣するに当たっては，事前に接受国のアグレマンを求め，それが与えられなければならない。それが与えられて初めて，使節を派遣することができる（4条1項）。アグレマン（agrément）とは，同意という意味のフランス語で，ある人を使節として接受することに同意するさいに使われる。事前にアグレマンを求めることは，長らく行われてきた方法で，慣習に基づく国際法の規則であった。

　アグレマンを与えられた使節は，①信任状を提出したとき，または，②接受国の外務省に対して自己の到着を通告し，信任状の写しを提出したときに，任務を開始したものとみなされる（13条1項）。

　使節の任務は，本人が死亡したとき，任期が満了したとき，外交関係が断絶したときなどに終了する。また，接受国は，いつでも，理由を説明することなく，外交官がペルソナ・ノン・グラータであることを派遣国に通告できる。それは，「好ましくない人」という意味のラテン語である。その場合，派遣国は，外交官を召還しなければならない（9条1項）。

　外交使節団の任務は，とくに，次のことからなる。①接受国においては派遣国を代表すること。②接受国において，国際法が認める範囲内で派遣国およびその国民の利益を保護すること。③接受国政府と交渉すること。④接受国における諸事情をすべての適法な手段によって確認し，これらについて派遣国政府に報告すること。⑤派遣国と接受国の間の友好関係を促進し，両国の経済上・文化上・科学上の関係を発展させること（3条）。

　国際法上，外国の外交使節団および外交官に与えられる特別の保護・待遇を総称して，外交特権という。外交特権が与えられる理由として，使節が国家を代表し，国家の威厳を表現するためであるという説（国家威厳説）と，使節団が任務を能率的に行うためであるという説（機能説）がある。現在は，後説が重要な理由になっており，前説は，過去にくらべて，重要性が減少したが，それでもなお，1つの理由であり得る。そこで，外交関係条約は，外交上の特権・免除の目的は，「国を代表する」外交使節団の「任務の能率的な遂行」を確保することであるとして，両説を採用した（前文）。

（2）　裁判権からの免除

　外交特権は実質的にみて不可侵権（身体の不可侵・館邸の不可侵・文書の不可

侵）と治外法権（裁判権からの免除・行政権からの免除）に大別されることが，多い。両者を合わせて治外法権といわれることもあるが，近年は，特権・免除と呼んで区別する傾向が強い。要するに，外交特権の中には，特別の保護を与えるという性格のものと，権力行使を控えるという性格のものがある。しかし，その区別は，絶対的なものではない。

(a) 刑事裁判権からの免除 外交官は，接受国の刑事裁判権から免除される（31条1項）。刑法に違反する行為があっても，接受国は，その外交官を訴追・処罰することができず，派遣国に召還を求めるか，本人に退去を命じることができるにすぎない。緊急のさいは，一時的に身体の自由を拘束してもよいが，いずれにせよ，司法上の処罰はできない。

(b) 民事・行政裁判権からの免除 外交官は，原則として，民事裁判権および行政裁判権から免除される。ただし，①接受国の領域内にある個人の不動産に関する訴訟，②個人として関係する相続に関する訴訟，③公務外での職業活動または商業活動に関する訴訟の場合は，免除されない（31条1項）。

(c) 証言の免除 外交官は，証人として証言する義務から免除される（31条2項）。ただし，当事者としての証言は免除されず，また，任意に証言することは，自由である。

(d) 免除の失効 外交官が免除されるのは，接受国の「裁判権」であって，「法令」そのものではない。外交官といえども，接受国の法令を尊重しなければならない。したがって，外交官がなした私的犯罪行為について，外交官の資格消滅後に訴追・処罰することは許される。また，接受国の裁判権からの免除は，外交官を派遣国の裁判権から免れさせるものではない（31条4項）。

3 領事免除

(1) 領事関係の概説

ここでとりあげられるのは，領事免除，すなわち，領事官の裁判権免除である。領事官の地位・機能・特権は，伝統的には，2国間の通商条約または領事条約の主題であるが，今日では，領事関係ウィーン条約（1963年）という多数国間条約が存在する。

領事関係条約によれば，領事任務を行う領事機関として，総領事館・領事館・副領事館・領事代理事務所をおくことが，できる（1条1項(a)）。領事官の階級には，総領事・領事・副領事・領事代理の4つがある（9条1項）。領事官の種類としては，本務領事官と名誉領事官がある（1条2項）。前者は，もっぱら，領事任務を遂行するため，本国によって派遣され，派遣国から俸給を受ける。後者は，多くの場合，領事任務を委嘱された接受国国民であって，他の職業をもってもさしつかえなく，派遣国から手数料的性質の報酬を受ける。以下，とくに断わらないかぎり，本務領事官について述べる。

領事機関の長を派遣するに当たって，接受国のアグレマンを求める必要はない。長は，自分の資格を証明し，氏名・階級・領事管轄区域などを示した委任状を派遣国から与えられる。委任状は，外交その他の経路を通じて接受国に送られる（11条1項・2項）。

領事機関の長は，認可状と呼ばれる接受国の承認状によって，任務の遂行を承認される。認可状の交付を拒否する接受国は，派遣国にその理由を示す義務を負わない（12条1項・2項）。

領事機関の構成員の任務は，派遣国が接受国にその任務の終了を通告したとき，認可状が撤回されたときなどに終了する（25条）。また，接受国は，いつでも，領事官がペルソナ・ノン・グラータであると，派遣国に通告できる（23条1項）。

領事任務は，次のことからなる。①接受国において，国際法が認める範囲内で派遣国およびその国民の利益を保護すること。②派遣国と接受国の間の通商上・経済上・文化上・科学上の関係の発展を助長し，両国間の友好関係を促進することなど（5条）。

（2） 裁判権からの免除

外交官とりわけ外交使節は，国家を代表し，国家の威厳を表現する資格をもつといわれる。領事官は，そのような代表的資格をもたない。しかし，領事官も国家の機関であること，その任務が国家の任務であり，領事官が国家のためにそれを行うことに変わりはない。そこで，領事関係条約は，領事特権の目的を，領事機関が自国のために行う「任務の能率的な遂行」を確保することにあるとした（前文）。領事特権も，不可侵権（身体の不可侵・公館の不可侵・公文書

の不可侵）と治外法権（裁判権からの免除・行政権からの免除）に大別される。

　領事官および領事館職員は，領事任務の遂行に当たってなした行為に関し，接受国の裁判権から免除される（43条1項）。ただし，それは外交官の場合と異なり，一般的な免除ではない。しかも，一定の民事訴訟については免除されない（同条2項）。領事機関構成員は，自己の任務の遂行に関する事項については，証言する義務を負わない（44条）。

　名誉領事官の特権は限定的である。すなわち，名誉領事官ないしその領事機関は，裁判権からの免除・証言の免除などについて本務領事官と同一であるものの，租税権からの免除などについては制限されている（58条）。

4　軍隊・軍艦・軍用航空機の免除

（1）軍　　隊

　外国に駐留する軍隊の一般国際法上の地位は，次のようである。すなわち，駐留地域（基地など）内の行為および公務中の行為については，駐留国の裁判権から免除される。駐留地域外の公務外の行為については，駐留国の裁判権に服する。犯罪人が帰営した場合，駐留国官憲は，司令官の同意なしに，営舎・駐留地域などに踏みこんで，犯罪人を逮捕することはできない。しかし，司令官は，犯罪人の引渡を拒否できない。

　ただ，外国駐留軍の地位については，特別の協定が結ばれることが多い。たとえば，日米安保条約（1951年）に基づく日米行政協定（1952年）では，アメリカの軍人・軍属・それらの家族が「日本国内で犯したすべての罪について」アメリカの専属的な刑事裁判権が認められた（17条2項）。しかし，北大西洋条約当事国の協定にならって，その点はほどなく改正された。これは，現日米安保条約に基づく日米地位協定（1960年）に引き継がれた（17条）。その内容は，ほぼ一般的な基準に沿っている。

（2）軍艦・軍用航空機

　軍艦は，沿岸国の裁判権から免除される。軍艦そのものだけでなく，艦内の人も，乗組員であろうとなかろうと，何国人であろうと，すべて，沿岸国の裁判権から免除され，軍艦所属国の裁判権に服する。

なお，軍艦乗組員が沿岸国の同意を得て上陸した場合，公務の上陸ならば，沿岸国の裁判権から免除されるが，公務外の上陸ならば免除されない。公務外の上陸中の犯罪が，とくに軽微ならば，国際礼譲として乗組員を軍艦に引き渡すことが多い。また，公務外の上陸中に犯罪を行った乗組員がすでに帰艦した場合，艦長には沿岸国の引渡要求に応じる義務がなく，この点，軍隊の場合と異なる。

軍用航空機の地位は，おおむね軍艦と同一である。

§Ⅵ 陸 と は

1 領域の構造

　国家を構成する要素の1つが領域であるということも，国家がもつ基本的権利の中で最重要な主権に対内的な側面があり，それは領域権と同じ意味になるということも，すでに述べた（§Ⅱ参照）。つまり，国家の領域とは，領域権が妥当する区域であって，その区域では，国際法によってとくに制限されない限り，国家は，排他的に統治できる。

　　　　　　　　　　　　　　　ただし，領域といっても，陸の部分である領土だけ
　　　　　｛領土　　　　　　　ではないことに注意しなければならない。すなわち，
　領域　　　領水｛内水　　　　水の部分である領水，および，領土・領水の上方の空
　　　　　　　　　領海
　　　　　｜領空　　　　　　　間である領空も，領域に含まれる。しかし，もっとも
基本的な部分は，やはり，領土である。なぜなら，領土がなければ，領水はあり得ず，領土・領水がなければ，領空はありえないからである。

2 領域取得の権原

　領域取得の権原とは，国家の領域権を正当化する法的な根拠を意味する。国際法が領域取得の権原として従来認めてきたのは，(1)割譲，(2)併合，(3)征服，(4)先占，(5)時効，(6)添付である。これらのうち，(1)(2)は2つの国家の双方行為，(3)(4)(5)は国家の一方的行為，(6)は新しい土地の形成によるものである。これらの中には，(3)のように，現行国際法上，とうてい肯定できない権原も，ある。しかし，現在においても絶えない領土・国境紛争において，過去の権原にさかのぼる必要に迫られるという実状に照らすと，(3)などを無視することは，適切ではない。

(1) 割　　譲

　国家が，他国と合意して，他国の領域の一部を譲り受けることである。合意は，通例，条約という形式をとる。それは，台湾・澎湖列島の日本への割譲を規定した日清講和条約（1895年）のように，戦争を終結させる平和条約によるケースが多かった。しかし，アメリカが1867年にロシアからアラスカを買いとった場合のように，売買で割譲が行われた実例もある。また，1875年に日本とロシアの間の合意で樺太と千島を交換した先例もある。

(2) 併　　合

　国家が，他国と合意して，他国の領域の全部を譲り受けることである。他国の領域の一部ではない点で，(1)と異なる。併合により，併合された国家は，消滅する。1910年，日本は，韓国を併合した。

(3) 征　　服

　国家が，実力を使って，一方的に他国の領域の全部を取得することである。他国との合意に基づかない点で，(2)と異なる。征服により，征服された国家は，消滅する。1936年，イタリアは，エチオピアを征服した。

　征服が成立するためには，2つの要件を満たさなければならない。①他国領域に対する実力的支配が，実効的・確定的でなければならない。したがって，戦時に敵国領域の全部を占領しても，敵国の同盟国が戦争を継続しているならば，占領が排除される可能性が残っているから，実効的・確定的支配とはいえない。②他国領域を支配する国家が，領有するという意思を表明しなければならない。第2次世界大戦に敗れて連合国に降伏したドイツの場合，全領土を占領され，政府も廃止された。そこで，ドイツは連合国によって征服されたという説が出された。しかし，連合国側は領有意思を否定したから，征服は成立しなかった。

　征服は，戦争が合法化されていた時代の権原である。国連憲章が武力行使を否定した第2次世界大戦後では，もはや領域取得の権原たりえない。

(4) 先　　占

　国家が，他国より早く，無主の土地を実力的に支配して，取得することである。無主の土地とは，まだ，どの国家の領域でもない土地という意味である。住民が生活していても，どの国家の領域でもないならば，先占できる。

先占が成立するためには，2つの要件を満たさなければならない。①先占する国家が，領有するという意思を表明しなければならない。②先占する国家が，その土地を実効的に占有しなければならない。なにが実効的な占有であるかは，土地の状況によって左右されるので，一概にいえない。人間が定住したり，国旗を掲揚したりすればいいというものではない。

先占という考えは，ヨーロッパ諸国の植民地獲得競争のプロセスで生まれた。それは，発見優先の原則に基づいて権利を主張するスペイン・ポルトガルという二大先進植民国家に対抗し，遅れて植民地獲得競争に参加したイギリス・フランス・オランダなどによって依拠された。

(5) 時　効

国家が，長期間，他国の領域を平穏かつ継続的に支配して，これを取得することである。領有意思と実効的占有を要件とする点で，(4)と同様である。(4)と異なるのは，対象が無主の土地ではなく，他国の領域である点である。ただ，時効成立の期間は不明確である。

第1次世界大戦前ドイツ領であったダンチッヒが第2次世界大戦後ポーランド領グダニスクとなったのは時効によると，説明されている。

(6) 添　付

新しい土地の形成で国家の領域が増加することである。自然添付と人工添付がある。前者は，領海内の海底隆起，土砂の堆積などの自然現象による。後者は，海岸における埋立地の造成などによる。

3　国際運河と国際河川

領域では「国際法によってとくに制限されないかぎり，国家は，排他的に統治できる」と，前に述べた。そこで，国家の領域権が国際法（というより条約）によって制限される例外的ケースとして，国際運河と国際河川をとりあげる。

(1) 国際運河

それは，条約によって外国船舶の自由航行を認めている運河と定義される。運河は人工的な水路であり，自然の水路である河川とともに，内水として沿岸国の排他的支配に服するのが，原則である。沿岸国の側には，ここに外国船舶

の無害通航（§Ⅶ参照）を認めるべき義務はない。しかし，運河の中にも，公海と公海を結び，国際交通上重要なものがある。そのような運河が条約によって外国船舶の自由航行を認める場合，これを国際運河という。国際運河は，地理的に1国領土内に位置する点で，次の国際河川と異なる。また，国際河川と違って，国際運河については，一般的な条約はなく，個々の条約で国際化が規定されている。

(a) **スエズ運河** 地中海と紅海を結ぶスエズ運河を国際化したのは，沿岸国トルコ（現在はエジプト）など9カ国の間で締結されたコンスタンティノープル条約（1888年）である。同条約は，平時・戦時を問わず，すべての国家の商船・軍艦に対し自由航行を保障した。また，沿岸国が交戦国であるときも，運河地帯での敵対行為は許されないと規定し，スエズ運河を中立化した。

1956年，エジプトがスエズ運河を国有化したため，同運河の中立化は，事実上，制約されることとなった。しかし，運河の国際化の制度そのものは，エジプトも尊重している。

(b) **パナマ運河** 太平洋とカリブ海を結ぶパナマ運河を国際化したのは，アメリカ・イギリス間で締結されたヘイ・ポンスフォート条約（1901年）であった。同条約自身，コンスタンティノープル条約の自由航行，中立化などの規則を採用すると規定した。2年後，アメリカは，パナマとの間にヘイ・バリラ条約を締結して，パナマ運河地帯を永久に支配する権利を獲得した。

しかし，1977年，アメリカは，パナマとの間で，①「パナマ運河条約」と②「パナマ運河の永久中立と運営に関する条約」に署名した。その結果，①により，アメリカは，2000年，パナマ運河をパナマに返還した。②の付属議定書は，すべての国家の加入のために開放されており，こうして，パナマ運河の永久中立制度は，多数の国家によって保障されることとなった。

(2) **国際河川**

国際河川については，一般的な条約が，存在する。それは，1921年にバルセロナで締結された「国際関係を有する可航水路の制度に関する条約」（国際河川条約）と，これに付属する国際河川規程である。後者によれば，数カ国の境界を構成または数カ国を貫流する河川で，海へ，または，海から自由に航行できるものについては，他の条約当事国の船舶に対して自由に航行を許す。この

ような河川が，国際河川である。

　河川は，もともと内水の一部である。したがって，これを外国船舶の航行に開放すべき義務を，沿岸国は負わない。しかし，この原則をきびしく守ると，河川の利用上，不便であるから，国際河川条約以前から，いくつかの条約により，国際河川制度が成立していた。

　すなわち，1815年のウィーン会議議定書は，ヨーロッパのすべての国際河川について，初めて一般原則を定めた文書である。個別的には，その後，パリ条約（1856年）がドナウ河の自由航行を定め，マンハイム条約（1868年）がライン河の自由航行を実現した。ベルサイユ条約（1919年）も，ドナウ河，エルベ河，オーデル河などの自由航行と国際管理を規定した。

　国際河川の管理に当たるのが，国際河川委員会である。ドナウ河については，パリ条約で設置された国際委員会が，ドナウ河下流を管理した。第1次世界大戦後は，ベルサイユ条約で設置された国際委員会が，ドナウ河上流を管理した。第2次世界大戦後は，旧ソ連および沿岸の東ヨーロッパ諸国が，ドナウ河の航行制度に関する条約（1948年）を結び，従来の2委員会を廃止して，ドナウ河委員会を設置した。

4　信託統治地域と非自治地域

(1)　信託統治地域

　近年まで，どの国家の領域でもなかった地域として，信託統治地域をあげることができる。国連憲章は「人民がまだ完全には自治を行うに至っていない地域」を「非自治地域」を略称する（11章）が，これは，「植民地」とほぼ同じ意味の言葉である。信託統治とは，信託統治協定という個々の協定によって，特定の非自治地域を国連の監督下におき，統治国または国連自身に施政させる制度である。

　信託統治の前身ともいうべき国際連盟の委任統治の場合，住民の発達程度により，A式・B式・C式に区分された。A式は，旧トルコ領の中近東地域に適用されたが，同地域の住民は，独立国として仮承認を受けられる程度に発達していた。事実，国連成立前後までに，同地域には，独立国が誕生した（イラ

ク・ヨルダン・シリア・イスラエルなど)。そこで，同地域を除く委任統治地域をどう扱うかが問題となったが，1945年2月のヤルタ会議で，アメリカ・ソ連・イギリスは，国連が信託統治制度を設けることに合意した。こうして，国連憲章は，信託統治に関する規定を包含することとなった（12章・13章)。

国連憲章によれば，信託統治のもとにおかれたのは，①委任統治地域，②第2次世界大戦の結果，敵国から分離される地域，③施政国が自発的にこの制度のもとにおく地域である（77条1項)。委任統治のようなA式・B式・C式の区分はなく，通常の統治地域と戦略地区の区別がある。①としては，南西アフリカ（現ナミビア）を除くB式・C式の全地域（10カ所）が，②としては，旧イタリア領ソマリランド（現ソマリア）だけが，あげられる。③としてあげられるものは，皆無である。これら11の信託統治地域は，次つぎ独立した。通常の統治地域として最後に独立したのは，1975年のパプア・ニューギニアである。また，唯一の戦略地区とされた太平洋諸島の一部であるパラオが，1994年10月1日，戦略地区として最後に独立した。

信託統治を監督するため，国連総会およびその権威のもとで，信託統治理事会は，①施政権者の提出する報告の審議，②住民からの請願の受理・審査，③信託統治地域の定期視察に当たった（87条)。委任統治では，②は受任国を通し，③は実施されなかったから，信託統治では，監督が強化されたことになる。なお，委任統治では，統治地域の軍事的利用が認められなかったが，信託統治では，施政権者は，通常の統治地域さえも，軍事的に利用できた（84条)。また，太平洋諸島のように，特定の地区は，戦略地区に指定され，安保理事会の監督下におかれた（82条・83条)。

いずれにせよ，現在，信託統治地域は存在しない。その意味で，信託統治制度は，過去の制度となったのかもしれない。

(2) 非自治地域

信託統治のもとにおかれた非自治地域は限られていたので，残りの非自治地域のために設けられた規定が，国連憲章11章「非自治地域に関する宣言」である。同章の採択は，非自治地域を施政する国家の国際的な責任の原則を確立する過程での里程標と評価された。同章によって，非自治地域を施政する国連加盟国は，住民の利益が至上のものであるという原則を承認し，彼らの福祉を最

高度まで増進する義務を神聖な信託として受諾する。そして，自治を発達させ，自由な政治制度の発達を援助することを約束する（73条(b)）。この約束は，規定の性格の明確さと範囲の広さにおいて，従来の国際協定の及ぶところではない。たとえば，国際連盟規約では，連盟国は，自国の管理に属する地域内の住民に対し公正な待遇を確保することを約束しただけであった（23条(a)）。

　非自治地域を施政する国連加盟国は，これら地域についての定期情報を事務総長に送付しなければならない（73条(e)）。1955年に国連に加盟したスペインおよびポルトガルは，非自治地域を施政しないと，当初，主張した。結局，スペインが情報送付に同意したのに対し，ポルトガルは拒否し続けたので，1960年，国連総会は，アンゴラ・モザンビーク・マカオなどを非自治地域とみなすという決議を採択したほどである。

　非自治地域制度にとって，画期的な意味をもつのは，1960年の国連総会で採択された植民地独立付与宣言である。同宣言は，「信託統治地域及び非自治地域……において，これら地域の人民が完全な独立と自由を享受しうるようにするため……早急な措置が講ぜられるものとする」（5項）と述べた。すなわち，ここでは，信託統治地域と非自治地域は同一にとらえられた上，国連憲章にはみられない「独立」の文字も，みえる。同宣言を履行するために設置された24カ国委員会は，総会によって，11章の枠内だけにとどまらず，12章および13章にも及ぶ広範な権限を与えられた。

　国連が発足したころ，アメリカ・イギリス・フランス・オランダ・ベルギーなどを施政国とする非自治地域は，74もあった。それらの中から，モロッコ・チュニジア・ブルネイ・ナイジェリアなどが独立し，現在は，グアム・バミューダなど10地域あまりに減少した。

5　南極大陸

　どこの国家の領域でもない南極大陸は，その巨大な氷棚を含め1,400万平方キロもの地域であって，地球陸地の9パーセントを占める。北極と異なり，南極大陸に先住民はいない。

　1908年，イギリスが，初めて南極の領域権を主張した。その後，ノル

ウェー・チリ・アルゼンチン・オーストラリア・ニュージーランドなどが南極の一定地域の領有を主張したが，それらの主張は，先占・発見・探検・セクター原則など，別々の根拠に基づいた。これらのうち，セクター原則とは，自国領域の両端から極点に引いた子午線によって形成されるセクター（扇形）内の地域に領域権を主張する考えである。

　1948年，アメリカは，科学的調査の自由を確保し，国際紛争を避けるため，南極大陸についての国際制度を提案したが，国際地域観測年のさなかの1958年5月，南極大陸に利害関係をもつ国すなわち国際地球観測年に参加するすべての国に国際会議開催を要請した。

　こうして，領有を主張した前記イギリスなどの諸国および日本・アメリカなど12カ国が，ワシントンで，南極条約に署名した。同条約のポイントは，次のようである。①南極（南緯60度以南の地域）は，平和的目的のみに利用される。したがって，軍事基地の設置・軍事演習の実施・兵器の実験は，禁止される。ただし，平和的目的のため，軍の要員・備品を使用しても，さしつかえない（1条・6条）。②科学的調査の自由とそのための協力は，継続される（2条）。③領域権は，凍結される。すなわち，これまで主張されたことのある領域権は放棄されず，このような主張に対する他国の承認も否認も，変更されない。また，条約の有効期間中の活動は，領域権主張の根拠にならない（4条）。④すべての核爆発と放射性廃棄物の処分が禁止される（5条）。

　白瀬陸軍中尉が率いる日本最初の南極探検隊は，1912年，現地に上陸した。かつて，日本も南極大陸に若干の領土的主張を行ったが，対日平和条約で，それを放棄した（2条(e)）。1957年1月，日本南極観測隊は，昭和基地を開設した。それ以来の活動は，上記③に照らすと，日本の領域権主張の根拠とならない。

§Ⅶ　海洋法とは

1　海洋法の成立と発展

　海洋法は，海洋の秩序を定める国際法をいう。今日の海洋法が形成されるまでには長い歴史がある。それは「海洋自由」と「海洋支配」の争いの軌跡でもあった。

　海洋自由の概念は，ローマ時代に既に存在していたことがうかがえる。6世紀に編纂された『ローマ法大全』は，海は，万人に共有であり，なにびとによっても所有されず，その使用は万人に自由に開かれていると述べている。

　中世になると，海洋に支配を及ぼす国が現れた。イタリア半島の都市国家は，海上通商を海賊から守るために船団を組織するとともに，海軍力により近海を支配して国益の維持拡大を図った。イギリスは，11世紀ころから周辺の「イギリス海」において航行船舶に対する指揮権と裁判権を行使した。13世紀末には，ノルウェーがグリーンランドに至る海域の領有を表明し，デンマークとスウェーデンもバルチック海などの領有を主張した。

　15世紀後半に始まる大航海時代を経て，いち早く海洋大国となったスペインとポルトガルは，世界の海洋を分割支配するトルデシラス条約を1494年に締結した。イギリスは，16世紀後半からスペインの海洋支配に挑戦し，スペインが支配を主張する太平洋を通過して世界一周航海を行い，スペインの抗議に対して，海は万人の使用に開かれており太平洋はいかなる国も領有できないと反論した。オランダは，17世紀初めインド航路に進出し，インド洋の支配を主張し続けるポルトガル船隊と対決した。オランダの学者グロティウスは，海洋支配に対抗する理論を構築し，1609年に『海洋自由論』を著わした。

　イギリスは，1609年の漁業宣言でもって，イギリス近海のオランダ漁船を排斥し，その後，北海とイギリス海峡等からなるイギリス海の領有を主張して，

海軍力により外国人漁業への課税を強制した。イギリスの法学者セルデンは，イギリス海の支配を正当化する論理として，1635年に『閉鎖海論』を著わした。

しかしながら，イギリスは，17世紀の終りごろには領海を一定の範囲に制限するようになり，また，デンマークも，広い海洋領有の主張に代えて海岸から一定距離の狭い海に対してのみ領有を主張するように変わった。18世紀の初めには海洋支配の主張はほぼ放棄され，18世紀中頃には公海の自由がほぼ確立した。これは，資本主義と植民地貿易の発展期にもあたり，広い公海における通商の自由が海洋国の利益に合致するとみなされたからである。

領海の制度は，中立国が，交戦国による海上捕獲等の行為を排除するため，自国の周囲に設定した中立水域の概念に始まる。1691年の英仏植民地戦争において，中立国デンマークは海岸線から一定の範囲を中立水域と宣言した。この実行は以後繰り返され，中立水域の幅は最終的に4カイリとされた。1780年の武装中立同盟に参加したロシア等の8カ国も中立水域を設定した。また，海上貿易の発達に伴って，関税の管理，密貿易の取締り，衛生上の取締り等の必要からも，沿岸水域で管轄権を行使することが広まった。こうして，18世紀には，沿岸で主権を行使することがヨーロッパ諸国の一般的な行為となり，領海制度として定着した。領海の幅員は，4カイリを採用する北欧諸国と3カイリを採用するイギリスなどに分かれたが，19世紀の中頃には3カイリが一般的となった。なお，1カイリ（海里）は，1.852キロメートルであり，緯度1分（1/60度）にあたる。

このように確立した慣習国際法上の「広い公海」と「狭い領海」の制度は，20世紀の半ばころまで，国際社会により合理的なものと受け入れられてきた。しかし，第2次世界大戦直後の1945年9月，米国大統領トルーマンは，大陸棚に関する宣言および保存水域に関する宣言を発表した。これは，大陸棚の開発は沿岸国の管轄権に属すべきこと，漁業資源保存のため領海外の一定水域で外国漁船を規制する権利を認めるべきことなどを述べたものであった。トルーマン宣言の影響を受けた多くの国が，領海外における天然資源の開発利用等を排他的な管轄権の下に置こうとした。1952年には，チリ，ペルーおよびエクアドルは，200カイリの領海を宣言した。

こうした秩序の乱れを統制するため，1958年に，第1次国連海洋法会議が開

催され,「領海及び接続水域に関する条約」,「公海に関する条約」,「漁業及び公海の生物資源の保存に関する条約」および「大陸棚に関する条約」が採択された。領海条約と公海条約は,従来の国際慣行に沿ったものであった。漁業条約と大陸棚条約は,公海の自由を基本的には維持する一方で,第2次世界大戦後の管轄権拡大の傾向を取り入れたものであった。1960年には,第1次国連海洋法会議でまとまらなかった領海幅を確定するために第2次国連海洋法会議が開かれたが,今回も一致をみなかった。

1960年代になると,発展途上国は,広い公海における自由は先進海洋国のみに利用・開発等が保障されるとして,海洋法の変革を求めた。途上国は,領海の拡大,排他的経済水域の設定,自然延長論に基づく大陸棚の範囲画定など,海洋管轄権の拡大を主張した。先進海洋国側は,領海の拡大等は国際海峡などにおける軍艦・商船の自由な航行を妨げて不利益をもたらすことから,それを防止する制度を求めた。こうしたなか,1973年から,第3次国連海洋法会議が開始された。同会議が継続している間にも,国際司法裁判所は,1974年の漁業管轄事件に関する判決で,12カイリ領海幅が慣習国際法と認められるとの判断を示した。また,排他的経済水域を設定する国も増えていった。

第3次国連海洋法会議の結果,1982年に「海洋法に関する国際連合条約」(国連海洋法条約)が採択された。同条約は,1994年にようやく発効した。この国連海洋法条約は,領海,接続水域,排他的経済水域,大陸棚,公海,深海底,国際海峡など,海洋の秩序全般を定める基本法規として,国際社会を規律している。

現代の海洋法においても,条約化されていない慣習国際法も一部に残されている。内水における制度,歴史的水域の要件等は,条約規定のない慣習国際法であり,すべての国に対し効力がある。

以下,海洋法の主要な規則をみていく。括弧内に条項を示しているのは,国連海洋法条約のものである。

2　海洋の水域区分と基線

海洋は,国家の領域に含まれる内水・領海・群島水域と,国家の領域外に位

置する接続水域・排他的経済水域・公海に区分される。これらの水域区分は，基線からの距離などにより定まる。基線とは，領海の幅を測定するための基準となる線をいう。基線より内側（陸地側）の水域は「内水」であり，基線から外側12カイリまでの水域は「領海」である。領海と内水をあわせて「領水」と称することがある。領海の外に接続し，基線から24カイリまでの水域は，「接続水域」（幅12カイリ）である。また領海の外に接続し，基線から200カイリまでの水域は「排他的経済水域」（幅188カイリ）となる。接続水域は排他的経済水域の一部と重なる。「公海」は，排他的経済水域の外に位置する。排他的経済水域（接続水域を含む）と公海をあわせて「国際水域」と称することがある。大陸棚の範囲も，基線から測定する（後述）。

図1　海洋法における水域区分（断面図）

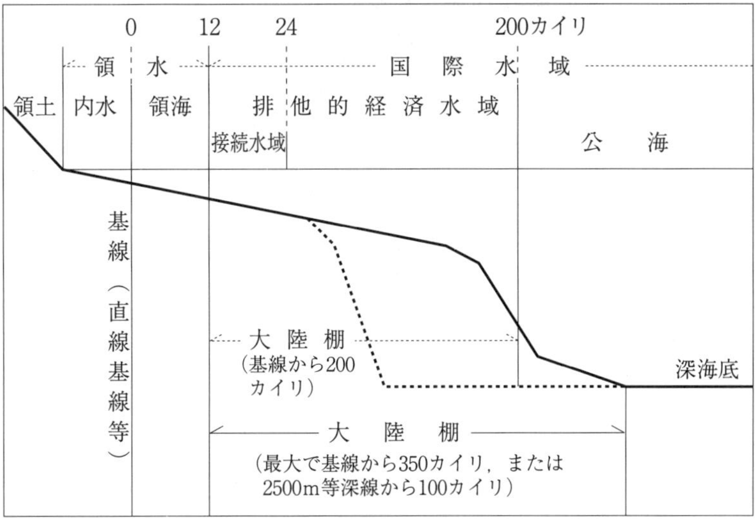

	0	12	24		200カイリ	
	…領	…水…	…	…	国　際　水　域	…
領土	内水	領海	排　他　的　経　済　水　域			
			接続水域		公　海	

基線（直線基線等）

大　陸　棚
（基線から200カイリ）

大　陸　棚
（最大で基線から350カイリ，または2500m等深線から100カイリ）

深海底

（1カイリ（海里）＝1.852キロメートル）

基線には，海岸の形状等によって複数の種類がある。「通常の基線」は，直線基線が設定されていない場合の一般的な基線であって，沿岸国が公認する大縮尺海図に記載されている海岸の低潮線をいう（5条）。河川が海に流入する場所では，河口両岸の低潮線上の点を結ぶ直線が基線となる（9条）。湾は，湾口距離が24カイリまでは湾口両側の低潮線上の点を結ぶ閉鎖線が基線となる

（10条4）。湾口距離が24カイリを超える湾では，24カイリの直線の基線を内側の面積が最大となる方法で湾内の低潮線上の二点を結んで引く（10条5）。

海岸線が著しく曲折しているか，または海岸に沿って至近距離に一連の島が存在する場所では，適当な点を結んで「直線基線」を引くことができる（7条1）。直線基線は，海岸の全般的な方向から著しく離れて引いてはならず，また，その内側の水域は，内水としての規制を受けるために陸地と十分に密接な関連を有しなければならない（7条3）。

今日，海岸線をもつ国の多くが直線基線を採用しており，わが国の近隣国であるロシア，中国，韓国，北朝鮮および台湾も設定している。わが国は，1996年（平成8年）に「領海法」を改正した「領海及び接続水域に関する法律」で直線基線の採用を定め，同法施行令で直線基線の基点を明示した。わが国全周の約4分の3に直線基線が引かれている。

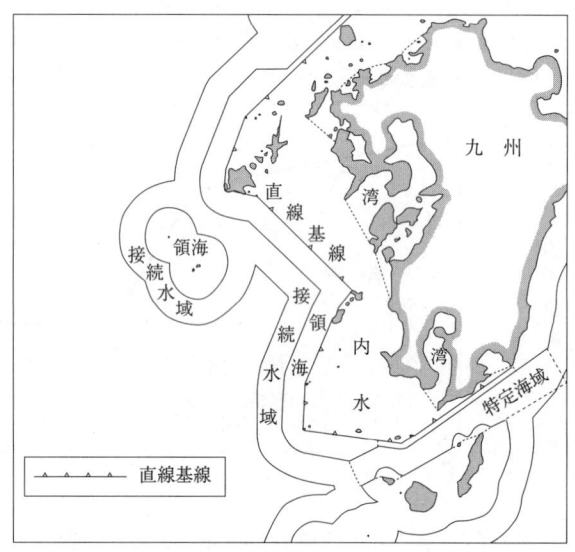

図2　直線基線の設定例（九州西方）

3　内　　水

内水は，基線から陸地側にある水域である（8条1）。海に流入する河川は，

河口の基線の内側が内水となる。湾は，湾入の面積が湾口を横切って引いた線を直径とする半円の面積以上のものであって（10条2），湾口距離が24カイリまでの場合は湾全体が内水となり（10条4），24カイリ直線基線を湾内にもつ場合にはその内側が内水となる（10条5）。わが国には，陸奥湾，東京湾，伊勢湾，有明海等，内水となる湾が多数存在する。

　内水には，領土と同様に国家の主権が及ぶ。したがって，外国の商船も内水にある場合には，原則として沿岸国の警察権，裁判権等に服する。外国の船舶は，不可抗力または遭難もしくは沿岸国が指定した開港に入港する場合を除き，沿岸国の許可なく内水に入ることはできない。ただし，直線基線の設定によって，新たに内水となった場合には，領海の場合と同様に，その内水で外国船舶に無害通航権が認められる（8条2）。

　内水には，歴史的水域としての地位が認められるものもある。慣習国際法上，歴史的水域として認められる基準は，沿岸国が，相当長期にわたってその水域を内水と主張し，そこに権限を有効に行使し，かつ，その主張が他の諸国によって容認されてきたことである。この基準を満たせば，湾口距離が24カイリを超える湾であっても，湾全体が内水として認められる。エルサルバドルとホンジュラスにあるフォンセッカ湾は，歴史的水域の一例である。わが国の瀬戸内海は，湾ではないが，歴史的水域として内水の地位が認められており，「領海及び接続水域に関する法律」も内水であると明記している。

4　領　　　海

　領海は，基線から12カイリまでの水域である（3条）。領海にも，内水と同様に，沿岸国の主権が及ぶ（2条）。しかし，領海では，外国船舶に無害通航権が認められる（17条）。

（1）　無害通航権

　無害通航とは，船舶が沿岸国の平和，秩序または安全を害することなく領海を通航することをいう（19条1）。商船であるか軍艦であるかを問わず，すべての船舶は他国の領海において無害通航の権利を有する。ただし，領海を無害通航しようとする船舶が潜水艦である場合は，海面上を航行し，国旗を掲げな

ければならない（20条）。

　沿岸国は，領海内を無害に通航する外国船舶に遵守させる法令を制定することができる。たとえば，航行の安全・海上交通の規制，環境の保全・汚染防止，通関・財政・出入国管理・衛生上の法令違反防止などの国内法令である（21条1）。沿岸国は，外国船舶が無害通航を行っているとき，これを妨害してはならない（24条1）。ただし，沿岸国は，外国船舶による無害でない通航を防止するため，領海内において必要な措置をとることができる（25条1）。また，沿岸国は，自国の安全の保護のために不可欠である場合には，領海の特定の水域において，外国船舶の無害通航を一時的に停止することができる（25条3）。

　無害通航にあたらない活動，すなわち，沿岸国の平和，秩序または安全を害する活動の具体例は，国連海洋法条約19条2項に，次のとおり示されている。

(a) 武力による威嚇または武力の行使であって，沿岸国の主権，領土保全もしくは政治的独立に対するものまたはその他の国際連合憲章に規定する国際法の諸原則に違反する方法によるもの
(b) 兵器（種類のいかんを問わない）を用いる訓練または演習
(c) 沿岸国の防衛または安全を害することとなるような情報の収集を目的とする行為
(d) 沿岸国の防衛または安全に影響を与えることを目的とする宣伝行為
(e) 航空機の発着または積込み
(f) 軍事機器の発着または積込み
(g) 沿岸国の通関上，財政上，出入国管理上または衛生上の法令に違反する物品，通貨または人の積込みまたは積卸し
(h) この条約に違反する故意のかつ重大な汚染行為
(i) 漁獲活動
(j) 調査活動または測量活動の実施
(k) 沿岸国の通信系または他の施設への妨害を目的とする行為
(l) 通航に直接の関係を有しないその他の活動

（2）　無害通航ではない船舶に対する措置

　沿岸国は，外国商船の領海通航が無害通航ではない疑いがある場合には，質問を実施し，国旗の掲揚を要求し，さらには停船させ，臨検を実施することが

できる。外国商船が，無害通航にあたらない活動を行う場合には，無害通航を実施させるための警告を実施し，または領海からの退去を命ずることができ，国内法令の違反を構成する場合には当該船舶の拿捕，捜査，乗組員の逮捕等を行うことができる。なお，海洋法上「商船」という用語は，軍隊の艦船および非商業目的の政府船舶を除くすべての船舶を意味しており，漁船や商業活動に従事しない私船も商船のなかに含まれる。

　軍艦に対する措置は，商船の場合と異なる。国連海洋法条約の適用上，「軍艦とは，一の国の軍隊に属する船舶であって，当該国の国籍を有するそのような船舶であることを示す外部標識を掲げ，当該国の政府によって正式に任命されてその氏名が軍務に従事する者の適当な名簿又はこれに相当するものに記載されている士官の指揮の下にあり，かつ，正規の軍隊の規律に服する乗組員が配置されているものをいう」(29条)。軍艦は，旗国以外のいずれの国の管轄権からも免除される。

　外国軍艦が，領海を無害に通航し，かつ無害通航に係る沿岸国の法令を遵守する場合には，沿岸国は当該軍艦の通航を容認する。領海を無害通航する外国軍艦が，沿岸国の法令を遵守しない場合には，沿岸国はその遵守を要請する。この遵守要請を無視した場合には，沿岸国は当該軍艦に対し領海から直ちに退去することを要求することができる (30条)。外国軍艦が退去要求を無視する場合であっても，軍艦は免除の特権を有するため，沿岸国は警察権を行使し得ない。軍艦が沿岸国の法令を遵守しなかった結果として沿岸国に損害を与えた場合は，軍艦の旗国が国際的責任を負う (31条)。

　なお，外国軍艦が領海内で無害通航でない活動を行う場合および外国潜水艦が領海内潜没航行を行う場合に沿岸国がとりうる措置については，国連海洋法条約は具体的な規定を設けていない。それは，慣習国際法に委ねられる。

5　接続水域

　沿岸国は，基線から24カイリまでの範囲で，領海の外に接続する「接続水域」を設けることができる (33条2)。領海幅が12カイリの場合には，その外に12カイリ幅の接続水域が存在する。沿岸国は，接続水域において，自国の領

域（領土，内水，領海，群島水域，領空）で生じる通関，財政，出入国管理または衛生上の法令違反を防止するため，または既に生じているそれらの法令違反を処罰するため，必要な規制を行うことができる（33条1）。

沿岸国は，自国領域内における通関，財政，出入国管理または衛生上の法令違反を未然に防止する措置として，疑わしい外国商船を接続水域において臨検し，麻薬等の輸入禁制品や不法入国を企図する者を船内に発見した場合には，領海に入らないよう当該商船の進路を変更させる等の措置をとる。また，沿岸国は，自国の領域内で行われた通関，財政，出入国管理または衛生上の法令違反を処罰するため，関係法令に違反した外国商船または違反行為を犯した外国人を乗せた外国商船を，接続水域で拿捕し，乗船者を逮捕するなどの措置をとる。

わが国は，1996年（平成8年）の「領海及び接続水域に関する法律」によって接続水域を設定した。わが国周辺では，ロシア，中国，韓国および台湾が接続水域を設定している。

6 排他的経済水域

沿岸国は，基線から200カイリまでの範囲で，領海の外に接続する排他的経済水域を設けることができる（55条・57条）。向かい合っている国の基線間の距離が400カイリに満たない海域では，排他的経済水域の境界画定が必要であり，それは，衡平な解決を達成するため，国際法に基づき合意により行う（74条1）。

沿岸国は，排他的経済水域において，海底の上部水域，海底およびその下の天然資源（生物資源・非生物資源）の探査・開発・保存・管理のための主権的権利を有し，また，経済的な目的で行われる探査・開発のためのその他の活動（海水・海流・風力からのエネルギー生産等）に関する主権的権利を有する（56条1(a)）。

沿岸国は，排他的経済水域における主権的権利を行使するにあたって，国連海洋法条約に従って制定した国内法令の遵守確保のため乗船，検査，拿捕および司法上の手続を含む必要な措置をとることができる（73条1他）。

沿岸国は，排他的経済水域において，人工島・施設・構築物の設置および利

用に関する管轄権をもつ（56条1(b)）。人工島等の外縁から500メートルまでの範囲では，航行の安全または人工島等の安全を確保するための安全水域を設定することができる（60条4，5）。

　沿岸国は，海洋の科学的調査についても管轄権をもつ（56条1(b)）。沿岸国の排他的経済水域で外国が海洋の科学的調査を実施する場合は，事前に沿岸国の同意を得なければならない（246条2）。沿岸国は，また，海洋環境の保護・保全に関する管轄権をもつ（56条1(b)）。沿岸国は，排他的経済水域における投棄による海洋環境の汚染を防止し軽減し規制する国内法令を制定することができ（210条1），外国商船による投棄汚染が生じた場合は，当該法令を排他的経済水域で執行することができる（216条1）。また，船舶からの汚染に関しても国内法令を制定でき（211条5），排他的経済水域で汚染を引き起こした外国商船が沿岸国の港にとどまる場合等に執行することができる（220条）。

　排他的経済水域における沿岸国の義務には，生物資源の漁獲可能量を決定すること，適当な保存措置および管理措置を通じて生物資源の維持を確保すること（61条1，2），漁獲可能量の余剰分について他国による漁獲を認めること（62条2）などがある。

　すべての国は，他国の排他的経済水域において，航行の自由，上空飛行の自由および海底電線・海底パイプライン敷設の自由を享受する。また，これらの自由に関連し国連海洋法条約の他の規定と両立する国際的に適法な海洋利用（船舶・航空機の運航に係る海洋の利用等）の自由を享受する（58条1）。

　わが国は，1977年（昭和52年）の「漁業水域に関する暫定措置法」で，基線から200カイリまでの「漁業水域」（東経135度以西の日本海および東シナ海等は除外）を設けていたが，1996年（平成8年）に「排他的経済水域及び大陸棚に関する法律」を定め，わが国の全周に排他的経済水域を設定した。同法律は，向かい合う国の基線との距離が400カイリに満たな場所にある排他的経済水域の境界は中間線（外国との間で合意した線がある場合には，その合意線）とした。わが国の排他的経済水域は，ロシア，北朝鮮，韓国，中国，フィリピン，アメリカ（北マリアナ諸島）および台湾の排他的経済水域と接している。

7　大陸棚

　大陸棚は，領海の外に接続する海域の海底およびその下であって，沿岸国の領土の自然延長をたどって大陸縁辺部（continental margin）の外縁まで，または，大陸縁辺部の外縁が基線から200カイリに達しない場合には200カイリまでの範囲である（76条1）（97頁「海洋法における水域区分」図参照）。大陸縁辺部が200カイリを越えている場合の限界は，基線から350カイリまで，または2,500メートル等深線から100カイリまでとなる（76条5）。向かい合っている国の間における大陸棚の境界画定については，衡平な解決を達成するため，国際法に基づき合意により行う（83条1）。

　沿岸国は，大陸棚を探査し，その天然資源（海底およびその下にある非生物資源・定着性の生物資源）を開発する主権的権利を有する（77条1，4）。また，沿岸国は，大陸棚における掘削を許可し規制する排他的権利をもつ（81条）。沿岸国は，その大陸棚においても，人工島・施設・構築物に関する権利，海洋環境の保護・保全・汚染防止等の権利および海洋の科学的調査に関する権利を排他的経済水域の場合と同様に有している。

　わが国は，従来から大陸棚において鉱物資源の開発等を行ってきたが，1996年（平成8年）に国連海洋法条約の批准にあわせて「排他的経済水域及び大陸棚に関する法律」を定め，大陸棚の権利を適切に行使できるようにした。

8　公　　海

　公海は，内水，領海，排他的経済水域および群島水域を除いた海洋のすべての部分をいう（86条）。公海は，すべての国に開放されており（87条1），いかなる国も主権の下におくことはできない（89条）。また，公海上の船舶に対して管轄権を行使できるのは，原則として，船舶の旗国のみである（92条1）。

(1) 公海の自由

　すべての国は，公海の自由を享受する。国連海洋法条約は，公海の自由として，航行，上空飛行，海底電線・海底パイプラインの敷設，人工島その他施設

の建設,漁獲および科学的調査の自由を例示している（87条1）。慣習国際法上認められるその他の公海の自由には,海軍の艦隊運動,飛行活動,演習,情報収集,兵器実験等がある。これらの公海の自由は,公海の自由を行使する他国の利益および深海底における他国の権利に「妥当な考慮」を払って行使されなければならない（87条2）。

（2） 国際水域の海上警察権

公海上の船舶に管轄権を行使できるのは原則として旗国であるが,海賊行為を行うなどの特定の船舶に対しては,いずれの国の軍艦も,公海海上警察権を行使することが慣習国際法上認められてきた。国連海洋法条約は,公海海上警察権について,行使する主体を軍艦・軍用機および権限を与えられた政府船舶・政府航空機とし（107条・110条4,5・111条5）,行使できる水域を,公海およびすべての排他的経済水域（接続水域と重なる部分を含む）とした（58条2）。国際水域において行使されるこの海上警察権には,次のものがある。

（a） **近接権**　慣習国際法上,軍艦は,国際水域に所在する外国商船に対し,その掲げる国旗が相違ないかどうか,船舶の同一性と国籍を確認するため,近接して,外部標識を検認し,また,船内と交信して,国籍と国旗を明らかにするよう要求する権利がある。

（b） **国旗・国籍確認のための臨検**　軍艦・軍用機および権限を与えられた政府船舶・政府航空機（以下,軍艦等）は,商船が,他の国の旗を掲げているか,国旗を示すことを拒否したが,実際には軍艦等と同一の国籍を持つと疑うに足る十分な根拠がある場合,その国旗を掲げる権利の有無を確認するため臨検を行うことができる（110条1(e)）。

（c） **無国籍船の臨検**　軍艦等は,外国商船について,国籍を有していないことを疑うに足る十分な根拠がある場合には臨検を行うことができる（110条1(d)）。

（d） **奴隷運送船に対する臨検**　軍艦等は,外国商船が奴隷取引に従事していることを疑うにたる十分な根拠がある場合には,臨検を行うことができる（110条(b)）。

（e） **海賊行為の取締り**　海賊行為とは,私有の船舶・航空機の乗組員・旅客が,私的目的のために,公海・排他的経済水域またはいずれの国の管轄権に

も服さない場所にある他の船舶・航空機またはその内にある人・財産に対して行う，不法な暴力行為，抑留または略奪行為をいう（101条・58条2）。軍艦等は，国際水域で外国船舶が海賊行為に従事していると疑うにたる十分な根拠がある場合には臨検を実施することができ（110条1(a)），また海賊船舶および海賊に奪取されている船舶を拿捕し，海賊を逮捕し，財産を押収することができる（105条）。

(f) **無許可放送の取締り**　国連海洋法条約は，国際水域で許可を得ていない放送を行う外国商船を臨検，拿捕し，乗員を逮捕し，放送機器を押収する権利を創設した（109条・110条1(c)）。許可を得ていない放送とは，国際的な規則（国際電気通信連合条約および国際電気通信連合が定めた無線通信規則）に違反して船舶または施設から行う音響放送またはテレビジョンの放送であって，一般公衆よる受信を意図するものをいう（109条2）。無許可放送を実施している外国商船を取り締まることができるのは，当該商船の旗国，設備の登録国，当該者が国民である国，放送を受信することのできる国および許可を得ている無線通信が妨害を受ける国に限られる（109条3，4）。

(g) **追跡権**　内水，領海，接続水域，排他的経済水域，大陸棚上部水域および群島水域において，それぞれの水域で適用される沿岸国の国内法令に外国商船が違反したと信ずるに足る十分な理由のある場合には，沿岸国の軍艦等は当該商船をそれらの水域内から水域外へ，また，公海上へと，追跡することができる。追跡は，外国商船が国内法に違反したその水域にあるときに開始し，中断することなく継続し，外国の領海に入ると同時に止めなければならない（111条1，2，3，5）。追跡権の行使が正当に行われる限り，軍艦等は，被追跡船を停船させ，臨検し，拿捕することができる。追跡権の実効的な行使を確保するため，必要かつ合理的な実力を用いることも許される。

9　深海底

深海底は，国の管轄権の及ぶ区域の外の海底およびその下をいう（1条1(1)）。大陸縁辺部が基線から200カイリに達しない場合には200カイリ線が大陸棚の限界（排他的経済水域の限界と同じ）となるので，その外に深海底が位置す

る。大陸棚が200カイリを超える場合は，その大陸棚の限界線の外に深海底が位置する。深海底には，マンガン，ニッケル，コバルト，銅等の金属を含有するマンガン団塊などの鉱物資源が存在する。深海底およびその資源は，「人類の共同の財産」とされ（136条），いかなる国も主権または主権的権利を主張し行使してはならない（137条）。

　国連海洋法条約第11部は，深海底の活動を組織し管理する「国際海底機構」を設立し，鉱物資源の開発について，同機構の一機関である「エンタープライズ」が行う方式と，国連海洋法条約締約国またはその民間企業が同機構の承認を得て行う方式を併用することとした。また，締約国はエンタープライズに資金を提供し，企業等も開発技術をエンタープライズに移転することが義務とされた。さらに，企業等は，開発から生じる利益の一部を機構に支払い，それは，開発途上国に配分されることともされた。また，企業等の生産量に一定の制限が設けられた。

　国連海洋法条約第11部は，途上国に有利，先進国には不利な制度であるため，1994年に，第11部を実質的に改正した「海洋法に関する国際連合条約第11部の実施に関する協定」が採択された（1996年発効）。同協定は，国際海底機構の組織と活動の縮小効率化，エンタープライズに対する財政協力義務および技術移転義務の不適用，利益支払義務の大幅緩和，生産制限の撤廃などを定めた。

10　群島水域

　一または二以上の群島から構成される国を群島国という（46条）。群島国は，群島の最も外側の島および常時水面上にある礁の最も外側の諸点を結び100カイリ（基線数の3パーセントまでは125カイリ）までの直線の「群島基線」を引くことができる。ただし，群島基線の内側の水域面積と環礁を含む陸地面積の比が，1：1から9：1の範囲でなければならない（47条1，2）。群島水域は，この群島基線で囲まれた内側の水域であり，群島国の主権の下におかれる（49条1，2）。群島国の領海，接続水域，排他的経済水域および大陸棚は群島基線から外側に位置する（48条）。

　すべての船舶は，群島水域において無害通航権を有する（52条1）。ただし，

群島国は，自国の安全保護のため不可欠である場合には，群島水域の特定の水域において外国船舶の無害通航を一時的に停止することができる（52条2）。

群島国は，群島水域とこれに接続する領海およびそれらの上空に，外国の船舶および航空機の継続的かつ迅速な通航に適した航路帯および航空路を指定することができる（53条1）。これを「群島航路帯」という。外国船舶および航空機には，群島航路帯通航権が保障される（53条2）。群島航路帯通航とは，「通常の形態での航行及び上空飛行の権利が継続的な，迅速なかつ妨げられることのない通過のためのみに行使されることをいう」（53条3）。群島航路帯の指定がない場合においても，外国の船舶および航空機は，国際的な航行および上空飛行に通常使用されている航路においては群島航路帯通航権を行使することができる（53条12）。

太平洋地域の群島国には，インドネシア，フィリピン，パプア・ニューギニア，ソロモン諸島，マーシャル諸島，キリバス，ツバル，バヌアツ，フィージーなどがある。

11　国 際 海 峡

国連海洋法条約は，「国際航行に使用されている峡海」（国際海峡）について，特定の通航制度を採用している。国際海峡とは，海峡をもつ沿岸国からみて，実際に外国間の航行に使用されている海峡である。国連海洋法条約は，国際海峡を4つの類型に分けている。

（1）　通過通航制度の国際海峡

国際海峡は，世界の海運にとって不可欠な航路である。また，潜水艦を含む海軍部隊の航路としても戦略的な重要性を有する。かつての領海3カイリ時代には自由航行の公海航路が存在した多くの国際海峡は，領海12カイリ時代になると沿岸国の領海に含まれることとなった。このため，国際海峡をもつ沿岸国は，潜水艦の潜没航行や航空機の上空飛行を認めない無害通航制度を主張し，また，タンカー等に対する通航規制や，軍艦に対する通航に際しての事前許可制などを求めた。しかし，このような方式は，海洋国にとっては，経済的・軍事的利益に反するもので，受容しえないものであった。こうした対立を調整す

るものとして，国連海洋法条約は，「通過通航制度」を創設した。通過通航とは，国連海洋法条約第3部の規定に従い，「航行及び上空飛行の自由が継続的かつ迅速な通過のためのみに行使されることをいう」(38条2)。

通過通航制度の適用される国際海峡の幅は，一般には24カイリより狭く，沿岸国の領海で覆われている。ただし，最狭部の幅が24カイリより広い国際海峡であっても，中央部の公海または排他的経済水域の航路が，航行上および水路上の特性において便利ではない場合には通過通航制度が適用される (36条)。

通過通航制度の下で，通航する船舶および航空機は，害されない「通過通航権」を享受する (38条1)。また，通過通航を行う船舶および航空機は，継続的かつ迅速な通過の通常の形態に付随する活動については行うことができる (39条1(c))。例えば，艦隊航行，艦載機の発着艦および潜水艦の潜没航行が認められると解されている。通過通航中の船舶または航空機は，海峡またはその上空を遅滞なく通過しなければならない (39条1(a))。

海峡沿岸国は，通航中の船舶または航空機が通過通航に該当しない活動を行う場合，国連海洋法条約の他の適用される規定に従って対応することができる (38条3)。海峡沿岸国は，航路帯を指定し，また，分離通航帯を設定することができる (41条1)，また，航行の安全および海上交通の規制等の通過通航に係る法令を制定することができる (42条1)。海峡沿岸国は，他方で，通過通航を妨害してはならないこと，通過通航は停止してはならないことなどの義務を負う (44条)。

(2) 停止されない無害通航制度の国際海峡

国連海洋法条約は，特定の国際海峡について，停止されない無害通航制度を採用した。この制度の国際海峡には地理的に2つのタイプがある。第1は，海峡が沿岸国の島および本土により構成されており，島の海側に航行上および水路上の特性において同様に便利な公海または排他的経済水域の航路が存在するものである (38条1の後段・45条1(a))。この例に，イタリア本土とシチリア島の間に位置するメッシナ海峡がある。第2は，公海または一国の排他的経済水域の一部と他の国の領海との間にある海峡である (45条1(b))。この例に，アカバ湾（イスラエルおよびヨルダンの港が内部に存在）の湾口（両岸はエジプトとサウジアラビア）であるチラン海峡がある。

停止されない無害通航制度の国際海峡では，海峡沿岸国は，自国の安全の保護のためであっても，外国船舶の無害通航を停止してはならない（45条2）。外国船舶は，無害通航の権利を有し，継続的かつ迅速な領海航行で，沿岸国の平和，秩序および安全を害さない通航が認められる。通航する外国潜水艦は浮上航行し，国旗を掲げる義務がある。外国軍用機は上空を飛行してはならない。

図3　「国際航行に使用されている海峡」の通航制度

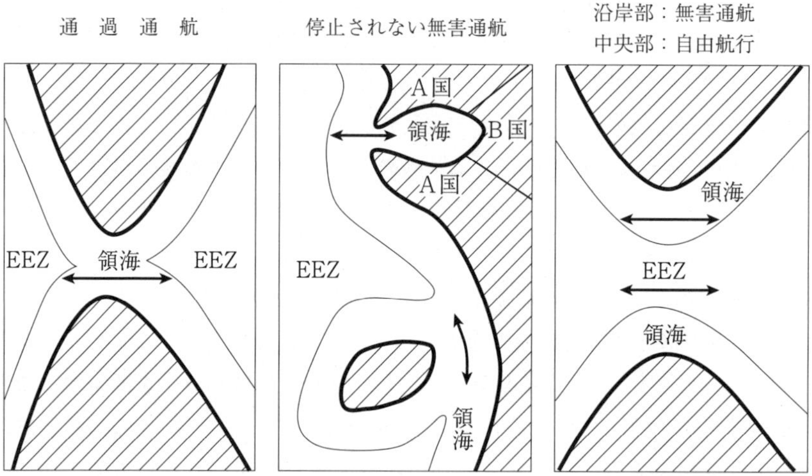

通過通航　　　　　停止されない無害通航　　　沿岸部：無害通航
　　　　　　　　　　　　　　　　　　　　　中央部：自由航行

（EEZ：排他的経済水域）

（3）　沿岸部無害通航・中央部自由航行の国際海峡

国際海峡であっても，海峡内に航行上および水路上の特性において便利な公海または排他的経済水域の航路が存在するものについては，通過通航制度および停止されない無害通航制度の適用はない。沿岸部の領海では無害通航制度，中央部の公海または排他的経済水域の部分は，それぞれの航行制度が適用される（36条）。この制度の国際海峡の例には，海峡幅が24カイリよりも広く，中央部に排他的経済水域の便利な航路が存在するもの（バシー海峡，台湾海峡など）と，海峡幅は24カイリより狭いが，沿岸国が海峡部分の領海幅を12カイリより狭くして，中央部に排他的経済水域の便利な航路を維持しているもの（津軽海峡，対馬海峡西水道など）がある。

海峡沿岸部の領海では，外国船舶は，無害通航の権利を有し，継続的かつ迅

速な領海航行で沿岸国の平和，秩序および安全を害さない通航が認められる。領海を通航する外国潜水艦は，海面上を航行し，国旗を掲げる義務がある。外国軍用機は領海上空を飛行してはならない。沿岸国は，無害ではない活動を行う外国船舶に対しては国際法が許容する必要な措置をとることができる。また，自国の安全の保護のために不可欠な場合には，外国船舶の無害通航を一時的に停止することもできる。

海峡中央部は，領海ではなく公海または排他的経済水域（接続水域部分を含む）であるため，すべての国に，航行，上空飛行，その他一定の自由が認められる。ただし，航行船舶は，海峡中央部が公海である場合には公海の自由を行使する他国の利益に妥当な考慮を払い，排他的経済水域の場合には排他的経済水域に係る沿岸国の権利行使に服し，また，接続水域部分では沿岸国の出入国管理や関税等に関する権利行使に服する。

わが国は，宗谷海峡，津軽海峡，対馬海峡東水道，対馬海峡西水道および大隅海峡の5つの国際海峡を「特定海域」とし，領海幅を基線から3カイリとして，海峡中央部に排他的経済水域（接続水域を兼ねる）を存続させている。

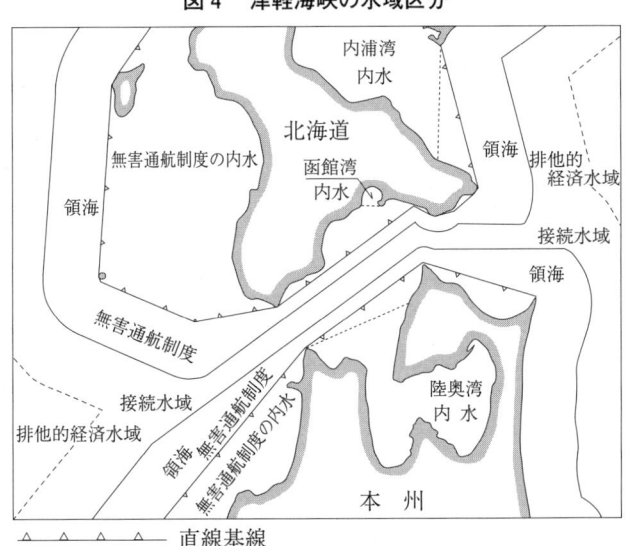

図4　津軽海峡の水域区分

（4）特別制度の国際海峡

　国連海洋法条約は，沿岸国の領海で覆われる国際海峡であっても，長い間存在し現に効力を有している国際条約がその海峡の通航を規制している場合には，当該条約の特別制度が適用されることを認めている（35条(c)）。この例に，1936年のモントルー条約が定めたダーダネルス・ボスポラス海峡の通航制度などがある。

§Ⅷ　空・宇宙とは

1　空に国家の支配権は及ぶのか

> **大韓機撃墜事件から20年，引き取り手ない遺品野焼き**
> 　乗客乗員269人が犠牲になった大韓航空機撃墜事件から20年が過ぎた1日の夜，日本人犠牲者の遺族会は，引き取り手がない遺品を「天国に戻してあげよう」と，墜落現場につながる北海道稚内市の浜辺で野焼きした。丸太のやぐらに入れられた遺品は，履物や衣類など371点。千羽鶴や花束を添えて点火され，遺族は声を詰まらせた（『ヨミウリ・オンライン』2003年9月1日付）。

（1）　問題はどこに
　このネット記事は，大韓航空機撃墜事件から20年目に当たる日，引き取り手のない遺品を野焼きして犠牲者を慰霊する遺族の姿を報じたものである。
　1983年9月1日，ニューヨーク発アンカレッジ経由ソウル行き大韓航空KE007便は，ソ連（当時）の領空を侵犯したとして，同国の戦闘機によりサハリン付近の上空で撃墜され，乗客乗員269人全員が死亡した。多数の乗客が搭乗する民間航空機を，領空侵犯を理由に撃墜することが，はたして許されるのであろうか。

（2）　領空主権の確立
　人類が初めて動力機による飛行に成功したのは，1903年12月のライト兄弟による飛行であった。この時の飛行距離はわずか30メートルであったが，その後の動力飛行機の開発にはめざましいものがあった。それに呼応して，領土上空の法的地位が問題となるのである。すなわち，領土上空の自由な飛行を認めるかどうかという問題であった。
　初期には，海洋法における「公海自由の原則」にならって，領土の上空は自

由な空であるという「自由空説」が唱えられたが，この考え方は必ずしも諸国に受け入れられなかった。その理由は，領土上空の自由な飛行を認めることは，公海の自由通航と比較した場合，他国にとって安全保障上の危険が非常に大きいからであった。第1次世界大戦中，飛躍的に進歩した飛行機が実戦に用いられるようになると，海洋法における「領海」を類推して「領空」という考え方が，諸国の間で主流となった。とくに永世中立国スイスが，国際法上の中立義務違反を回避するため，交戦国の航空機に対し自国の空を閉鎖したことは注目される。

この流れを受けて大戦後の1919年，パリで開催された「国際航空法会議」で締結された「国際航空条約」（パリ条約）の第1条では，「国家は，その領域上の空間において完全かつ排他的な主権を有する。」と規定し，「領空主権の原則」を確立した。またこの条約の第2条では，「領海内の無害通航権」と同様な「無害航空の権利」が，飛行路を指定するなどの規制の下に認められた。しかし1929年の条約改正では，排他的な領空主権という考え方が強く主張され，無害航空の自由は否定されることとなった。この「国際航空条約」は，欧州諸国20数カ国間の条約であったが，「領空主権の原則」はその後の国家実行により支持され，国際慣習法の原則として確立したといえる。

1944年に締結され，先のパリ条約に代わるものとして現在でも有効な「国際民間航空条約」（シカゴ条約）でも，第1条で「領空主権の原則」を確認した。この「領空主権」によれば，国家の領土と領海の上部空間は，領空という国家領域の一部を構成し，国家の完全かつ排他的な主権に服することとなる。また，海洋法で認められる他国領海の無害通航権は，領空においては一般的には認められない。したがって外国航空機は，領域国（下土国）の許可なしにはその領空を飛行することができないことになるのである。

（3） 航空機の法的地位

航空機は，いずれかの国に登録され，登録国の国籍を取得することになる（シカゴ条約17条）。登録された航空機には，指定された符号（日本の場合「JA」，アメリカの場合「N」など）が機体にマーキングされる。航空機は，公海上空（いわゆる「公空」）を自由に飛行することができ（国連海洋法条約87条b），登録国の管轄に服することになる。一方，他国領空内では，下土国の領空主権の下

におかれ，同国の航空規則などに従うことになる（シカゴ条約12条）。

したがって，外国航空機が下土国の許可なく領空に侵入することは「領空侵犯」となり，同国は領土保全を確保するため，警告・進路変更・退去・強制着陸などの必要な措置をとりうるし，最終的には撃墜をも含めて下土国の判断に委ねられることになる。上述の大韓航空機撃墜事件はこの場合に当たるが，事件翌年の1984年にシカゴ条約が改正され，民間航空機に対し武器の使用を差し控える義務が規定された（3条の2）。これにより，民間航空機に対して「撃墜」という究極の手段をとることは，原則的に禁止された。

（4） 国際航空運送の法的根拠

「領空主権」の確立により，外国航空機は，下土国の許可なしにはその領空を飛行することができないことになった。このことは，第2次世界大戦以後飛躍的に発展する国際民間航空に，多大な不便を来すことになった。シカゴ条約では，不定期飛行についてのみ外国領域における無着陸横断飛行と技術的着陸（運輸以外の目的の着陸）の権利を認めたが（5条），定期航空と不定期航空の区別が困難であり，不定期航空の名を借りた飛行や着陸を防止するため，実際上は，多数の国が不定期航空についても事前の許可を要求することになった。

そこで，定期国際航空業務については，2つの多数国間協定が結ばれることとなった。その1つは「国際航空業務通過協定」であり，定期航空についても①無着陸横断飛行の自由，②技術的着陸の自由を相互に認めるものであり，「2つの自由協定」と呼ばれている。もう1つは「国際航空運送協定」であり，上述の2つの自由に加えて，③自国で積み込んだ旅客・貨物を相手国で積み降ろす自由，④自国向けの旅客・貨物を相手国で積み込む自由，⑤自国の航空機が，相手国で第三国に向かう旅客・貨物を積み込み，または，第三国で積み込んだ旅客・貨物を相手国で積み降ろす自由（第三国輸送の自由：いわゆる「以遠権」）を相互に認めるものであり，「5つの自由協定」と呼ばれている。しかし，後者の「国際航空運送協定」は有力国にとって有利となるため締約国は少なく，実際には，輸送量・路線・第三国運送などについて具体的に定めた「二国間航空協定」によって，定期国際航空業務を実施している。多くの航空協定は，1946年に締結された米・英航空協定（いわゆる「バーミューダ協定」）をモデルとしているが，1980年代のアメリカによる「オープン・スカイ政策」（航空事

業の規制緩和政策）を反映して，航空企業の自由決定に委ねる航空協定が締結されるようになってきた。わが国の場合も，1998年に「日・米航空協定」が改正され，航空事業者数や以遠権に関しアメリカにとって有利であった内容が，広範な自由化を導入するものに改められた。

（5） 航空犯罪の取り締まり

1960年代に入ると，民間航空機に対する犯罪行為が多発するようになった。そこで，これらの犯罪行為を取り締まるための多数国間条約が締結された。1963年には，「航空機内で行われた犯罪その他ある種の行為に関する条約」（東京条約）が結ばれ，民間航空機に対する登録国の機内管轄権と機長の機内警察権が認められた（3条・6条）。また，1970年の「航空機の不法な奪取の防止に関する条約」（ハーグ条約）と翌71年の「民間航空の安全に対する不法な行為の防止に関する条約」（モントリオール条約）では，ハイジャックまたは航空機に対するテロ行為の犯人を訴追するか引き渡すかを，締約国の義務と規定した（両条約とも第7条）。

2 航空機事故に対する損害賠償の仕組み

> **国際旅客への責任制限に関するお知らせ**
> 旅客が出発国以外の国に最終到着地または寄航地を有する旅行を行うときは，ワルソー条約と呼ばれている条約の規定が出発国または到達国の国内区間を含む全区間に対して適用することがあります。（中略）旅客の死亡または負傷その他の身体の障害に対する運送人の責任は，ほとんどの場合に約10,000米国ドルまたは20,000米国ドルに制限されています。（後略）

（1） 問題はどこに

上記のお知らせは，国際線の航空券に必ず記載される責任制限についての注意書である。国際的な航空運送が日常的なものとなってくると，旅客の死亡や負傷を伴う航空機事故も，極めて稀な確率ではあるが不可避なものとなってきた。上記の注意書によれば，旅客が死亡した場合であっても，運送人（航空会社）の責任は，わずか1万または2万米国ドルに制限されることになる。この

ような運送人の責任制限は，はたしていかなる根拠により認められるのであろうか。また，航空機事故に関する損害賠償は，どのような根拠や手続によりなされるのであろうか。

（2）　航空運送人の責任

前述した1919年の「国際航空条約」（パリ条約）は，公法分野の空の国際法を規定したが，商業レベルでの国際的な航空運送が始まると，運送人や旅客の権利義務などの私法関係を規定した空の国際法の必要性が，叫ばれるようになった。そこで，1929年10月にポーランドのワルシャワ（ワルソー）で開催された「国際私法会議」では，国際航空運送での運送契約や運送人の責任などの問題が討議された。その中心的課題は，航空運送事業の育成と航空事故被害者への補償を，どのように調和させるかであった。この会議の結果締結されたのが，「国際航空運送についてのある規則の統一に関する条約」（ワルソー条約）である。この条約では，黎明期の国際航空運送企業を保護するという観点から，航空運送人の損害賠償責任に一定の制限額を設ける一方，事故被害者による責任追及手続を容易にするため，過失を推定するという原則を導入することにより，両者の利益の調和をはかったのであった。すなわち，旅客の死亡については1人当りの支払限度額が12万5千金フラン（約1万米国ドル）に制限される一方，航空運送人が不可抗力などを証明しない限り，事故に対する過失があったと推定する「推定過失責任」原則が規定された。また，上述したように，航空運送人の責任が制限されるという注意書を運送証券（航空切符）に記載することも規定された。

（3）　低すぎる責任限度額

その後，国際航空運送事業が成長期に入ると，12万5千金フランという支払限度額があまりにも低いと批判されたため，1955年の「ハーグ議定書」により条約が改正され，1人当りの支払限度額が25万金フラン（約2万米国ドル）に引き上げられた。しかし，この引き上げによっても限度額が低すぎるという批判も強く，1966年に世界の主要航空会社間で結ばれた「モントリオール協定」によって，アメリカを出発地または到着地とする航空運送に限り，旅客1人当りの限度額を7万5千米国ドルに増額するという特約が合意された。しかしながら，この「モントリオール協定」に加盟していない航空会社も少なくないの

で，航空事故による旅客の死亡とはいっても，搭乗していた航空機の登録国や運航企業によって損害賠償額に大きな差が生ずることとなった。さらに，国際航空運送事業が安定期に入ると，先進諸国では，事故の被害者側があまりにも低い責任限度額を無効であるとして裁判に訴え，高額の賠償額が宣告されることも稀ではなくなってきた。

（4） 無過失責任と無限の賠償額

そこで，近年の国際航空運送をめぐる情勢にあわせ，従来の「ワルソー条約」や「ハーグ議定書」の内容を再検討するという気運が高まり，1999年に「モントリオール条約」（正式名称は「ワルソー条約」と同じ）が締結されることとなった。この条約では，旅客の死亡または傷害の際の賠償限度額が従来の25万金フラン（約2万米国ドル）から無制限に引き上げられるとともに，賠償額が10万SDR（国際通貨基金の特別引出権）までは「無過失責任」，10万SDR以上は「推定過失責任」という新たな責任制度を導入した。この条約は，2003年11月に発効したが，国際航空運送における航空運送人の責任や損害賠償の範囲などが，全面的に見直されることとなった。

（5） 地上損害に対する責任

一方，外国航空機の墜落事故などによって地上の第三者に被害が生じた場合の賠償については，1952年に「外国航空機が地上の第三者に与えた損害に関する条約」（ローマ条約）が締結され，航空運送人に無過失責任を課する見返りに，航空機の機体重量ごとの責任限度額を規定した。しかし，責任限度額が低額に設定されたことなどにより締約国数が少なく，実際の墜落事故では，それぞれの国の国内法で処理されることが多い。

3　宇宙開発についてのルール作り

中国初の有人宇宙船「神舟5号」打ち上げ成功

中国初の有人宇宙船「神舟（シェンチョウ）5号」が15日午前9時（日本時間同10時），中国北西部の酒泉衛星発射センター（甘粛省など）から，長征2Fロケットで打ち上げられた。プロジェクト総指揮者の軍総装備部長は同9時42分，「打ち上げに成功した」と宣言した。有人宇宙船の打ち上げは旧ソ連（現ロシア，

61年4月),米国(同年5月)以来42年ぶり3カ国目で,中国は米ロに次ぐ宇宙大国の名乗りを上げた(『asahi.com』2003年10月15日付)。

(1) 問題はどこに

このネット記事は,中国が,旧ソ連と米国に次いで3カ国目の有人宇宙船打ち上げに成功したことを報じたものである。

人類による宇宙開発の歴史は,1957年10月のソ連(当時)による人工衛星「スプートニク1号」の打ち上げ成功に始まったといえる。その後の宇宙開発は急速に進展し,今日では,放送衛星や気象衛星のように,打ち上げた人工衛星を使って通信・放送・運航管制・気象観測を行うというような,実用的な活動の段階へ入ってきている。

このような宇宙開発の進展に呼応して,宇宙開発に固有の法,すなわち,前述の1919年「パリ国際航空条約」以来整備されてきた「空法」あるいは「航空法」とは異なる「宇宙法」の必要性が叫ばれ,この宇宙法は,主に国際法の1分野として整備されてきたのである。

(2) 宇宙法の立法

宇宙法の整備は,国際連合のような国際組織によって,条約作成という形で進められるのが最も適当であると考えられた。そこで国連総会は,1959年12月の決議により「宇宙空間平和利用委員会」を設置し,さらにその下部組織として「宇宙法律小委員会」が設けられ,この小委員会を中心に宇宙法の立法作業が進められていった。

この宇宙法律小委員会は,まず,「法原則宣言」と呼ばれる「宇宙空間の探査と利用における国家活動を律する法原則に関する宣言」(国連総会決議第1962号)により,宇宙法の基本原則を作成した。その後,小委員会における立法作業を下に,1967年には「宇宙条約」が,68年には「宇宙救助返還協定」が,そして72年には「宇宙損害責任条約」が,また76年には「宇宙物体登録条約」が,さらに79年には「月協定」が,それぞれ締結された。これらの条約のなかでも最初に作成された宇宙条約は,「宇宙憲章」とも呼ばれ,月その他の天体を含む宇宙空間の探査および利用における国家活動を規律する,最も基本的な実定宇宙法となった。この「宇宙条約」には,①「宇宙活動自由の原則」,②「宇

宙空間領有禁止原則」，③「宇宙平和利用原則」，④「国家への責任集中原則」という，4つの基本的な規則が含まれている。

（3） 宇宙条約の基本原則

まず第1の「宇宙活動自由の原則」は，条約第1条が規定するものであり，すべての国が，天体を含む宇宙空間を自由に探査および利用することができると規定しているが，その際，「すべての国の利益のために」，また「全人類に認められる活動分野」として活動することが求められる。とくに条約第5条は，「宇宙飛行士を宇宙空間への人類の使節とみなし」，事故，遭難，および緊急着陸の場合には，その飛行士にすべての可能な援助が与えられると規定しているが，この規定は宇宙開発活動を国際的な公役務と考え，宇宙法に普遍性を付与するものとして，注目される。なお，この第5条を具体化する条約として，「宇宙救助返還協定」が締結された。

第2の「宇宙空間領有禁止原則」は，条約第2条が規定するものであり，天体を含む宇宙空間は，主権の主張，使用，占拠，またはその他のいかなる手段によっても，国家による領有権の対象とはならないと規定する。この規定は，国々の領土・領海上空の「領空」や公海上空の「公空」の上部空域に，新たな法制度の下におかれた「宇宙空間」という空域を創設するものであり，この規定も宇宙法に普遍性を付与するものである。

第3の「宇宙平和利用原則」は，条約第4条が規定するものであり，天体を含む宇宙空間の軍事利用の禁止を規定している。ただしこの規定は，禁止される軍事利用の手段が天体と宇宙空間では異なり，天体については「もっぱら平和目的のために」利用され，一切の軍事利用が制約されるのに対し，宇宙空間については，「核兵器および他の種類の大量破壊兵器を運ぶ物体を地球を回る軌道に乗せないこと」だけが規定されている。この点は，いわゆる「偵察衛星」の利用が制約されていないことを意味し，軍縮の面で必ずしも十分ではないと考えられる。

さらに第4の「国家への責任集中原則」は，条約第6条と第7条が規定するものであり，宇宙開発活動が政府機関によって行われるか非政府団体によって行われるかを問わず，当該活動に伴う国際的責任を国家（宇宙物体の打ち上げ国）に集中させることが規定されている。この規定は，従来の国際法が規定す

る国際責任とは異なる新しい法制度を創設したものであるが，細部にわたるものではなかった。そこで，詳細な規定が後に「宇宙損害責任条約」により作成されることになる。

（4）　宇宙開発に伴う賠償責任

1964年からの宇宙法律小委員会における審議を経て締結された条約が，「宇宙損害責任条約」である。この条約の審議では，「被害者本位」がスローガンとされ，宇宙損害被害者への十分かつ衡平な賠償が迅速に行われるよう，詳細な規定が作成された。

この条約の第2条には，打ち上げ国の過失の有無にかかわらず，当該活動と損害発生との間の相当因果関係の存在のみを根拠として，打ち上げ国に損害賠償責任を認めるという原則が規定された。宇宙活動のような「高度の危険性を内含する」活動については，損害発生の防止に必要な措置を尽くすことが困難であるため，宇宙活動から利益を得る打ち上げ国は，当該活動に関する危険も負担すべきという「危険責任主義」の考え方により，無過失賠償責任原則が導入されたのである。

さらに，航空機による地上の第三者損害の場合は，前述のローマ条約が責任限度額を設定したが，「宇宙損害責任条約」では，損害賠償に限度額が設けられていない。この点は，「被害者本位」という観点から妥当と考えられる。

（5）　空と宇宙の境界

次に，「宇宙空間」を定義しておく必要がある。何故ならば，伝統的な「空法」や「航空法」という分野では，国家の属地的な管轄権が及ぶ「領空主権」原則が確立しているのに対し，「宇宙空間」に対しては，前述の「領有禁止原則」により国家の属地的な管轄権が及ばないことになったからである。そのため，「空域」（air space）と「宇宙空間」（outer space）の境界画定が，必要となるのである。

この境界画定の問題は，宇宙法律小委員会でも作業部会を設けて，長年にわたり検討が続けられてきた。作業部会では，さまざまな考え方が主張されたが，2つの説に大別されよう。一方の説は，空気抵抗を利用して飛行する航空機の最高高度までを空域とし，空気抵抗を必要としない宇宙物体の最低衛星軌道から上を宇宙空間とするものであり，他方の説は，数量的な境界線（たとえば地

上100キロメートル）を，国際的な合意により確立しようとするものである。今日では後者の説がやや有力とは思われるが，この境界画定の問題は，宇宙法律小委員会での討議でも，未だに解決されていない。

　（6）　**宇宙利用実用化の法規制**

　宇宙利用実用化に伴う法規制については，実用化が最も早かった衛星通信の分野で，「国際電気通信衛星機構—INTELSAT」と「国際海事衛星機構—INMARSAT」（後に「国際移動通信衛星機構」と改称された。）が，それぞれの機構設立条約により設置され，衛星通信の活動を実施している。また，衛星放送やリモートセンシング（地球遠隔探査）の分野についても，前述の宇宙法律小委員会でルール作りが進められ，1982年には「放送衛星法原則」（国連総会決議第37/92号）が，また86年には「リモートセンシング法原則」（国連総会決議第41/65号）が，それぞれ国連総会決議により採択されたが，自由な活動を求める宇宙開発国と何らかの規制を求める発展途上国の対立は，必ずしも十分に解消されておらず，未だ条約化には至っていない。

　このような実用目的の宇宙活動に対しては，これまでの宇宙法では必ずしも十分に対応できないものもあり，今後，それぞれの分野ごとの新たな条約作成が必要となるであろう。

§Ⅸ 人権は国際的にどう保障されるか

1 人権の国際的保障の歴史的展開

(1) 伝統的国際法での人権の位置づけ

　第2次世界大戦以前は，人権を含む個人の問題は，各国の裁量に委ねられた国内問題とされ，特別な条約などが存在しない限り他国や国際機構の関与が許されない分野であった。たしかに，第2次世界大戦前にも，奴隷制度や奴隷売買を禁止する条約，少数民族の保護に関する条約，または国際的な労働基準の設定など，特定の人権保障を目的とした条約や取決めが存在した。しかし，これらは個別的なものであり，人権の問題を一般的・総体的にとらえて国際的に保障しようとする体制が成立するには，国際連合の発足を待たねばならなかった。

(2) 国連憲章による人権保障

　第2次世界大戦中の1941年にアメリカ合衆国のルーズベルト大統領は，一般教書演説の中で4つの自由（言論の自由，信教の自由，欠乏からの自由，恐怖からの自由）を提唱し，この理念は，1941年の大西洋憲章，1942年の連合国共同宣言などで確認され，人権擁護が連合国の戦争目的の1つとされた。

　このような経緯の下に成立した国連憲章は「人種，性，言語又は宗教による差別なくすべての者のために人権及び基本的自由を尊重するように助長奨励することについて，国際協力を達成する」ことを目的の1つとし（国連憲章1条3項），この人権及び基本的自由の「普遍的な尊重及び遵守」を国連が促進することとした（55条C）。また，加盟国は，この目的を達成するために，国連と協力して行動をとることを誓約した（56条）。さらに，憲章は，人権の伸張に関する委員会を経済社会理事会の下に設置することを定め（68条），これは1946年に国連人権委員会（Commission on Human Rights）として実現した。

(3) 国連憲章下での人権保障体制の展開

1948年，国連人権委員会は「世界人権宣言」の起草作業を終了し，国連総会は，この宣言を反対なしで採択した（決議217）。世界人権宣言は，法形式としては総会決議であるためそれ自体としては法的拘束力を有さず，自らを「すべての人民とすべての国民とが達成すべき共通の基準」（前文）としている。世界人権宣言は30カ条から構成され，各種の基本的人権を含んでいるが，市民的・政治的権利に関する自由権的基本権と，経済的・社会的・文化的な観点から最低水準を保障する生存権的基本権の二種類を含む。

世界人権宣言を受けて，国連は包括的な人権条約の制定に取り組み，国際人権規約を採択した。1966年に採択された国際人権規約は，①「経済的，社会的及び文化的権利に関する国際規約（社会権規約）」，②「市民的及び政治的権利に関する国際規約（自由権規約）」および③「市民的及び政治的権利に関する国際規約の選択議定書（自由権規約選択議定書）」の三種類の文書から構成された。さらに，④1989年には「死刑の廃止を目指す市民的及び政治的権利に関する国際規約の第二選択議定書（死刑廃止条約）」が採択された。これらのうち，社会権規約は，31カ条から構成され，主に「社会権的基本権」を定めている。社会権規約に定められた権利の実現には経済的・技術的な国際協力や資源を必要とするため，締約国に対して権利の完全な実現を漸進的に達成することを求めている（社会権規約2条）。他方，自由権規約は53カ条から構成され，主として「自由権的基本権」について規定している。自由権規約の実施義務については，立法による実現が可能と考えられていたことから，締約国が即時に実施することが意図されている（自由権規約2条）。

国連総会は，国際人権規約のような一般的な人権条約とは別に特定の人権分野を対象とした条約を，国際人権規約を作成する以前から既に採択していた（たとえば，1948年の「集団殺害罪の防止及び処罰に関する条約（ジェノサイド条約）」，1965年の「あらゆる形態の人種差別の撤廃に関する国際条約（人種差別撤廃条約）」）。そして，規約作成後にも，1973年の「アパルトヘイト罪の鎮圧及び処罰に関する国際条約（アパルトヘイト条約）」，1979年の「女子に対するあらゆる形態の差別の撤廃に関する条約（女子差別撤廃条約）」，1984年の「拷問及び他の残虐な，非人道的な又は品位を傷つける取扱い又は刑罰に関する条約

(拷問等禁止条約)」，1989年の「児童の権利に関する条約（児童の権利条約）」，1990年の「すべての移住労働者とその家族の権利保護に関する条約（移住労働者権利保護条約）」などを採択した。

（4） 人権の国際的保障の意義

　国連憲章の人権規定が加盟国に人権保障の義務を直接に課するか否かについて議論は分かれた。この議論に大きな影響を与えたのは，1971年のナミビア事件に関する国際司法裁判所（ICJ）の勧告的意見である。同意見において，ICJは，南アフリカ共和国がナミビアで行った人権を否定する政策が，国連憲章の目的および原則に違反することを認めた。このナミビア事件以降，少なくとも人権を国家政策として組織的に否定するような行為を差し控える国際的義務を国連加盟国が負っていることは認められるようになった。また，1975年のヘルシンキ宣言を契機として人権保障に対する国際的関心が高まり，さらに，冷戦崩壊後の1993年に開催された世界人権会議は「ウィーン宣言及び行動計画（ウィーン宣言）」を採択したが，同宣言は人権の保護・促進が（国家）政府の義務であることを確認し（Ⅰ部1項），人権の保護・促進が国連の優先目標であり，国際共同体の正統な関心事項であるとした（Ⅰ部4項）。それゆえ，人権問題をもっぱら国内問題とする伝統的国際法の立場は，次第に妥当性を失ってきているといえよう。

　もっとも，このような人権保障は，伝統的には各国の憲法を中心とした国内法制度によって確保されてきた。今日でも，個人に対する人権の保障は，第一義的には国内法制度によってなされるべきであり（ウィーン宣言Ⅰ部1項），各種の人権条約も個人の人権保障の義務を締約国に対して課している。人権の国内的保障メカニズムが存在するにもかかわらず国際的人権保障が必要とされるのは，以下の理由からである。①人権は本来特定の国家や社会に固有なものではなく普遍性的性質を有すると考えられる。国際法はその存在からしてこの普遍性を体現しているため，さまざまに異なる国内社会を超越したグローバルな価値としての人権を提示することができ，このような国内人権秩序に対する代替案の提示を通じて，国内人権秩序の変革・向上を促進することが可能となる。②国内法のみによる人権保障では不十分であり，それが第2次世界大戦の遠因の1つとなったという反省から，国内法秩序による人権保障が有効に機能して

いるか否かを国際的平面での保障手続を通じてチェックし，必要があれば改善を促す必要がある。③現実の国際社会における国家間の経済格差を前提とすれば，個々人の人権を実現するためには単独の国家による対応では限界があり，国際社会の連帯と協力が不可欠である。これらの理由からである。

2　国際的に保障される人権の多様性(1)——個人の権利

今日の国際社会で保障されている人権は多様であるが，本節では，それらの人権の中で差別や拷問の禁止など，国際社会が特に強い関心を持ってきた個人の人権について説明する。これらの人権については，①保護されるべき権利や対象を条約によって定め，②国家に対して権利を保障するための立法や行政的措置をとるように義務づけ，③条約の履行確保のために国際的平面における実施措置を設けるという制度が確立している。

(1) 差別の禁止

国連憲章は，人種，性，言語または宗教による差別なく，すべての者のために，人権および基本的自由を遵守し尊重することを国連の目的の1つとして掲げている（1条3項・55条C）。このような平等原則または非差別原則は，世界人権宣言（1条・2条・7条），社会権規約（2条2項），自由権規約（2条1項・26条）でも繰り返し確認されている。ただし，これらの規定は抽象的であるので，各種差別を排除するよう各国に義務づけるため，種々の差別を禁ずる個別の条約が作成されている。

(2) 人種差別の撤廃

1960年前後に反ユダヤ主義の台頭がヨーロッパでみられ，また，南アフリカ共和国で当時行われていたアパルトヘイト政策への批判が高まったことを背景として，国連総会は1965年に人種差別撤廃条約を採択した（1969年発効）。同条約にいう人種差別とは，①人種，皮膚の色，世系または民族的もしくは種族的な出身に基づく，区別・排除・制限・優先であって，②政治・経済・社会・文化その他の公的生活の分野において，人権および基本的自由を平等に認識・享有・行使することを妨げまたは害する目的または効果をもつものをいう（1条1項）。締約国は，私人によるものも含めて人種差別の撤廃を実現するための

措置をとることが要求される（2条）。とくに人種的優越性または憎悪に基づく思想の流布・差別の扇動・暴力行為等を法律によって犯罪とし，人種差別を行う団体や宣伝を禁止する義務も締約国には課されている（4条）。

（3） アパルトヘイトの禁止

アパルトヘイト政策に関して，人種差別撤廃条約もアパルトヘイトを禁止していたが，国連総会は1973年にアパルトヘイト条約を採択した（1976年発効）。同条約は，アパルトヘイト罪を，①生命の権利や身体の自由の否認などの非人道的行為で，②1つの人種的集団が他の人種的集団に対する支配を確立・維持し，および他の人種的集団を組織的に抑圧する目的で行うものと定義する（2条）。アパルトヘイトは人道に対する罪とされ（1条），締約国はアパルトヘイト罪の鎮圧および処罰に必要な措置をとるように義務づけられており（4条），国内裁判所または国際刑事裁判所で同罪を裁判・処罰することを予定している（5条）。なお，南アフリカ共和国に対する国際的圧力の結果，同国では1991年にアパルトヘイト根幹法が廃止され，1994年に全人種参加の総選挙が実施された。

（4） 女性差別の禁止

1967年に国連総会は「女子差別撤廃宣言」（決議2263）を採択したが，女性に対する差別は依然として広範に存在したため，包括的で法的拘束力を有する文書の必要性が痛感された。そこで，総会は1979年に女子差別撤廃条約を採択した（1981年発効）。同条約にいう女子差別とは，①性に基づく区別・排除・制限であって，②政治・経済・社会・文化・市民その他のあらゆる分野において，男女平等を基礎として人権および基本的自由を女子が認識・享有・行為することを，害しまたは無効にする効果または目的を有するものをいう（1条）。この条約は男女の「定型化された役割分担」の是正を目的としており（5条），そのため締約国は，法制度中の性差別を修正・廃止するだけではなく，私人を含む慣習上や慣行上の差別の撤廃のための措置をとらねばならない（2条(f)）。日本は本条約の批准に伴い，いわゆる男女雇用機会均等法や国籍法を含む国内法の整備を行った。なお，1999年には個人通報制度と調査制度を創設する女子差別撤廃条約選択議定書が採択された（2000年発効）。

（5） 児童の権利

児童の権利条約は，1959年の「児童の権利に関する宣言」（決議1386）から30周年にあたる1989年に国連総会で採択された（1990年発効）。同条約において児童とは18歳未満のすべての者を意味し（1条），同条約は児童の権利を詳細かつ包括的に定め，締約国に対して児童の権利の実施義務を課している（4条）。具体的には，父母からの分離の禁止（9条），経済的搾取および有害労働からの保護（32条），麻薬および向精神薬からの保護（33条），性的搾取・性的虐待からの保護（34条），武力紛争における児童保護（38条）など，児童が，とくに必要とする権利や保護が規定されている。また，締約国は，「自己の意見を形成する能力のある児童」について，児童自らに影響を与える事項に関する自由な意見表明の権利を確保する義務を負う（12条）。なお2000年には「児童の武力紛争へのかかわりに関する児童の権利条約選択議定書」と「児童の売買，児童売春及び児童ポルノに関する児童の権利条約選択議定書」が採択され，それぞれ2002年に発効した。

（6） 拷問等の禁止

人権を保障する国際的文書は拷問および非人道的な取扱いまたは刑罰を禁止した規定を持つことがあるが（たとえば，世界人権宣言5条，自由権規約7条），拷問等の内容とその防止措置を明確にするため，1975年に「拷問等禁止宣言」（決議3452）が国連総会で採択され，1984年には拷問等禁止条約が採択された（1987年発効）。同条約にいう拷問とは，①身体的なものであるか精神的なものであるかを問わず人に重い苦痛を故意に与える行為であり，②本人または第三者について，情報もしくは自白の獲得，処罰，脅迫もしくは強要，または差別を目的・理由として行われ，③公務員その他の公的資格で行動する者が行うかまたはその扇動・同意・黙認の下に行われるものをいう（1条）。条約は締約国に対して拷問を防止し（2条），拷問を刑法上の犯罪として処罰するよう義務づけ（4条），処罰を確実にするため普遍的管轄権を認めている（5条）。また，拷問が行われるおそれがある地域に追放してはならないとした（3条）。なお，2002年には調査制度を創設する拷問等禁止条約選択議定書が採択された。

3　国際的に保障される人権の多様性(2)——集団の権利

（1）　集団的な人権（第三世代の人権）

　国際社会においては貧困などの構造的な経済格差の問題や多様な発展段階にある政治状況が存在するため，個人の人権保障の前提として，国際社会の協力や連帯に基づく，人民や民族の集団的人権が必要であると主張される。特に1960年代後半から，新国際経済秩序・発展・平和などの問題と人権問題とを関連づけた，新しい「第三世代の人権」概念が唱えられるようになった。すなわち地球的規模での人権状況に対応するためには，①「国家からの自由」を意味する自由権的基本権（第一世代の人権）や，②「国家による自由」を意味する社会権的基本権（第二世代の人権）だけでは不十分であり，③すべての構成員の協力・連帯によって初めて実現される新しい人権概念（第三世代の人権）が必要であるという主張である。これら第三世代の人権は，個人の権利と集団の権利という二面性を有し，権利保障には国際社会の協力が不可欠となる。

　具体的には第三世代の人権として，民族自決，発展の権利，平和に対する権利，先住民の権利，環境に対する権利などがあげられる。他方で，第三世代の人権については，人民の定義や権利の実体的内容が不明確であるため，司法救済に付するための厳密な権利性に欠けるなどの批判がある。以下，個々の集団的権利について説明する。

（2）　民 族 自 決

　民族自決とは，①人民が自らの政治的地位を自由に決定し，②人民の経済的・社会的・文化的発展を自由に追求する権利をいう。民族自決について，国連憲章は「人民の同権及び自決の原則の尊重」に基礎を置くべきことを定め（1条2項・55条），また，非自治地域住民の福祉の発展を増進すべきとした（73条）。さらに，民族自決は，「植民地諸国及びその人民に対する独立の付与に関する宣言（植民地独立付与宣言）」（国連総会決議1514）（2項），国際人権規約の共通1条，「国際連合憲章に従った諸国間の友好関係及び協力についての国際法の原則に関する宣言（友好関係原則宣言）」（国連総会決議2625）（Ⅰ第5原則），1981年に採択された「人及び人民の権利に関するアフリカ憲章（バン

ジュール憲章)」(1986年発効) (20条),ウィーン宣言（Ⅰ部2項）などによって確認されている。植民地支配を受ける人民の政治的・経済的独立を求める文書ばかりか，個人の人権を定める文書で人民の自決権を規定している理由は，外国の支配・従属からの解放が個人の人権享受の前提条件として必要であると考えられたためである。今日では，民族自決の原則は国際慣習法として確立したといわれる（たとえば，ICJの西サハラ事件に関する勧告的意見（1975年））。もっとも植民地支配を脱した国家内部での人民の自決権の扱いなど，自決権の適用をめぐっては争いがある。

（3） 発展の権利

代表的な第三世代の人権である発展の権利は，これまで途上国が強く推進してきており，本権利は1986年に国連総会が採択した「発展の権利に関する宣言」（決議41／128），バンジュール憲章（22条），ウィーン宣言（Ⅰ部10項）などに定められている。

従来，経済状況が改善しない途上国の中には，発展の権利を国家または人民が有する集団的権利としてとらえ，個人の人権享有には一定の経済水準が要求されるとして，発展を名目とした人権制限や先進国からの援助獲得のための正当化事由として主張する国もあった。しかし，発展の権利に関する宣言は，この権利が奪うことのできない人権であり（1条1項），人間が発展の中心的主体であることを確認した（2条1項）。また，ウィーン宣言や1994年の国連人権高等弁務官のポストを設置する決議（国連総会決議48／141）では，発展の権利を「普遍的で奪うことのできない権利であり，基本的人権の不可欠な一部を構成する」とした。それゆえ今日では，発展の権利を，人間の発展の観点から既存のあらゆる人権を再構成し，これらの人権を統合した人権の総体として位置づける傾向が見られる。

しかし，発展の権利に関しては，①個人と集団（人民）のいずれが主体なのか（たとえば，バンジュール憲章は人民の権利として規定している），②権利を承認することの具体的帰結は何か（先進国の援助義務や途上国の債務免除などが認められるか）など，この権利の性質や内容については今後の実行を通じて明確化される必要がある。

（4） 平和に対する権利

平和と人権の相互関係については国連が創設される時点から既に論じられてきた。たとえば，第2次世界大戦中は，連合国の戦争を正当化するため，人権の実現には連合国の勝利が不可欠であるとした（たとえば，1942年の連合国共同宣言）。他方で，世界人権宣言は，人権の保障が世界平和の基礎であるとしている（前文）。その後，軍拡競争の激化と緊張の高まりを背景として，平和に対する権利が第三世代の人権として主張されるようになった。たとえば，1978年の「平和的生存の社会的準備に関する宣言」（国連総会決議33／73）は，すべての国家と個人が平和的に生存する固有の権利を有するとした。また，バンジュール憲章は，すべての人民が，国内および国際の平和と安全に対する権利を有するとした（23条1項）。さらに，国連総会も1984年に再び「人民の平和に対する権利の宣言」（決議39／11）を採択した。

ただし，本権利の主体は国家・人民・個人のいずれなのか，権利の具体的な内容は何かなど不明確な点が多く，同権利が国際法上確立しているとはいえない。

（5） 先住民の権利

アメリカ大陸のインディアンや極北地方のイヌイットのように世界各地に居住し多様で独自の文化や政治的・文化的・経済的制度を保持していた住民の多くは，近代以降の欧州諸国を中心とした植民地化，近代国家形成のための均一化と同化政策，国家や資本による大規模な開発計画などによって，過酷な支配と抑圧・差別の対象とされ，固有の土地・言語・文化を奪われてきた。近年，これらの住民を先住民（indigenous peoples）と呼び，国際法上もその権利を回復し保障・承認するための措置をとる条約・宣言が採択されている。たとえば，国際労働機関（ILO）は，先住民の保護について，1957年の「先住民及び種族民条約（107号）」を改正し，1989年に「独立国における先住民及び種族民に関する条約（169号）（先住民条約）」を定めた（1991年発効）。同条約にいう先住民とは，①独立国家内の人民であり，②征服もしくは植民地化または現在の国境の画定時に，当該国または当該国が地理的に属する地域の住民であった者の子孫であるため先住民とみなされ，③自らの社会的・経済的・文化的および政治的制度の一部または全部を有する者をいう（1条1項(b)）。この条約は，先住民

と土地との関係を特に重視し，先住民の土地に対する権利や天然資源に対する権利を認めている（13条～19条）。国連は，1982年に差別防止・少数者保護小委員会（国連人権小委員会）（当時）の下に「先住民に関する作業部会」を設置し，国連総会も1994年から「世界の先住民の国際10年」とすることを決定した。また，現在，「先住民の権利に関する宣言」を作成中である。

（6）　人権の不可分性と相互依存性

これらの集団的権利と並行して，人権の不可分性と相互依存性が主張されることがある。この考えによれば，人権の不可分性と相互依存性とは，個々の人権は全体として相互に支えあい緊密に依存しあう関係にあるため，特定の権利だけでは十分な人権保障を実現できないこととなる。たとえば，1968年のテヘラン宣言では，人権の不可分性と相互依存性に基づいて，市民的・政治的権利の享受の前提条件として経済的・社会的・文化的権利の実現が必要であるとした（13項）。また，発展の権利に関する宣言は，「すべての人権及び基本的自由は不可分かつ相互依存的である。市民的，政治的，経済的，社会的及び文化的権利の実施，促進及び保護に対し，同等の注意と緊急の考慮が払われるべきである。」と規定した（6条2項）。さらにウィーン宣言は「すべての人権は，普遍的であり，不可分かつ相互に関連しあっている。」と定めた（Ⅰ部5項）。

このような人権の不可分性と相互依存性は，従来の自由権中心の人権論に対するアンチテーゼとしてのイデオロギー性を含むものであり，とくに発展途上国が低調な経済的発展を口実に自由権の保障を回避するためのものであるとして，批判を受けた。

今日では人権の不可分性と相互依存性は，人権保障の包括性を含意するものとして再評価されている。とくにウィーン宣言では，前述のとおり人権の不可分性と相互依存性を定める一方で，「発展の欠如を国際的に認められた人権の制限を正当化するために援用してはならない。」とする（Ⅰ部10項）。

4　国際人権法の法形式の多様性

（1）　条約と宣言

一般に国際人権を定める文書は，①国家による批准などの手続が必要で，法

的拘束力を有する条約の形式，または，②国家による批准などの手続は不要で，法的拘束力を有しない宣言（原則，規則，ガイドライン，行動計画，プログラム）という形式で作成される。

一般にこれまでの国際人権規範の制定では，これらのうち条約の形式が重視されてきた。たとえば，当初は宣言の形で作成されたものも，やがてそれを条約化し，法的拘束力を与える場合も多い（たとえば，国際人権規約，人種差別撤廃条約，女子差別撤廃条約，児童の権利条約，拷問等禁止条約など）。他方で，人権規範の中には，宣言を経ずに直接に条約化が図られたものもある（たとえば，難民条約）。

もっとも今日では宣言の価値があらためて見直されており，人権規範を作成するにあたっても法的拘束力を有しない宣言や行動計画といった形式を利用する場合が見られる。とくに，国連は，自らが作成した人権規範について，その法的拘束力の有無を問わず，それを人権活動の指針やガイドラインとして援用してきている（たとえば，世界人権宣言）。

（2） 慣習法化と強行規範

このように国際人権を定めた文書の形式には条約と宣言があるが，①宣言が慣習法化して法的拘束力を有するようになったり，②条約が慣習法化して非加盟国をも拘束するようになったりすることがある。たとえば世界人権宣言は，すべての人民と国民が達成すべき共通の基準として自らを位置づけているが，その後の各種人権条約や実行を通じて，これに規定されている人権のいくつかは，慣習法化したといわれるものもある（たとえば，拷問を受けない権利につき，1980年のアメリカ連邦控訴裁のフィラルティガ事件判決）。また，このように慣習法化した人権の中には，ジェノサイドや拷問の禁止のように，その強行規範（ユス・コーゲンス）性が認められ，その侵害が国際犯罪とされるものもある。ただし，国家が国際慣習法上または強行規範上の義務として保障しなければならない人権の範囲は，実行を通じて今後明確化される必要がある。

（3） 人権条約におけるデロゲートできない権利

今日の国際社会の現状からすれば，国家が戦争や内乱など自らの存立をも脅かすような緊急事態に直面した場合，条約上保護する義務を負っている個人の人権を一時的に停止したり制限したりする必要が生ずることがある。他方で，

そのような危機状況こそ人権侵害が頻発しやすい状況であるため，このような人権の停止を安易に認めると，手続の濫用による人権侵害の危険性は常につきまとう。

この2つの要請を考慮して，人権条約は，①国民の生存を脅かす公の緊急事態において，国家が条約上の義務を免れ人権を停止することを許容する規定（デロゲート条項）を設け，②事態の緊急性に鑑みた措置の均衡性・他の国際的義務との整合性・非差別などの停止が認められるための実体的要件と，たとえば国連事務総長への通知などの手続的要件とを定め，さらに，③いかなる状況下にあっても停止することが許されず絶対に遵守されるべき権利（デロゲートできない権利）を明記することがある（自由権規約4条，欧州人権条約15条）。デロゲートできない権利の例としては，生命に対する権利，拷問の禁止，奴隷の禁止などがある。

（4） エルガ・オムネスな義務としての人権

今日では，人権を侵害してはならないという国家が負う義務は，特定の国家との関係を離れて，国際社会全体に対して負うエルガ・オムネスな義務（普遍的義務または対世的義務）であるとして主張されることがある。

この問題についてICJは1970年のバルセロナ・トラクション事件（第二段階）において「奴隷制度および人種差別に対する保護」に言及しつつ「人間の基本的権利に関する原則および規則」が国際社会全体に対する諸国のエルガ・オムネスな義務だとした。また，1995年の東チモール事件判決において人民の自決権をエルガ・オムネスな義務であるとした。

しかし，エルガ・オムネスな義務の違反が存在するとしても，違反による被害を直接に受けていない国家が人権侵害国を訴えるような「民衆訴訟（actio popularis）」は一般国際法上認められておらず，その遵守を確保するための請求が国際裁判等において認められるか否かは，その手続を定める条約による（たとえば，ICJについて，1966年の南西アフリカ事件（第二段階），1995年の東チモール事件を参照）。

これに対して，条約によっては，被害国以外の第三国が国際請求を提起する権利を認めているものもある（たとえば，欧州人権条約33条）。また，エルガ・オムネスな義務の違反に対しては，たとえば国連安全保障理事会に代表される

国際機構によって制裁などが行われることがある。

5 国際人権の保障手続(1)——国連による人権保障

国際的な人権保障手続に関与する機関としては、①国連の人権関連機関、②人権条約の実施機関、③国内法上の機関などがある。これらの機関のうち、国連の人権関連機関については本項 **5** で、人権条約の実施機関については **6** で、国内法上の機関については **7** でそれぞれ扱う。

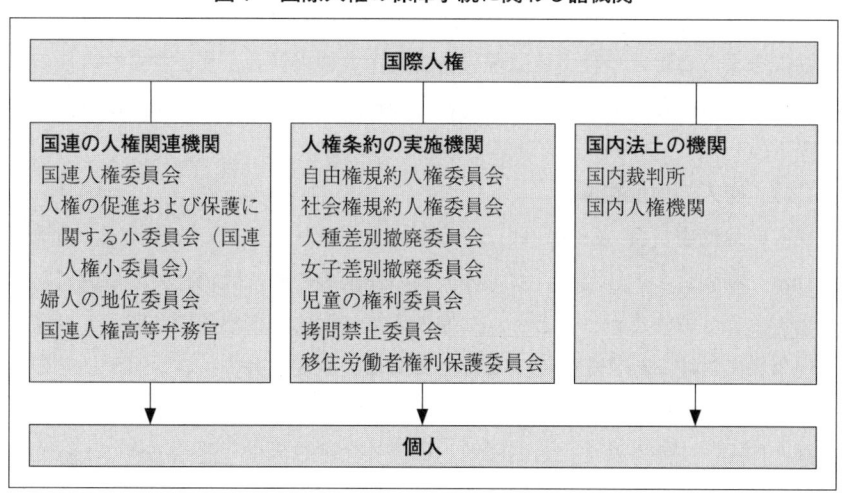

図1　国際人権の保障手続に関わる諸機関

```
                        国際人権
        ┌──────────────┼──────────────┐
  国連の人権関連機関    人権条約の実施機関   国内法上の機関
  国連人権委員会        自由権規約人権委員会   国内裁判所
  人権の促進および保護に  社会権規約人権委員会   国内人権機関
    関する小委員会（国連   人種差別撤廃委員会
    人権小委員会）       女子差別撤廃委員会
  婦人の地位委員会       児童の権利委員会
  国連人権高等弁務官     拷問禁止委員会
                       移住労働者権利保護委員会
        └──────────────┼──────────────┘
                          個人
```

国連においては、総会、経済社会理事会、安全保障理事会などの主要機関のほかに、実際の人権保障に関しては、国連人権委員会、人権の促進および保護に関する小委員会（国連人権小委員会）、婦人の地位委員会、国連人権高等弁務官などが関与している。以下、国連の人権関連機関について概観する。

（1）　国連人権委員会

国連人権委員会（Commission on Human Rights: CHR）は、国連憲章第68条に基づき、1946年に経済社会理事会の下に設置され、現在では経済社会理事会の選出する53カ国の政府代表から構成される。委員会の機能には、①人権基準の設定、②人権の実施促進がある。前者の人権基準の設定の例としては、世界人

権宣言や国際人権規約の起草があげられる。また，後者の人権の実施促進については，設立当初は活発ではなかったが，今日では後述する1235手続・1503手続・テーマ別手続がある。

(2) 人権の促進および保護に関する小委員会（国連人権小委員会）

人権委員会の下部機関として1947年に「差別防止および少数者保護に関する小委員会」が設置され，1999年に「人権の促進および保護に関する小委員会（国連人権小委員会）」(Sub-Commission on the Promotion and Protection of Human Rights) と改称された。同小委員会は，国連加盟国が指名する候補者の中から，人権委員会での選挙を経て個人の資格で選出された委員26名によって構成される。人権小委員会の任務は，人権問題一般について研究を行い人権委員会に対し勧告をすることと，経済社会理事会または人権委員会が委任するその他の任務を遂行することである。人権小委員会の審議には，委員のほか，政府代表や国際NGOがオブザーバーの資格で参加している。

(3) 婦人の地位委員会

婦人の地位委員会（CSW）は，1947年に設置され，45名の政府代表から構成される。本委員会の任務は，女性の人権の促進のために経済社会理事会に対して勧告および報告を行うことと，女性の人権に関する緊急問題に関して経済社会理事会に対する勧告を作成することである。本委員会のイニシアティブの下で，女子差別撤廃条約などの女性の権利に関する条約または国際会議もしくは計画が作成・実施されている。また，経済社会理事会は一連の決議によって本委員会に対して個人通報を公開または非公開で審査する権限を与えている。

(4) 国連人権高等弁務官

国連人権高等弁務官（UNHCHR）は，1993年のウィーン宣言の勧告に基づき，同年の国連総会決議48／141により創設された。同決議によれば，人権高等弁務官は，事務総長の指示と権威の下にあって，国連の人権活動について「主要な責任を負う」国連職員であり，総会・経済社会理事会・人権委員会の総括的な権限・権威・決定の枠組内で活動を行う。その任務としては，①自由権・社会権・発展の権利を含む人権の実効的享受を促進・保護すること，②関係国などの要請に対して，人権分野における助言や技術的・資金的援助を提供すること，③国連による人権の保護・促進活動や人権教育・広報プログラムを調整す

ること，④人権実現の障害を除去し，抵抗に対峙し，継続的な人権侵害を阻止するために，「積極的な役割」を果たすこと，⑤人権問題について政府との「対話」に従事すること，などである。さらに，人権高等弁務官は，人権侵害の発生やそのおそれがある場合，関係国との対話・訪問，声明の発表，緊急の対策の要請などの方法によって，直接に介入することがある。

　人権高等弁務官事務所（OHCHR）は，ジュネーブに所在し，人権高等弁務官を長とする，国連事務局の人権担当部門である。また，国連の各種人権委員会や人権諸条約の委員会の事務局としても機能している。さらに，国家や国内実施機関などと協力して世界各地に人権事務所を設置し（現地プレゼンス），各種の助言や技術支援を提供するなど，人権状況の改善のためのプログラムを実施している。

（5） 1235手続・1503手続・テーマ別手続

　国連には発足当初から人権侵害を訴える個人の通報が送られてきていたが，今日では，①特定国による人権および基本的自由の重大な侵害（大規模人権侵害）に関する事態の審議・調査を行う「国別手続」と，②世界的規模で発生する特定種類の重大な人権侵害の事例を，一定の国に限定せずに扱う「テーマ別手続」が存在する。前者の国別手続には，1967年の経済社会理事会決議1235に基づく公開の手続（1235手続）と，1970年の決議1503に基づく非公開の手続（1503手続）とがある。これらの手続において，個人通報は人権侵害の事態に関する情報源として扱われるだけであり，原則として個々の人権侵害の被害者の救済を直接の目的とした制度ではない。なお，1235手続とテーマ別手続をあわせて「特別手続」と呼ぶことがある。

　1235手続は，特定国による「人権および基本的自由の重大な侵害（大規模人権侵害）」に関する通報を人権委員会および人権小委員会が検討した後，「一貫した形態の人権侵害を示す事態」について人権委員会が「徹底的に研究」し，経済社会理事会に対して報告することを認めた。本手続によって，国連人権委員会および人権小委員会では世界各国の人権侵害がNGOも参加しながら公開で審議されている。さらに，審議の結果は，国連人権委員会の決議や議長声明として示され，継続的監視が求められる場合には，作業部会を設置したり特別報告者を任命したりすることもある。

1503手続は，個人または団体からの「重大かつ信頼できる程度に立証された，人権および基本的自由の侵害の一貫した形態」を示す通報を，人権委員会などが処理するための非公開の手続である（この手続は，2000年の経済社会理事会決議2000／3によって修正され手続の簡素化が図られた）。具体的には，①1503手続の通報者は，侵害について信頼しうる知識を有する者であれば誰でも行うことができ，人権侵害の被害者のほかNGOも可能である。②人権小委員会の通報作業部会は，「重大かつ信頼できる程度に立証された，人権および基本的自由の侵害の一貫した形態を示すと思われる事態」を非公開に検討し，各通報の許容性について審査する。③人権委員会の人権侵害事態作業部会は，送付された人権侵害の事態について，人権委員会に付託するか，または，検討を終えるのかを決定する。④人権侵害事態作業部会の決定を受けて，人権委員会は，非公開で審査を行い，最終的にとるべき措置を決定する。この措置は(i)当該問題の審議を終える，(ii)当該事態の審議を継続する，(iii)独立専門家を任命する，(iv)当該事態を1235手続に基づく公開審議で取り上げる，のいずれかである。1503手続では，経済社会理事会への勧告が決定されるまで非公開とされるが，現在では検討中の国と検討を終えた国の名を明らかにしている。

　テーマ別手続では，国連人権委員会などによって設置された作業部会または特別報告者などが，拷問や失踪などの特定のテーマごとに，対象国を限定せずに，特定種類の重大な人権侵害について扱う。テーマ別手続では，これらの作業部会や特別報告者に，世界各国から寄せられた情報を基に対応する権限が与えられており，この権限により関係国と直接に接触を図って協力しつつ，個別のケースについて情報の関係国政府への送付や現地調査などを行うことができる。テーマ別手続は，情報の通報者と関係国との間を仲介するよう機能することで，人権状況の改善に貢献していると評価される。

6　国際人権の保障手続(2)──人権条約の国際的実施制度

　人権諸条約は，国家による条約上の義務の履行確保のために，個人資格の委員からなる委員会（Committee）を設けている。すなわち，自由権規約による自由権規約人権委員会（CCPR），人種差別撤廃条約による人種差別撤廃委員会

(CERD)，女子差別撤廃条約による女子差別撤廃委員会（CEDAW），児童の権利条約による児童の権利に関する委員会（CRC），拷問等禁止条約による拷問禁止委員会（CAT），移住労働者権利保護条約による移住労働者権利保護委員会（CMW）がそれぞれ設けられている。また，社会権規約については経済社会理事会決議によって社会権規約人権委員会（CESCR）が設置されている。

人権諸条約は，これらの委員会を利用することで，さまざまな国際的な実施制度を設けている。すなわち，①国家報告制度，②国家通報制度，③個人通報制度，④調査制度などである。なお，地域的人権条約である欧州人権条約と米州人権条約では，人権裁判所制度が導入されている。

（1） 国家報告制度

国家報告制度とは，締約国が委員会に対して定められた期間内に人権保障措置の進捗状況に関する報告書を提出し，同委員会が政府代表と応答しながらこれを検討（または審査）するものであり，大部分の人権条約に導入されている。委員会による検討ののち，報告に対する委員会の総括所見や最終コメントが採択される。これらの報告を検討するにあたっては，NGO からの情報提供が重要な役割を果たしている。また，委員会は，すべての締約国を対象として一般的性格を有する勧告やコメントを採択するようになっている。

（2） 国家通報制度

国家通報制度とは，条約締約国が，他の締約国の条約上の義務の不履行について委員会に通報し，委員会がそれを受理し検討する制度である。国家通報制度を採用している人権条約は，自由権規約・人種差別撤廃条約・拷問等禁止条約・移住労働者権利保護条約などであるが，この制度を実際に利用するにあたっては，人種差別撤廃条約を除き，締約国の個別の受諾宣言が必要となる。本制度は外交上の配慮から欧州人権条約における若干の例外を除いて実際には利用されていない。

（3） 個人通報制度

個人通報制度とは，委員会が個人または集団からの通報を受理・審査し，その見解を関係締約国と通報者に送付する制度である。人権条約のうち個人通報制度を採用しているのは，自由権規約・人種差別撤廃条約・女子差別撤廃条約・拷問等禁止条約・移住労働者権利保護条約などである。しかし，同制度を

利用するためには，締約国による特別の受諾宣言（人種差別撤廃条約・拷問等禁止条約・移住労働者権利保護条約）や選択議定書への加入（自由権規約選択議定書・女子差別撤廃条約選択議定書）が必要となる。なお，日本は，司法権の独立を侵すおそれがあるとして，この制度の活用に消極的である。

（4）調査制度

調査制度とは，委員会が締約国の領域内において人権侵害の制度的な実行が存在するとの十分に信頼できる情報を得た場合，委員会が当事国の協力を得て調査を行い，領域国の同意を条件として現地調査を実施する制度である。本制度を採用しているのは，拷問等禁止条約や女子差別撤廃条約選択議定書などである。

7　国際人権の保障手続(3)——国際人権法の国内的実施

国際人権法の実施の第一次的責任は各国家に委ねられている（ウィーン宣言Ⅰ部1項）。国際人権法を各国内で実施する機関として重視されるのは，国内裁判所と国内人権機関である。

（1）国内法手続による国際人権法の実施

国際人権法を国内法体系に組み込む方法は，それぞれの国の憲法秩序によって異なる。一般には，①国際人権法を実現するため特別に国内法を制定（改正）する方式（変型方式）と，②国際人権法をそのまま国内法に受容する方式（一般的受容方式または編入方式）に大別される。

日本のように一般的受容方式の国であっても，国際人権を定めた条約の規定ぶりと国内法の状況に照らしてそのまま適用できない場合（自動執行力がない場合）には，別途国内法の制定（改正）や行政命令などの国内法上の措置が必要となる（たとえば，日本が女子差別撤廃条約を批准するにあたっては，男女雇用機会均等法を制定し国籍法などを改正した）。

国内裁判所は，裁判にあたって，このようにして国内法体系に位置づけられた国際人権法を「直接適用」することができる。しかし，このような措置がとられなくとも，裁判所が既存の国内法令を解釈適用する際に，国際人権法を指針とすることで国際人権法を「間接適用」することもできる。

（2） 第三国の裁判所での国際人権訴訟

国内裁判所は自国と直接に関係し管轄権を有する人権侵害の問題を扱うのが原則だが，拷問のような国際人権の重大な違反の場合，第三国の裁判所が民事上または刑事上の管轄権を普遍的に行使する場合もある（たとえば，アメリカ連邦控訴裁判所のフィラルティガ事件（1980年））。ただし，このような普遍的な裁判管轄権の行使が，国際法上認められた元首や外務大臣の特権免除と抵触する場合もある（たとえば，イギリス貴族院のピノチェト事件（1999年）や国際司法裁判所の逮捕状事件（2002年））。

（3） 国内人権機関

「国内人権機関（NHRI）」とは，①既存の国家機関とは区別される国内機関であり，②国内の人権の促進および保護を目的とし，③憲法または法律に定められた人権保障に関する権限を有し，④市民社会の多元性を代表するメンバーから構成され，⑤外部からの独立性を有する機関である。国内人権機関が準司法的機能を果たす場合であっても，裁判所などの司法機関とは区別される。国内人権機関について，国連総会は1993年に「国家機関（国内人権機関）の地位に関する原則（パリ原則）」（総会決議48／134）を採択し，同年のウィーン宣言もその役割の重要性を確認した（Ⅰ部36項）。国内人権機関は，変型方式を採用する諸国を中心として各国で設置されており，国際人権の国内的実施に貢献している。また，日本においても，人権委員会の設置が検討されている。

8　欧州の人権保障制度

今日では地域的な人権保障制度として，欧州，米州，アフリカなどで地域的人権条約に基づく制度が存在する。本節では特に欧州の人権保障制度についてとりあげる。欧州の人権保障制度としては，自由権に関する「人権および基本的自由の保護に関する条約（欧州人権条約）」と社会権に関する欧州社会憲章とがある（なお，2000年12月，欧州連合基本権憲章が公布された。同憲章は，法的拘束力を有しないが，欧州人権条約と欧州社会権憲章の両方に定められた権利を含む）。

（1） 欧州人権条約

欧州人権条約は自由権を規定しており，国際人権規約に先行して1950年に署

名され，1953年に発効した。今日までに同条約を補完・改正するため13の議定書が作られており，保障される権利の拡大や実施手続の改善が図られてきた。

欧州人権条約は，保障手続として国家申立制度と個人申立制度を有する。実施機関としては，これまで欧州人権委員会と欧州人権裁判所を設けてきたが，1998年11月に第11議定書が発効し，両者に代わって常設の欧州人権裁判所が機能するようになった。

（2） 欧州社会憲章

欧州評議会（Council of Europe）は，社会権を規定する欧州社会憲章を1961年に採択し，同憲章は1965年に発効した。その後，社会の進展に適合させるため，1988年の追加議定書で保障する権利を拡大し（1992年発効），さらに，1996年には改正欧州社会憲章が採択された（1999年発効）。

欧州社会憲章の実施措置は国家報告制度に限定されていたが，1995年に集団申立制度を導入する追加議定書が作成された（1998年発効）。この集団申立制度によって労働組合・使用者団体・NGOに申立権が認められるようになった。

§X 環境は国際的にどう保護されるか

1 国際・地球環境問題と国際法

　国際的な環境汚染や地球環境問題を国際社会の次元から規律しようとする法分野は,「国際環境法」と呼ばれており,国際法の一分野としての位置づけが与えられている。それゆえ,ここでも国際法一般と同様,慣習国際法と条約とが重要な法源となる。慣習国際法上,国際環境損害を防止すべき国家の義務は重要な発展を遂げてきたが,近年の国際・地球環境問題の急速な展開は,むしろ個別の環境条約の著しい増加を促しており,この分野での環境条約の占めるウェイトはますます増大しつつある。

　国際・地球環境問題の種類は多種多様であるが,それらは大きく次の3つに類型化できる。第1に,排出された汚染物質が国境を越えて他国に汚染をもたらす「越境汚染」がある。これは,公害や環境汚染に国境が介在することにより環境問題が国際化するものであり,いわば古典的な国際環境問題である。欧州や北米においては20世紀前半から,越境大気汚染や国際河川の水汚染がたびたび論じられてきた。ここには,他国への悪影響のほか,水の利用など共有する環境や資源の管理という側面も含まれる。第2に,「地球環境」への悪影響が挙げられる。これは,酸性雨や大規模な海洋汚染のように影響の範囲が広域化し,さらにはオゾン層破壊や地球温暖化のように地球全体に悪影響が及ぶような現象である。大気圏や公海のようないずれの国にも属さない「地球共有物」(「グローバル・コモンズ」)をいかにして保護するかという問題に帰着する。生物多様性の保全や南極の環境保護もこれに含まれる。第3に,各国の環境法や国内法制度の相違,各国の経済発展や社会状況の違い,あるいは,環境条件の地域的な特殊性や差異などが原因となって,国際紛争が発生する場合がある。例えば,廃棄物の越境移動やいわゆる「公害輸出」のように,環境規制の厳し

い国から緩やかな国へ汚染源や環境負荷が国際的に移動し集積する現象や，特定の動植物の国際的な保護，環境規制と自由貿易に関する紛争も，このような観点から整理することが可能であろう。本章では，第1と第2の点を中心に検討を進めてゆきたい。

環境問題が多様であることや総合的な環境保全条約が未発達であることなどから，国際社会によって保護されるべき「環境」が何かについては，統一的な概念は必ずしも現れていない。しかし，例えば，国連欧州経済委員会（ECE）の産業事故越境影響条約（1992年）のように，「環境」を包括的にとらえるものもみられる。すなわち，「環境」とは，①人間の生命・健康，人間の生活環境，②植物相・動物相，③土壌・水・大気・景観，④以上の要素の相互作用，および，⑤歴史的建造物などの有形的財産や文化的遺産，とされている。このような環境のとらえかたには次のような特徴がある。第1に，国家や個人に属しない環境そのものにも保護の対象としての価値が与えられていることであり，第2に，環境を構成する諸要素の相互作用もまた環境概念に含まれ，環境を個々の断片的な要素としてではなく，統合的に理解しようとしていることである。

以下では，まず，国家の国際環境保全に関する一般的な義務や諸原則の発展とその内容を概観し，その後に，個別分野の環境条約によって構築されてきた環境保全制度について述べていきたい。

2 国際環境損害防止義務

(1) 環境損害に関する先例

環境保全に関する国家の国際的な義務は，「越境汚染」のような隣接する国家間の紛争を通じて生み出されてきた。つまり，伝統的な国際法の枠組みの中で，いかなる要件のもとで国家は他国の環境に汚染損害をもたらしてはならないのかが問題とされた。これをめぐっては，3つの重要な先例が存在する。

※トレイル熔鉱所事件
　カナダのブリティッシュコロンビア州の米国との国境近くにトレイルという町があり，そこで民間の溶鉱所が亜鉛と鉛の精錬を行なっていた。そこから排出さ

れる亜硫酸ガスが，1925年以降コロンビア渓谷に沿って国境を越えて米国内の農作物や森林に被害を与えた。この事件は米国とカナダの両国間の問題として取り上げられ，1931年に両国からなる国際合同委員会は，カナダは米国に35万ドルの賠償を支払うべきことを勧告した。しかし，米国はこの結果に満足せず，事件は仲裁裁判に付託された。仲裁裁判所は，合同委員会の勧告以降の損害に対する賠償と将来に向けてとられるべき措置について判断することとなった。1938年の中間判決は，その後の損害の発生を認定し，カナダに米国に対して78,000ドルを支払うよう命じた。1941年の最終判決は，中間判決以降の新たな損害は発生していないと判断するとともに，トレイル熔鉱所の操業の継続を許容しつつ亜硫酸ガスの排出を規制する措置を定めた。

※コルフ海峡事件

1946年にアルバニア領海内のコルフ海峡を航行していた英国艦隊が，何者かが敷設した機雷に接触し，二隻の艦船が爆発，大破し，80名以上の乗組員が死傷したため，英国がアルバニアの国家責任を争ったというものである。国際司法裁判所は，アルバニアが機雷の存在を知らなかったはずは無いと認定し，同国には，領海内の機雷の存在という危険を英国艦隊に警告する義務があったとし，その上で，警告の不作為から生じた損害についてアルバニアの国家責任を認めた。

※ラヌー湖事件

これは，スペインとフランスとの間で国際河川の水利用が争われたケースである。ピレネー山中のフランス領にラヌー湖という湖があり，そこから流れ出る川はスペイン領内に至っていた。フランスは，水力発電のためラヌー湖の水を自国内に流れる川に転流すると同時に，転流したのと同量の水を他の河川から自国内においてスペインに流れ出る川に返還するという計画を立てた。スペインは，このフランスの計画を，スペインの同意が得られていないことを理由に争った。仲裁裁判所は，フランスの計画では転流されるのと同量の水が完全に返還されること，また，水の質的変更についてはスペインが争っていないことを理由に，スペインは転流による侵害を受けないとして，同国の請求を退けた。

第1は，トレイル熔鉱所事件仲裁裁判判決である。これは，カナダの溶鉱所から排出された亜硫酸ガスが国境を越えて米国に損害をもたらした事件であるが，仲裁裁判所は，1941年の最終判決でカナダの越境大気汚染に対する国際責任を肯定するにあたり，「国際法ならびに米国法の諸原則によれば，事態が重大な結果を伴い，その侵害が明白かつ説得的な証拠により立証される場合には，

いかなる国家も他国の領域または他国の領域内の財産や人に対して，ばい煙による損害を発生させるような方法で，自国の領域を使用しまたはその使用を許す権利を有しない」と判示した。第2に，コルフ海峡事件国際司法裁判所判決が挙げられる。この事件では環境損害が直接争われたわけではないが，国際司法裁判所は1949年の判決において，「他国の権利に反する行為のために，それと知りつつ自国の領域が使用されることを許さないすべて国の義務」が存在するとした。第3に，ラヌ－湖事件仲裁裁判判決がある。1957年に仲裁裁判所は，国際河川の水利用に際して関係国の事前の同意が必要であるというルールは一般には確立していないとしつつも，その一方で，信義誠実の原則に基づき，上流国は，自国の利益と他の沿岸国の利益とを調和させるべく，他の沿岸国の利益を考慮する義務があると判示した。

（2）「領域使用の管理責任」

これらの先例を通じて，越境汚染は，国際法上，領域使用の問題として論じられるようになった。元来，国家は自国の領域に排他的な主権を有し，自国領域を自由に使用することができる。これをさらに進めると，領域の使用は領域国の完全な自由であり，その際に他国の利益を考慮する必要はないことになる（絶対的領域主権）。米国は20世紀初頭に，国際河川の水利用につきこのような考え方を一時採用していた（ハーモン主義）。他方，自国の領域の使用は他国によって妨害または干渉されるべきものではない。これを推し進めると，自国の領域への他国からのいかなる影響をも排除し得ることになる（絶対的領域保全）。これらの両極端な立場は今日の国際社会においては成り立ちえない。領域使用の自由は，他国の領域主権との関係で調整が必要とされ，他国の権利を侵害する場合には一定の制限を受けることになる（制限領域主権）。

しかし，問題は，対等な領域主権相互間でどのような場合にどの程度の制限が存するのかである。トレイル判決の意義は，この点について国際社会の規範の存在をはじめて指摘するとともに，国家は，自国の領域を，自ら使用する場合であっても，私人に利用させる場合であっても，他国の領域に重大な環境損害をもたらしてはならない，との原則を明らかにしたことであった。この考え方は，「領域使用の管理責任」の原則と呼ばれており，今日では慣習国際法に成熟していると一般に理解されている。

「領域使用の管理責任」は，国際環境損害の防止義務として重要な意義をもつが，他方，そこにはいくつかの限界も存在する。第1に，他国領域への重大な環境損害をもたらすことが禁止されるが，重大な損害とは何かが問題となる。第2に，明白かつ説得力ある証拠により損害が立証される必要があるため，原因行為と損害との間の因果関係が明確に証明される必要がある。第3に，国際法上の国家責任との関係では，環境損害をもたらす私人の行為を国家は「相当な注意」を持って防止する義務を負うが，「相当な注意」の具体的な内容も問題となり得る。すなわち，国家は領域内の私人の活動にどのような注意義務を負うのかということである。第4に，このような構成のしかたそれ自体の限界でもあるが，領域間において発生する環境損害汚染とは別の形態の国際環境問題には，「領域使用の管理責任」は機能し得ない。例えば，領域外の私人の行為（例えば，民間企業によるタンカーの運航）や，いずれの国の領域でもない公海そのものの汚染は，「領域使用の管理責任」の射程からは外れることになる。

（3）「公海自由」の原則と他国の環境損害

　伝統的な国際法の枠組みの中で海洋環境の保全に関係する規則をあえて探すならば，次のような指摘ができるであろう。公海そのものの環境保全の問題とは区別されるが，ある国の公海の利用が，他国の公海の利用を侵害する場合については，「公海自由」の原則から一定の結論を導き出すことができる。例えば，公海を汚染する行為とそれにより公海での漁業被害や環境損害が生じるような場合が考えられる。「公海自由」の原則は慣習国際法であり，国連海洋法条約の規定はそれを確認したものとされている（87条1，2）。それによれば，公海はすべての国に開放されるが，公海の自由は無制限ではなく，他国の利益に妥当な（合理的な）考慮を払われなければならないとする。したがって，他国に損害や不利益をもたらし，かつ，「妥当な考慮」（合理性）を欠く公海の汚染行為は，禁止されることになる。しかしながら，環境保全の観点からすれば，この構成は，諸国が公海を利用する際の相互の諸利益の調整にとどまり，国家の環境上の利益も他の利益とせいぜい同列なものとして扱われるにすぎない。また，「妥当な考慮」（合理性）の基準は一般的・抽象的であり，何をもって「妥当な考慮」が尽くされたとするかが必ずしも明らかではない。このように，もっぱら伝統的な国際法の原則にのみ，効果的な環境汚染の規律を期待するこ

とは難しいであろう。

3 国際環境保全の原則・規則の発展

(1) ストックホルム宣言

1960年代後半に入ると，科学技術の利用や事故に起因する環境汚染や，経済産業活動の進展にともなう酸性雨や海洋汚染などの広域化した環境汚染が，国際社会の問題として顕在化してきた。1972年のストックホルムでの国連人間環境会議においては，環境問題が世界規模で初めて正面から取り上げられ，人間環境宣言（ストックホルム宣言）が採択された。この宣言は，それ自体法的拘束力を伴うものではないが，環境保全に関する諸原則を示した重要な文書である。そこでは，人間の生活環境の維持・改善を中心に据えて環境保全が目指されるとともに，野生生物の保護，天然資源の管理，生態系の保全等が重要な目標とされた。同時に，開発途上国との関係では，環境政策は，開発途上国の開発の可能性を高めるものであると位置づけられている。

国際環境法との関係では，宣言の原則21および原則22がとりわけ重要である。原則22は，環境損害が生じた場合の責任や補償について言及する。しかしながら，原則22は，各国に，汚染や環境損害の被害者に対する責任および補償に関する国際法をさらに発展させるべきとし，そのための国際協力を求めているにとどまる。

これに対して，原則21は国際環境保全の実体的なルールを提示し，次のように規定する。「各国は，国連憲章および国際法の原則にしたがい，…自国の管轄権内または管理下の活動が，他国の環境または国家の管轄権の範囲を越えた地域に損害を与えないように確保する責任を負う。」

この規定は「領域使用の管理責任」の内容を確認したものであると解されている。しかし，原則21は，ある国の領域で行われた活動が他国の領域に環境損害をもたらす場合に適用される，「領域使用の管理責任」の原則をさらに拡大している。すなわち，環境損害を引き起こす活動および生じる環境損害の範囲に，①国家の領域管轄権とは結びつかない，国家の管理下や支配下にある活動が引き起こす環境損害（例えば，民間のタンカー事故のように自国民が領域外で環

境損害を引き起こすような場合）が加えられている。さらに，②いずれの国にも属さない国家の領域を越えた地域に対する環境損害（例えば，公海そのものの環境が汚染されるような場合）もその対象とされている。これらは，国家に属人的な管理を求める点で，また，特定の被害国を想定せず環境を保全しようとする点で，本来，伝統的な国際法の射程を越えるものといえる。原則21のこのような側面を具体化するものとして，例えば，1982年の国連海洋法条約は，「いずれの国も，海洋環境を保護しおよび保全する義務を有する。」（192条）とし，国家の海洋環境を保護する一般的義務を定めている。

原則21の内容は，1992年のリオ宣言の原則2において，ほぼ同じ文言でくりかえし確認されていること，また，国際司法裁判所が，1996年の「核兵器の威嚇または使用の合法性に関する勧告的意見」において，原則21が示す内容の一般的な義務は，現在では，環境に関する国際法体系の一部である，と述べていることなどから，原則21の内容は慣習国際法になっているとの見方が今日有力である。しかし，原則21に定める国家の責任は一般的なものにとどまるため，その具体的な義務内容は個別の関連条約に委ねるほかなく，「領域使用の管理責任」の原則に比べて限定的なものにならざるをえない。

（2） 国際環境条約の進展

とりわけ1970年前後から，「領域使用の管理責任」や原則21による国際環境保全の限界を補うような働きをもつ環境条約が出現してきた。それらは，事後賠償責任の強化や，環境に悪影響を与える行為を規制する実体的義務の強化を目指すものであった。

前者には，無過失損害賠償責任条約の発展がある。例えば，1969年の「油濁民事責任条約」（「油による汚染損害についての民事責任に関する国際条約」）のようにタンカー事故における船舶の所有者の責任を定めるもの，1963年の「原子力損害民事責任ウィーン条約」（「原子力損害についての民事責任に関するウィーン条約」）のように原子力事故における事業者の責任と国家の補充責任を定めるもの，1972年の「宇宙物体損害責任条約」（「宇宙物体により引き起こされる損害についての国際的責任に関する条約」）のように人工衛星等が地表に損害をもたらす場合の打ち上げ国の賠償責任を定めるものなどが登場した。これらの条約は，特定の損害の発生および行為と損害との因果関係の存在を要件とし，国

際違法行為の存在（重大な損害の発生）や過失の存在を問わない。私人が責任主体の場合には，民事賠償責任と，その前提としての責任を担保するための金銭的な保証（保険等）が課され，また，国家が責任主体の場合には，国際違法行為に対する国家責任とは異なる損害賠償責任が課されている。また，「油濁民事責任条約」は領域外の私人の活動が引き起こす国際環境損害を対象としている点で，重要な機能を持つものである（XI章3(6)参照）。

後者については，例えば，マルポール73／78条約（「1973年の船舶による汚染の防止のための国際条約に関する1978年の追加議定書」）は，船舶の航行にともなう油の排出を詳細に規制し，タンカー等の船舶に対して，検査や国際油汚染防止証書の発給，油排出の規制基準および船体の二重構造化（ダブル・ハル）等を規定している。また，海洋投棄による海洋汚染の防止については，1972年の「ロンドン海洋投棄条約」（「廃棄物その他の物の投棄による海洋汚染の防止に関する条約」）がある。この条約は，有害性に応じて，①海洋投棄が禁止される物質，②事前の特別許可により海洋投棄が可能な物質および③事前の一般許可により投棄が可能な物質を区別する。さらに，1996年には，「ロンドン海洋投棄条約改正議定書」が採択された（未発効）。そこでは，予防的アプローチに基づき廃棄物の海洋投棄は原則として禁止されている。例外的に投棄が許容される場合を特定する「リバース・リスト」方式が採用され，また，投棄が許容される場合でも，詳細な環境影響評価の実施が要求されているので，海洋投棄の規制は一段と強化された。

(3) リオ宣言

1980年代に入ると，オゾン層の破壊をはじめとする地球環境問題に，国際社会の関心が向けられるようになった。1992年にリオデジャネイロで開催された国連環境開発会議（UNCED）では，地球環境の保全が主要なテーマとして取り上げられ，この会議に合わせて，「リオ宣言」，「アジェンダ21」，「気候変動枠組条約」，「生物多様性条約」および「森林原則声明」が採択された。

「リオ宣言」は，それ自体に法的拘束力は無いが，地球環境保全にかかわる諸原則を盛り込んだ重要な文書である。そこでは，地球規模の環境保全にとどまらず，環境保全と開発の一体性が強く意識され（前文），この目標を達成するために「持続可能な開発」という概念が中心に据えられた。この概念は，

「将来の世代がその必要を満たす能力を害することなく現在の世代の必要を満たすこと」であると定義されている（1990年 ECE ベルゲン宣言冒頭）。注目されるのは，先進国の考える環境と資源の持続可能性と，途上国が要求する持続的な開発や発展の両者を，両立させる機能が与えられている点である。また，この分野において開発途上国の特別な状況が考慮され，特別な優先順位が与えられるべきとする（原則6）。さらに，表現はより一般ではあるが，地球環境の悪化に対する寄与度の違いに応じて，各国は「共通ではあるが差異のある責任」を負うとされている（原則7）。つまり，先進国には，環境保全に対するより大きな責任と，途上国に対する技術的・財政的な支援が期待されている。

　他方，リオ宣言には，地球環境への悪影響の事前防止に向けた「予防的アプローチ」または「予防原則」と呼ばれる重要な原則も盛り込まれている。従来は，環境損害を引き起こす行為を防止したり規制したりあるいはそのような行為に責任を課す場合には，原因行為と損害との間の因果関係が予見しうるものについて，そのような規律がなされるべきである，と一般的に考えられてきた。しかし，このような理解は，甚大な損害が発生する可能性があり，ひとたび破壊されてしまうと取り返しのつかないような地球環境問題については，妥当しない。この点，リオ宣言原則15は，「重大または回復不能な損害の脅威が存在する場合には，完全な科学的確実性の欠如が，環境悪化を防止するための費用対効果の大きな対策を延期する理由として使用されてはならない。」と規定する。これは，原因と損害との因果関係につき十分な科学的証拠が無くとも，悪影響を防止するための措置を講じるべきとする考え方であり，今日，地球温暖化の防止をはじめ，この原則の適用の必要性が唱えられている（ベルゲン宣言7）。実際にも，気候変動枠組条約，生物多様性条約においてその趣旨が言及されているほか，ロンドン海洋投棄条約の1996年改正議定書にも，これに立脚する規定が盛り込まれている。「予防的アプローチ」は，その内容が一義的ではないため，現在までのところ，慣習法化しているとみることは難しいであろう。「予防的アプローチ」の意義は，重大な損害をもたらす可能性がありながらも，その危険性が明らかでないために，従来，放置されてきたような場合について，（徹底した措置をとってそのリスクをゼロに近づけることよりもむしろ，）リスクの大きさに応じた合理的で柔軟な措置をとることによって，リスクの効

果的な低減を図ることにあるといえる。

その他，リオ宣言には，ストックホルム宣言原則21，22を確認する規定（原則2，13），汚染者負担の原則の規定，手続的な諸原則も定められている。すなわち，情報公開と市民参加，環境上の悪影響に関する情報提供，事前通報，緊急時の通報と支援，および，環境影響評価の実施が求められている。

4 地球環境保全の法制度の特色

(1) 枠組条約と議定書

地球環境の保全を目指す条約には，独特のしくみが発達している。それは，条約が，「枠組条約」と「議定書」の二段階で構成されている点である。まず，枠組条約で，特定の問題への取組みと一般的な目標が合意され，ついで，議定書で，目標を達成するための締約国の具体的な義務や対応策が，科学的知見の進展に応じて詳細に定められる。この方式は，条約の基本的な目的が合意されていても，具体的な規制値で合意に至らなければ条約の成立がすべてご破算になるという従来型の単一の条約よりも，問題の段階的な解決という点に意義が見出されている。さらにこの方式を採用することにより，議定書は必要に応じて柔軟に再検討される。つまり，締約国会議（または締約国会合）を通じて，締約国の義務の遵守や達成状況が継続的に報告・審議されるとともに（国家報告制度），最新の科学的知見に基づいて議定書の内容が改善されることになる。ここには，議定書の遵守を監視し履行を促す機能と，より優れた規範を合理的に設定・修正する機能がある。

(2) 普遍的義務と履行の確保

「領域使用の管理責任」は，越境的な環境損害の規制を，加害領域国と被害領域国との間の権利義務関係の問題としてとらえていた。ところが，地球環境（グローバル・コモンズ）への悪影響については，このような特定の加害国と被害国の関係でとらえることは困難である。そのため，地球温暖化防止などの最近の多数国間条約は，地球環境を保全する国家の義務を国際社会全体に対して負う普遍的な義務として構成するようになってきた。

しかし，普遍的義務の違反が存在し，その責任を実際に追及する場合には，

訴えの資格があるのは，義務違反により現実に損害を被った国家に限定される。地球環境保全義務の違反の場合，被害国を特定することは困難であり，したがって，直接の被害国以外の国がその対世的な義務違反を追及するためには，条約上の特別な制度が必要となる。

例えば，オゾン層の保護に関するモントリオール議定書には，規制措置の遵守を確保するための独特なしくみが設けられている。1992年の締約国会合で採択された「不遵守手続」は，議定書の違反があった場合にどうするかを定める。この不遵守手続きは，次の3つの方法で開始される。①締約国が他の締約国の不遵守を事務局に通報する場合，②事務局が締約国の不遵守を知った場合，③締約国が自ら義務を遵守できないと事務局に申し出る場合，である。いずれの場合も実施委員会の検討を経て，締約国会合が検討の上，適切な援助，警告および議定書上の権利・特権の停止のうちから，違反締約国に対してとるべき措置を決定する。ここには，履行を促進・確保するためのしくみとして，遵守の促進のための援助と違反に対する制裁という正反対の措置が用意されている。オゾン層破壊物質の削減は，世界中のすべての国が進めることに意味があり，技術的・経済的困難を抱える国には，制裁よりも削減を実現させる支援を与えることが有意義と考えられるためである。

（3）　手続的義務

国際・地球環境保全のさまざまな実体的な義務を，さらに別の角度から補完するものとして手続的義務が存在する。手続的義務には，環境損害や環境への悪影響を事前に防止・低減することを目的として行われる通報，協議，環境影響評価，緊急時の早期通報，通常時の情報交換などが含まれる。

手続的義務の重要性は比較的早い時期から認識されてきた。例えば，ラヌー湖事件において，仲裁裁判所は，国際河川の水利用に際して，上流国は下流国の利益を誠実に配慮する義務があるとし，両者の合意形成のためにあらゆる通信と接触，すなわち通報・協議を図る必要があることを述べている。1986年のチェルノブイリ原発事故に際しては，当時のソ連に，放射能放出事故による危険を周辺諸国に早期通報する義務があったかどうかが問題となった。この事故を契機に，同年に「原子力事故早期通報条約」が採択された。この条約は，締約国に，原子力施設・活動に関して，他国に影響を及ぼすような放射能の越境

放出またはそのおそれのある場合には，当該他国に，事故の事実，種類および発生時刻を直ちに通報するとともに，関連する一定の情報を速やかに提供するよう義務づけている。また，影響を受ける締約国の要求がある場合には，情報提供締約国は追加の情報を提供し，協議に応じなければならない。

近年ではさらに，国境を越えて環境に悪影響をもたらすおそれのある事業活動について，潜在的原因国と潜在的被影響国との間の通報・協議をより効果的なものとするために，特定の活動ついての国際的な環境影響評価を要求する条約も現れてきた。（1991年の国連欧州経済委員会（ECE）による越境環境影響評価条約）

通報・協議・環境影響評価は，実体的義務とりわけ規制の基準が不明確な分野において，その手続を履行することにより，環境に対する悪影響や危険の程度を事前に認識することができ，防止に必要な措置を具体的に定めることができるという機能を有している。この点をふまえて，以下では主要な多数国間条約の実体的義務とそれを支える手続的な義務について概観する。

5　オゾン層の保護

オゾン層の保護は，1985年の枠組条約であるウィーン条約（「オゾン層の保護のためのウィーン条約」）と1987年のモントリオール議定書（「オゾン層を破壊する物質に関するモントリオール議定書」）によって規律されている。

ウィーン条約は，人間活動によるオゾン層の変化がもたらす悪影響から人の健康と環境それ自体を保護することを目的とする。条約は，締約国に次のような一般的義務を課している。すなわち，①この目的にかなう適当な措置をとること，②とられた措置に関する情報を締約国会議に送付すること，ならびに，③影響についての組織的観測，研究および情報交換に協力することを義務づける（2条，5条）。

締約国の具体的義務は，モントリオール議定書が定める。議定書は，フロンガス等のオゾン層破壊物質につき，削減率と達成スケジュールを設けて段階的に国内の生産量・消費量を削減するという規制方法を採用した（2条）。1987年の議定書の規制は，その後オゾン層の保護には不十分と認識され，締約国会

合は規制を強化し，フロンをはじめとする主要なオゾン層破壊物質を1996年に全廃した（2条A〜2条H）。この削減強化のプロセスは，締約国会合が最新の科学的知見に基づいて議定書の規制内容を迅速に厳格な方向に改正した例として注目される。

オゾン層破壊物質の削減は世界規模で実施される必要がある。そのため，議定書は，途上国の加盟を容易にするための特別な措置を設ける。規制物質の消費量の少ない途上国（1人あたり0.3kg 未満／年）には規制措置の実施に10年の猶予期間を与え（5条），また，途上国への資金協力（多数国間基金）や技術協力の制度を設けることとしている（10条）。

非締約国を経由して規制物質が使用されることを防ぐために，議定書は，締約国と非締約国との間で，規制物質の輸出入を禁止し，また，規制物質を含む製品や規制物質を用いて生産された製品の輸出入を制限する（4条）。この制限には，非締約国が議定書の体制に加入するインセンティブになるとの指摘がなされているが，他方，GATT/WTO の自由貿易原則との抵触をめぐる議論も提起されている。

6　地球温暖化の防止

（1）　気候変動枠組条約

地球温暖化防止に関しては，1992年の気候変動枠組条約（「気候変動に関する国際連合枠組条約」）と1997年の同条約の京都議定書（「気候変動に関する国際連合枠組条約京都議定書」）が存在する。

気候変動枠組条約は，人間の活動が気候系に危険な干渉を及ぼさない水準に，大気中の温室効果ガスの濃度を安定化させることを究極の目的とするとともに，この安定化は，生態系，食糧生産および経済開発の持続可能性と両立すべきものとされている（2条）。条約は，目的の達成に向けていくつかの原則を掲げる。すなわち，①締約国には「共通ではあるが差異のある責任」があること，②「現在および将来の世代のために」気候系は保護されるべきこと，③先進締約国が率先して温暖化防止に対処すべきこと，④途上国の特別な事情を十分考慮すること，⑤予防的アプローチに基づく措置がとられるべきであること，お

よび，⑥持続可能な開発を促進し，国際貿易における偽装した制限とならないようにすべきことである（3条）。

条約は，締約国の種類に応じてその義務に差異を設けている。すなわち，①すべての締約国には，温室効果ガスの排出・吸収に関する自国の目録の作成とその締約国会議への提出，自国の温暖化防止計画の作成と公表，および，温暖化防止のための措置の促進と協力が義務づけられている（4条1）。②先進国と市場経済移行国（旧社会主義国）の締約国（附属書Ⅰ締約国），すなわち途上国以外の締約国には，気候変動を緩和する自国の政策と措置をとること，その関連情報を締約国会議に提出することが義務づけられている（4条2）。しかし，条約は，この気候変動を緩和する政策と措置について，温室効果ガスの人為的な排出量を（個別にまたは共同して）2000年までに従前（1990年）の水準に戻すことは，温室効果ガスの人為的排出の長期的傾向を修正することに寄与すると述べるにとどまる。それゆえ，附属書Ⅰ締約国が，条約上，具体的な温室効果ガスの排出削減義務を負っているとは解されていない。③先進締約国（附属書Ⅱ締約国）には，途上締約国に対して新規のかつ追加的な資金の供与をはじめ，途上締約国への財政的・技術的支援を義務づけている（4条3, 4, 5）。

（2） 京都議定書

京都議定書の最大の意義は，途上締約国には削減義務を課さず，先進締約国と市場経済移行国に，温室効果ガスの具体的な削減を義務づけた点にある。すなわち，附属書Ⅰ締約国は全体で，2008年から2012年までの約束期間において5年間の平均値で，温室効果ガスの排出量を1990年を基準として少なくとも5％削減する義務が課された（3条）。締約国の能力や事情により差異化が認められ，締約国別に，例えば日本は－6％，米国は－7％，EUは－8％といった削減数値が定められた（3条1，附属書B）。ここでは，差異化の結果，豪州のように＋8％の増加数値が認められた附属書Ⅰ国も存在する。

対象となる温室効果ガスは，二酸化炭素（CO_2）のほかメタン（CH_4）や亜酸化窒素（N_2O）など6種類のガスとされた（3条1，附属書A）。削減数値の達成方法は，化石燃料消費の削減以外にもさまざまな方策がありうる。そのような方法や条件も議定書に盛り込まれた。それらは「柔軟性措置」と呼ばれ，次のようなものである。①1990年以降新たに増加した森林（植林・再植林）に限

り，温室効果ガスの吸収源として認められた（3条3）。また，1990年以降の減少分（伐採）は排出源としてカウントされる。②約束期間内に削減数値を達成し，排出量が割当量より少ない場合には，その余剰分を次期期間に繰り越すことできる（「バンキング」，3条13）。③EUを想定した制度で，附属書I締約国が事前の合意により排出量の削減を共同で行う場合には，それらの締約国全体の排出量が，各締約国の割当量の総合計を超えなければ，各締約国の約束が達成されたものとみなされる（共同達成，「EUバブル」，4条）。④複数の附属書I締約国が，共同で事業を実施し，その結果生じた排出削減量を相手国との間で配分することができる（「共同実施」，JI，6条）。⑤附属書I締約国が途上締約国の排出削減を支援し，生じた排出削減量の一部を支援した締約国が利用することができる（「クリーン開発メカニズム」，CDM，12条）。⑥排出削減数値が割当てられた締約国（議定書附属書B国）は，相互に温室効果ガスの排出量を取引することができる（「排出量取引」，17条）。（このうち，「共同実施」「CDM」「排出量取引」を指して「京都メカニズム」と呼ぶ）。

　柔軟性措置は，温室効果ガスの実際の排出削減を行なわずに削減数値を達成し得る方法であり，排出削減が厳しい締約国には利用価値も高い反面，その無制約な利用は，気候変動の積極的な防止という観点からは疑問が残る。この点，京都議定書も，「共同実施」と「排出量取引」は，国内的行動に対して補完的なものであることを要求している（6条・17条）。また，「CDM」については，削減義務を負う先進国が，削減義務を負わない途上国への支援を通じて得られた排出削減量を利用するという点で，微妙な問題が残る。さらに，「排出量取引」については，ロシア等の市場経済移行国では排出割当量に余剰分（ホット・エア）が生じるため，その売却と購入に関心が向けられている。

　京都議定書の削減数値の達成方法や京都メカニズムの内容には未確定な部分が多く，議定書発効の前提として，それらの詳細が締約国会議において合意される必要があった。この京都議定書の運用ルールは，2001年7月のCOP6再開会合における合意を経て（ボン合意），同年11月のCOP7において法的文書として採択された（マラケシュ合意）。この運用ルールには，①途上国支援のための3つの基金（特別気候変動基金，最貧国基金および京都議定書適応基金）を設立すること，②京都メカニズムの活用は国内対策に対して補足的であること，

排出量取引の売りすぎを防止すべきこと，および，共同実施とCDMの排出削減に原子力の利用は控えること，③前述の新たに増加した森林の吸収源とは別に，既存の森林管理による吸収量が認められ，国ごとに上限を設けること（日本は3.86％分を獲得したが，既存の森林管理を吸収量ととらえる科学的根拠は乏しい。），ならびに，削減数値が達成できなかった場合には，超過排出量の1.3倍を次期排出枠から差し引くこと，などが定められた。

京都議定書の発効要件は，附属書Ⅰ締約国のCO_2総排出量（1990年）の55％にあたる国を含む，55カ国の批准を必要としている（25条）。55カ国の要件はすでに充足されているが，55％の要件は，米国が京都議定書からの離脱を表明したため，すでに批准を終えたEUおよび日本に加え，ロシアの批准が不可欠な状況である（なお，IPCC（気候変動に関する政府間パネル）が2001年に公表した第三次報告書は，今日の温暖化傾向が自然現象である可能性は極めて低く，地球全体の気温が，2100年までに1.4℃から5.8℃上昇することが予測されるとしている）。

7　南極の環境保護

南極は，1959年の「南極条約」により国家の領有権は凍結され，その利用は平和目的に限られている。環境保護に関しては，1991年に採択された「南極条約環境保護議定書」（「環境保護に関する南極条約議定書」）により規律されている。議定書は，南極の環境と生態系およびそれらの自然のままの価値を包括的に保護することを目的としており，そのような保護は人類全体の利益であるとする（3条，前文）。また，南極での鉱物資源活動は科学調査を除き，禁止されている（7条）。

議定書には，5つの附属書が設けられおり，そこで具体的な環境保護の規則が定められている。それらの附属書は，南極における，①環境影響評価手続，②動植物相の保存（動植物の採捕または有害な干渉を許可制のもとに置く），③廃棄物の処分と管理，④船舶起因の海洋汚染の防止と規制，⑤特別保護地域の設定と管理にかかわるものである。

議定書と附属書の定める環境影響評価手続は独特なものである。科学調査や観光事業などの計画された活動が，環境影響評価の対象とされている。この環

境影響評価はスクリーニングの概念を導入し，活動から生じる環境影響が，①締約国の国内手続に基づき「軽微または一時的未満」ならば，直ちに活動が実施でき，②それを超える場合には，締約国の「初期環境評価書」（IEE）の手続が要求され，それにより「軽微または一時的」ならば，影響の評価・検証を条件に活動が実施でき，③「軽微または一時的を超える」場合には，締約国の手続に基づき「包括的環境評価書」（CEE）が作成され，南極条約協議国会議の検討を経るまで当該活動実施の決定は許されない，とする（8条，附属書I）。

8　生物多様性の保全

（1）　生物多様性条約

人間活動に伴う生物種の著しい減少を防止し，多様な生物種とその遺伝子から構成される複雑な生態系を維持することは，地球環境保全にとって不可欠なことがらである。1992年の生物多様性条約（「生物の多様性に関する条約」）は次のような目的を掲げている。第1に，開発などの人間活動に伴う生物種の著しい減少を防止し，生物多様性を保全すること，第2に，生物資源や遺伝資源など生物多様性の構成要素を持続可能なかたちで利用すること，第3に，遺伝資源の利用から生ずる利益の公正かつ衡平な分配を図ることである（1条）。しかし，これらの目的を達成するための条約のアプローチは，必ずしも単純ではない。というのは，条約は，一方において，予防的アプローチの必要性にも言及し，生物多様性の保全を人類共通の関心事と位置づけつつも，他方で，国家は，自国の生物資源に主権的権利を有し，その持続可能な利用に責任を負うとするからである（前文）。ここには，国際社会全体の利益と各国の利益との交錯がみられる。

条約は，締約国に次のような一般的義務を課す。すなわち，①生物多様性保全のための国家的な戦略や計画を作成すること（6条），②生物多様性の重要な構成要素やそれに著しい悪影響を与える活動を特定しかつ監視すること（7条），③生物を生息域内で保全するために保護地域等を設け，また補完的に生息域外保全も行なうこと（8条・9条），④バイオテクノロジーによる遺伝子改変生物の利用・放出や外来種の移入を規制・管理すること（8条(g), (h)），⑤可

能な場合には，生物多様性に著しい悪影響のおそれのある事業計画案に環境影響評価手続を導入すること（14条）などである。

遺伝資源の利用については，遺伝資源が存する国の権限に服し，その国の国内法に従うこととされる。他国が遺伝資源を利用する場合には，遺伝資源提供国へ事前に情報を提供した上で，当該国の同意を必要とされているが，他方で，締約国（提供国）は，他の締約国による遺伝子資源の利用を容易にするよう努力するものとされている（15条）。

（2） バイオセイフティ（カルタヘナ）議定書

2000年1月に，「有生命遺伝子改変生物」（生きている改変生物）(Living Modified Organisms : LMO) の国際移動の管理を目的とする（ただし人の医薬品を除く）「バイオセイフティに関するカルタヘナ議定書」が，モントリオールで採択された（未発効）。議定書は，生物多様性の保全，持続可能な利用および人の健康へのリスクという観点から，予防的アプローチに従い，「有生命遺伝子改変生物」の安全な移送・取扱い・利用に関して適切な水準の保護を図ることを目指している（1条）。

「有生命遺伝子改変生物」とは，現代のバイオテクノロジーによって獲得された新規の遺伝物質の組み合わせをもつ，生きている生物，と定義されている（3条(g)）。これはさらに，栽培用種子のように生物多様性への悪影響が第一次的に懸念される「意図的に環境に放出される有生命遺伝子改変生物」と，農作物のように人の健康等へのリスクが第一次的に懸念される「食料・飼料・加工原料用の有生命遺伝子改変生物」とに区別される。

「意図的に環境に放出される有生命遺伝子改変生物」については，輸出入に際しての事前通報合意 (Advance Informed Agreement : AIA) の手続が設けられている。それによれば，①輸出国（または輸出者）による，輸入国への書面による事前の通告・情報提供，②輸入国による当該通告者（輸出国・輸出者）への書面による通告受領の通知，③輸入国による安全性の確認（リスク・アセスメント），および，④輸入国による，輸入の同意，禁止または追加情報の請求等の決定と，通告者（輸出国・輸出者）への書面による当該決定の通知，を経て，同意の有る場合にはじめて，輸出国から輸入国への有生命遺伝子改変生物の輸出が可能となる（7条・8条・9条・10条）。

議定書は,「食料・飼料・加工用の遺伝子改変生物」(コモディティ)の輸出入について,AIA手続きに類似した別の手続を用意しており,「バイオセイフティ・クリアリング・ハウス」(BCH)という名称の情報共有システムの利用が予定されている。この手続によれば,①輸出国は,BCHを経由して,自国コモディティ(遺伝子組換え農作物等)の国内使用に関する決定を,輸入国に伝達し,②輸入国は,国内制度に基づき輸入に関する決定を行い,その決定をBCHに通知し,③その上で当該コモディティの輸出が可能となる(7条・11条・20条)。

これらの手続では,リスク・アセスメントにおいて潜在的悪影響に関する科学的確実性が不足する場合にも,輸入国は潜在的悪影響を避けるために,有生命遺伝子改変生物の輸入に関し禁止を含む決定をすることができる(10条6)。また,非締約国との関係では,議定書は,締約国と非締約国との有生命遺伝子改変生物の輸出入が議定書の目的に合致するよう求めているが,非締約国との輸出入を禁止していない(24条)。

9　野生動植物の国際取引

特定の野生動植物の輸出入を規制することを通じて,野生動植物の種を絶滅の危機から保護を図ろうとするのが,1973年の「ワシントン条約」(「絶滅のおそれのある野生動植物の種の国際取引に関する条約」)である。

ワシントン条約は,野生動植物の国際取引を,輸出国と輸入国による事前の許可のもとに置いている。そのしくみは,野生動植物の種に応じて3つのタイプに分かれる。

第1は,絶滅のおそれがあり,かつ,国際取引による影響を受けまたはその可能性のある種である(附属書Ⅰ)。これらは,種の存続が脅かされないよう,特に厳重な規制がなされる(2条1)。附属書Ⅰの種の国際取引については,輸出国による輸出許可証と輸入国による輸入許可証の事前の発給が必要とされており,商業目的の輸出入は基本的に禁止されている(3条)。

第2は,①現在必ずしも絶滅のおそれはないが,取引を厳重に規制しなければ絶滅のおそれのある種となるおそれのある種,および,②そのような(①

の）種の取引を効果的に取り締まるために規制が必要な種が対象とされる（2条2，附属書Ⅱ）。附属書Ⅱの種の国際取引については，輸出国による輸出許可証の事前の発給が必要とされている（4条）。

　第3は，締約国が，自国の領域内で捕獲や採取を防止・制限しようとする種で，かつ国際取引の取締りのために他の締約国の協力を必要とする種である（附属書Ⅲ）。附属書Ⅲの種の国際取引に際しては，同附属書に種を掲げた締約国（輸出国）による輸出許可証の発給が必要とされる。また，これらの種については，附属書Ⅲに種を掲げた締約国からの国際取引でないことを示すために，輸入に先立って原産地証明書を提出することが義務づけられている（5条）。

　条約の規制対象は，附属書に掲げられた種の動物・植物の個体であり，その生死の別は問わず，また，個体の一部分や派生物も対象とされている（1条）。

　他方，ワシントン条約には，いくつかの例外が存在し，それが条約の実効性に限界を与えているとも指摘されている。例えば，手回品や家財には許可が免除されること（7条3），附属書Ⅰの動植物種であっても商業的目的のために人工的に繁殖させた場合には附属書Ⅰの規制を受けないこと（7条4），締約国は附属書に掲げる種について留保（適用除外）をすることができることである（23条）。また，条約が非締約国との取引を禁止していないことが，非締約国を経由しての国際取引を招くおそれのあることなどである（10条）。

10　廃棄物の越境移動

　有害廃棄物の越境移動の例としては，1976年のイタリアでの化学工場の爆発事故にともなうダイオキシン汚染（セベソ事件）に関連して，その汚染土壌が行方不明になり，後にフランスで発見された事件が先進国間のものとして有名である。最終的には，化学工場の親会社の本国であるスイス政府が道義的に汚染土壌を引き取るというかたちで収拾した。また，1980年代中頃からは，先進国の廃棄物が大量に途上国へ輸出され，途上国に環境汚染が生じている実態が明らかとなった。これらのことから，廃棄物の越境移動が世界的な問題であることが認識され，1991年に「バーゼル条約」（「有害廃棄物の国境を越える移動及びその処分の規制に関するバーゼル条約」）が採択された。

バーゼル条約は，締約国が，①廃棄物の輸入を禁止する締約国に輸出すること，②処分のために南極地域へ輸出すること，および，③非締約国との間で取引することを禁止している（4条1, 5, 6）。しかし，条約は，有害廃棄物の越境移動を全面的に禁止しているわけではなく，むしろ「事前通報同意」(Prior Informed Consent : PIC) 手続のもとで，その越境移動を容認している。その手続は次のようなものである。①輸出国（発生者・輸出者）は，輸入国に有害廃棄物の輸出計画を書面で通告する（6条1）。②輸入国は，通告者に無条件の同意，条件付きの同意，拒否または追加情報の請求のいずれかを書面により回答する（6条2）。③輸出国は，輸入国の書面による同意，および，環境上適正な処分契約の存在を確認するまで，輸出を許可してはならない（6条3）。④移動には有害廃棄物に移動書類（マニフェスト）が添付され，処分者は，有害廃棄物の受領と処分の完了を，輸出者と輸出国に通報する，とされている（6条9）。

しかし，途上国への有害廃棄物の越境移動には，PIC 手続でも不十分であると認識されるようになり，1995年の第3回締約国会議において，先進国から途上国への有害廃棄物の越境移動を禁止する条約改正が採択されている（未発効）。

1999年の第五回締約国会議では，「バーゼル損害賠償責任議定書」が採択された（未発効）。この議定書は，違法な取引も含め，有害廃棄物の越境移動とその処分に伴って発生した損害に対する賠償責任とその補償のための包括的な制度を目指すものである（1条）。損害を引き起こした輸出者または処分者には，無過失の民事賠償責任を課すとともに，議定書の定める一定額以上の賠償能力をあらかじめ保険等により確保することが義務づけられている（4条・14条，附属書B）。

以上で概観してきたように，国際環境法の一般的発展を基礎として，国際・地球環境条約は進展しつつある。個別の条約制度は，環境保全の実体的義務を具体化するだけでなく，手続的義務の発展・具体化もまた図る。例えば，オゾン層破壊物質の規制を補完する観点から，規制値を改訂するための手続，規制値の遵守状況を把握するための手続，規制の履行を確保するための手続などが

整備される。また，規制の内容が具体化されない場合に，環境影響評価等の手続や環境保全計画の策定が求められる。さらに，廃棄物や遺伝子改変生物の国際移動についても，禁止や制限といった規制とともに，関係国間の事前通報合意などの手続が導入される。このように，今日の国際・地球環境条約は，実体的な義務と手続的な義務とが相互に関連しつつ複雑に組み合わされている点に特色がある。

§XI　国家責任とは

1　国際法と国家責任

　国際法主体は，その国際法に違反する作為または不作為について，国際法上の責任を負う。主要な国際法主体は国家であり，国際違法行為に対する国家の責任を国家責任という。国際法主体には限定的に国際組織や個人も含まれ，それらの国際法上の責任も問題となりうるが，本章では国家責任に焦点を当てる。

　国際法上の国家責任の規則は，慣習国際法により形成されてきた。他方，それとは別に，国連の国際法委員会（ILC）は，国際法の漸進的発展とその法典化を目的として，国家責任の条文作成作業を進めてきた。その結果，2001年にILCは，「国際違法行為に対する国の責任」に関する条文草案（以下，ILC条文案，とする）を採択した。ILC条文案には，国家責任に関する慣習国際法を確認した部分と，未だ慣習国際法になっていないが，今後，国際法が発展すべき方向を示した部分とが，含まれている。

　ILCによる条文作成作業は1956年に開始された。ILCは，当初，自国領域内での外国人とその財産への侵害に対する国家責任の問題を中心に据え，外国人の本国による外交的保護に関する実体的規則の整備を目指した。その後，ILCは，すべての分野を対象に国家責任の検討を行うこととした。すなわち，ILCは，国際法上の国家の義務を定める規則（第一次規則）と，国家の義務違反があった場合の責任の発生について定める国際法上の規則（第二次規則）を区別し，国家責任は，第二次規則の問題であるとの立場を採用した。その結果，ILC条文案は，第二次規則のみを扱うものとなっている。

2　国家責任の相対性と普遍性

　伝統的な国際法は，国家間の相対的な権利義務関係を規律してきた。それゆえ，国家責任についても，国家は，その国際違法行為により直接損害を被った国家に対して責任を負うものとされ，もっぱら加害国と被害国の関係の次元で扱われてきた。しかし，近年では，国家が，特定の相手国に対してではなく，国際社会全体に対して負う「普遍的義務」（対世的義務，obligation *erga omnes*）の存在が指摘されている。

　国際司法裁判所（ICJ）は，1970年のバルセロナ・トラクション事件判決において，相対的義務と普遍的義務の相違に言及し，普遍的義務はすべての国家の関心事であり，すべての国家はその保護に法的な利益を有すると述べている。ILCの旧条文案（1980年）も，国際社会の基本的利益を保護する義務に国家が違反し，国際社会により犯罪とされる国際違法行為を，「国際犯罪」として位置づけ，これを普遍的義務の違反に伴うものとして理解している（旧条文案19条）。旧条文案は，「国際犯罪」を例示し，①侵略の禁止のような国際の平和と安全の維持，②力による植民地支配の禁止のような人民の自決権の保護，③奴隷，ジェノサイドおよびアパルトヘイトの禁止のような人間の保護，ならびに，④大気または海洋の大規模汚染の禁止のような人間環境の保護と保全についての，不可欠な重要性をもつ国際義務の重大な違反を挙げている。ただし，この「国際犯罪」の規定は，2001年のILC条文案には盛り込まれていない。その理由は，「国際犯罪」に基づく国家の処罰は，国際違法行為の効果である賠償とは，国際法上その性質が異なるものと考えられたためである。

　今日，国際法上，普遍的義務が存在しうることは，一般論としては肯定されてよいであろう。しかし，普遍的義務の具体的な内容，および，それに違反した場合の国家責任の発生条件やその効果については，大きな課題として残されている。

3 国家責任の成立要件

国家は，国際法に基づき自らに帰属する，国際義務に違反する作為または不作為について，基本的には直接侵害を受けた国際法主体に対して，責任を負う。国家責任の成立について，ILC 条文案は，①行為の国家への帰属および②当該行為の国際義務違反という2つの要件が満たされると国際違法行為が存在し，国際違法行為には国家責任が伴うとする（ILC 条文案1条・2条）。

(1) 行為の国家への帰属

国家が責任を負うための第1の要件は，行為が国家に帰属することである（責任成立の主体的要因）。そこでは，国家機関の行為や個人の行為が，いかなる場合に国家の行為とみなされるのかが問題となる。責任帰属の関係は，国家機関の行為，国家機関に準ずる個人やその集団の行為，私人の行為に類型化されうる。この責任の帰属の関係は，次のような国際法の規則（第二次規則）によって判断される。

(ア) 国家機関の行為

(a) 国家機関の一般的行為 国家機関の行為は，国家の行為とされる。国家は自然人を通じてその行為を行うので，国家機関の地位にある個人がその資格で行う行為は，国家の行為とみなされる。国家機関とは，国家機構を構成し国家のために活動をする個人または集団からなる主体である。すべての国家機関がここでは対象となる。立法，行政，司法機関であるか，上級機関か下級機関であるか，中央政府の機関か地域的な機関であるかを問わない（ILC 条文案4条1）。国家機構は国により多様であることから，国家の統治機能に関わる国家機関かどうかの判断は，国内法の規定からだけではなく国際法の観点からなされる必要がある（ILC 条文案4条2）。しかし，個人が国家機関としての資格を有するかどうかは，国内法に基づいて判断されることになる。他方，国家機関の地位にある個人が，その資格から離れて私人の資格で行う行為は，国家の行為とはみなされない。

(b) 準国営主体の行為 半官半民の組織（para-statal entity）や民営化された旧国営会社などのように，本来，国家機関ではないが，国内法に基づき統治

権能の一部を行使する主体の行為は，特定の事案につき，その資格で行動していた場合には，国家の行為とみなされる（ILC条文案5条）．

(c) **他国の機関の行為**　他国の機関の行為であっても，それが，自国の使用に供され，自国の統治権能の一部を行使する場合には，自国の行為とみなされる（ILC条文案6条）．たとえば，他国から派遣された医療・保健チームが，自国の合意の下で，自国のために，自国の管理や指揮命令に服して行動する場合である．自国の国家機関の行為と機能的に同一視しうることが，その根拠と考えられる．

(d) **国家機関等の権限外の行為**（*ultra vires* act）　国家機関が与えられた権限を逸脱したり，指示や命令に違反したりする行為を行った場合であっても，国家機関がその資格で行動する場合には，国家機関の行為は，国家の行為とみなされる．ILC条文案によれば，権限外の行為の国家への帰属は，国家機関のほか，上記(b)，(c)の統治権能の一部を行使する主体についても認められる（ILC条文案7条）．

(イ) **国家機関に準ずる個人や集団の行為**

個人やその集団の行為であっても，その行為の性格から国家の行為とみなされることがある．第1は，当該行為が，事実上国家の指示や指揮命令のもとで行われた場合である（ILC条文案8条）．第2は，例外的な事態であるが，正規の国家機関が存在せずまたは機能しない場合に，個人やその集団が事実上統治権能を行使しており，かつ，その権能の行使が必要とされる場合である（ILC条文案9条）．

反乱団体が内戦や革命を成功させ，新政府を誕生させた場合や，既存の国家領域の一部に新国家を樹立した場合には，内戦や革命にかかる当該反乱団体の行為は，遡及的に新政府または新国家の行為とみなされる（ILC条文案10条1，2）．しかし，内戦や革命の成功に至らない反乱団体の行為は，基本的に私人の行為であるために，既存の合法政府の行為とはみなされない．

(ウ) **私人の行為**

国家の統治権能に関与しない私人の行為（および上記(ア)，(イ)に該当しない行為）は，国家の行為とはみなされない．国家は，原則として私人の行為に対して国家責任を負わない．

ただし，これには例外的な状況が存在する。国家は，他国の法益の侵害をもたらす私人の不法な行為を「相当な注意」(due diligence) をもって防止する義務を負う。国家がこの「相当な注意」を払わずに（不作為），この防止義務に違反した場合には，私人の行為を契機として国家の責任が発生する。たとえば，私人による外国大使館の襲撃に対し，国家が適切な保護を与えない場合や，自国領域内の私企業が他国にもたらす重大な環境損害について，その領域国が「相当な注意」を払って防止をしない場合である。

(2) 国際義務の違反

(ア) 基 本 原 則

国家が責任を負うための第2の要件は，国家による国際義務の違反が存在することである（責任成立の客観的要因）。国際義務の違反とは，国家の作為または不作為の結果，国際義務により国家に要求されていることがらに合致しない状態をさす。また，国際義務の違反は，義務の淵源または性格に関係なく，すべての義務について発生する（ILC条文案12条）。つまり，慣習国際法および条約に基づく義務の違反だけでなく，たとえば，フランスが行った大気圏内での核実験を中止する宣言のような，国家の一方的行為に基づく義務の違反や，国際裁判の判決に基づく紛争当事国に対する義務の違反も，国家責任の発生原因となる。

国家による国際義務の違反があったかどうかは，国際法に従って判断される。たとえ国家の行為が国内法により合法とされていても，国家は国内法を援用することはできず，それにより国際義務の違反は影響を受けない（ILC条文案3条）。

(イ) 国際義務の性質に基づく分類

義務の性質という点から国際義務は，①「手段・方法の義務」，②「結果の義務」および③「特定事態発生防止の義務」の3つに分類される。①「手段・方法の義務」は，結果を達成するための手段・方法を定め，国家に特定の行動をとることを要求する。したがって，その義務違反の存否は定められた手段・方法がとられていたかどうかが基準となる。②「結果の義務」は，国家に一定の結果の達成を義務づけるが，達成の手段・方法は国家の裁量に委ねられる。したがって，義務違反は結果が達成されたかどうかが基準となる。③「特定事

態発生防止の義務」は，本来国家とは関係ない私人の行為や自然現象であっても，それらが特定の事態をもたらさないように，国家が防止すべきことを要求するものである。この場合も，②と同様，達成の手段・方法は国家に委ねられ，義務違反は特定事態の発生が基準となる。

(ウ) **国際義務違反の時間的側面**

国家が行為（作為・不作為）を行った時点で，国際義務に拘束されていなければ，その行為は国際義務違反にあたらない（ILC条文案13条）。したがって，国家責任の発生には，国家が国際義務に拘束されている時間の範囲内に，義務違反が発生する必要がある。このことから，国家責任について国際法の遡及適用は排除される。

国際義務違反の行為には，時間の経過を伴う継続的なものと，そうでないものとがあり，ILC条文案はこの点を区別している。国家の行為が，継続的な性質を有することなく完了してしまう場合には，たとえその行為の効果が継続するものであっても，行為の時点で国際義務違反が発生する（ILC条文案14条1）。他方，国家の行為が，継続的な性質を有する場合には，その行為が継続し，かつ，国際義務に合致しない状態にあるすべての期間において，国際義務違反が発生する（ILC条文案14条2）。継続的な性質を有する行為として，条約義務に違反する法律の存続，外国公務員の違法な拘禁や外国公館の違法な占拠，他国領域の違法な占拠，他国への同意なしの軍隊の駐留などがある。

ILC条文案は，時間的側面に関して，国家の行為に起因しない特定事態の発生を防止すべき義務の違反を，国家の行為による義務の違反から区別している。特定事態発生の防止の場合も，継続的な特定事態の防止（たとえば，産業活動に伴う継続的な越境汚染の防止）と，継続的でない特定事態の防止（たとえば，特定情報の公開の防止）とがある。ILC条文案はこの両者を対象とし，特定事態の発生を防止すべき国際義務の違反は，特定事態が発生した時点で生じ，その事態が継続しかつ国際義務と合致しない状態にあるすべての期間に及ぶとする（ILC条文案14条3）。

(エ) **国際義務違反の累積的側面**

ILC条文案はさらに，一連の作為はまたは不作為が累積した場合に違法となる，国家の複合的な義務違反についても規定を置いている。このような例とし

て，ジェノサイド，アパルトヘイト，人道に対する罪などの義務の違反が挙げられる。複合的義務違反も，一種の継続的な義務違反の性質を有しているが，義務違反を発生させる行為の時点と，義務違反が及ぶ時間的な範囲において独自性がある。まず，複合的義務違反は，一連の行為が違法行為を構成するのに十分な，決定的な作為または不作為があったときに，国際義務違反が発生する（ILC条文案15条1）。次に，時間的な範囲については，義務違反は，一連の作為または不作為の最初のものに始まり，そのすべての期間にわたる。義務違反はまた，これらの作為または不作為が繰り返されかつ国際義務と合致しない状態にある限り存続する（ILC条文案15条2）。時間的には後の複合的義務違反を発生させる行為が存在してはじめて，時間的に前にある最初の行為の義務違反が確定する，と考える点に特色がある。

（3） 違法性阻却事由

国家の行為が国際違法行為に該当するときでも，一定の条件を満たすならば例外的にその行為に違法性がないものとされ，国家責任の成立が妨げられる場合がある。この条件を違法性阻却事由と呼ぶ。ILC条文案は，以下にみるように，相手国の同意，自衛，対抗措置，不可抗力，遭難，緊急避難の6つの場合を挙げている。違法性阻却事由を証明する責任は，それを援用しようとする国家が負う。また，違法性を阻却する事由が存在しなくなった場合には，問題の国際義務は再び遵守されなければならない状態に戻る（ILC条文案27条(a)）。一般国際法上の強行規範に違反する行為については，違法性は阻却されない（ILC条文案26条）。

(ア) **相手国の同意**（ILC条文案20条）

加害国の国際違法行為に，被害国が同意（consent）を与えた場合には，当該加害行為の違法性は阻却される。ただし，同意は有効なものでなければならず，違法性が阻却される行為は，与えられた同意の範囲内にとどまる必要がある。また，違法性の阻却は，加害行為国と同意を与えた被害国との関係において発生する。同意による違法性阻却の例として，上空飛行や国内水路の航行といった他国による自国領域の通過が挙げられる。

(イ) **自衛**（ILC条文案21条）

武力の行使は本来国際違法行為の性質を持つが，武力の行使を伴う国家の行

為であっても，それが国連憲章に合致する適法な自衛（self-defence）である場合には，その違法性は阻却される。自衛とは，外国から違法な侵害である武力攻撃があった場合に，自国の防衛のため緊急の必要があるときには，武力をもって反撃し得る国家の権利である（国連憲章51条）。自衛は，緊急やむをえず，かつ，侵害行為と均衡のとれた武力行使に限り，許容される。

　(ウ)　**国際違法行為に対する対抗措置**（ILC条文案22条）

　国家が，他国の国際違法行為に対抗して，その国際違法行為の中止や賠償を求めてとる措置を，対抗措置（countermeasures）と呼ぶ（本章5(2)）。このような措置が，国際義務の違反を伴うものであっても，適法な対抗措置と認められる限り，その違法性は阻却される。

　(エ)　**不可抗力**（ILC条文案23条）

　不可抗力（*force majeure*）のために引き起こされた国家の国際違法行為については，その違法性は阻却される。不可抗力とは，抗し難い力または予見不可能な外的事情が存在し，それは国家の支配を越えるもので，それにより義務の履行が実質的に不可能になる状況をさす。不可抗力の介在する場合においては，国家は，その意思に反して（不本意ながら）あるいは他の選択肢がないために国際違法行為をせざるをえないという事情がある。たとえば，大地震のような例外的な自然現象のために，国家がその国際義務を履行できない状態などが挙げられる。ただし，①義務の履行を実質的に不可能にするような不可抗力の状況に，不可抗力を援用する国家の行為が寄与している場合，および，②国家が不可抗力の発生に伴う危険を受け入れている場合には，違法性は阻却されない。

　(オ)　**遭難**（ILC条文案24条）

　遭難（distress）による違法性阻却事由とは，次のようなものである。危難が発生した場合に，国家の行為の実行者が，自己の生命または保護を託された他者の生命を救うために，他に合理的な方法がなく，国際違法行為に及ぶときは，その違法性は阻却される。たとえば，国家の航空機が，天候や機器の故障などの理由から，乗員の生命を保護するために，他国領域に無断で侵入したり着陸したりする場合が挙げられる。遭難については，他の選択肢をとることは期待できないにせよ，実行者が自らの意思で，国際義務違反の行為を行う点に特徴がある。ただし，①遭難状態の発生に，遭難を援用する国家の行為が寄与

している場合，および，②遭難の際にとられる行為が，発生した危難よりも大きな危難をもたらすおそれのある場合には，違法性は阻却されない。

(カ) **緊急避難**（ILC条文案25条）

国家の国際義務違反の行為が，緊急避難（necessity）として違法性を阻却されるのは，次の場合に限られている。すなわち，当該行為が，①重大かつ切迫した危険から自国の根本的な利益を保護するためのものであり，②その義務違反の行為が唯一の方法であり，かつ，③その義務の保護する相手国（または国際共同社会）の根本的利益を重大に損なわない場合である。また，緊急避難の発生に国家が寄与している場合や，問題の国際義務が緊急避難の援用を排除している場合には，違法性は阻却されない。緊急避難の例には，公海上で座礁したタンカーからの大量の油流出に対し，自国の沿岸を保護するために沿岸国が他国のタンカーを爆撃したケースが挙げられる（トリー・キャニオン号事件）。緊急避難は，国家が自国の根本的利益を守るために，国際義務違反の行為を自らの意思で選択できる制度である。それゆえ，緊急避難が恣意的に用いられないために，他国の根本的利益との比較衡量をはじめ，厳格な要件が必要とされる。

（4） 国家責任と損害の発生

国家責任の成立には，その要件として損害の発生が必要とされるであろうか。損害の定義にも関連するが，一般には，実害としての損害（有形的損害）の発生は必要とされないと考えられており，ILC条文案も損害の発生を責任発生の独立の要件とはしていない。単なる主権侵害の場合（たとえば，航空機による領空の侵犯）には，実害の発生がなくとも国家責任の成立は認められる。

損害は，人身損害・財産損害のような経済的損害（有形的損害〈material damage〉）と国家の名誉，威厳または政治的利益に対する損害（非有形的損害〈moral damage〉）とに区別される。一般論としては，国際違法行為には，これらのいずれかの損害が必然的に伴うと考えられる。すなわち，その意味では損害は常に存することになり，そうすると経済的な損害（実害）が発生したかどうかは，判断基準にはなりえない。従って，有形的損害の発生は，国家責任の成立の要件として必ずしも必要とされない。

しかし，有形的損害があって初めて国家責任が生じる場合もある。国家の国

際義務（第一次規則）の中に，有形的損害の発生が義務違反の要件として組み込まれている場合である。たとえば，「越境汚染」のように，その原因である産業活動（たとえば，工場の操業）それ自体は国際義務に違反しないが，汚染物質が一定限度（受忍限度）を超えて他国に流入する場合には，他国における有形的な損害の発生が，国際義務の違反の構成要素となる。

（5） 国家責任と過失

　国家責任の成立に，国家の側の「過失」の要件が必要とされるかどうかについては，意見の対立がある。国家責任の成立要件は，国際違法行為の存在および行為の国家への帰属という，客観的な要件で足りるとする「客観責任主義」と，これら2つの要件に加え，故意・過失という国家の側の主観的な要件が独立して必要であるとする「過失責任主義」という2つの立場が存在する。

　グロチウスは，ローマ法の「過失のない者は本質上なにものにも拘束されない」という原則を基礎に，国際法上「国家もまた自己の過失なくして，他人の行為に責任を負わない」と考えた。以来，過失の要件が一般に必要であるとする考え（過失責任主義）が伝統的な見解として認められてきた。

　20世紀に入ると，客観責任主義の側からは，過失責任主義に対して，官吏の権限外の行為，立法機関による条約違反の国内法制定ないし条約の要求する国内法の不制定，あるいは，司法機関の裁判拒否といった局面においては，国家機関の行為のいかなる点に過失があるのかを見出すことは困難であり，このような場合に国家の過失を問うことは意味がないという批判が向けられた。また，私人の行為に関する国家責任についても，従来，過失の要件と考えられてきた，国家の「相当な注意」を払う義務は，相当な注意を尽くすという客観的な義務の違反を構成するかどうかの問題であり，過失という主観的心理的な要件ではないという主張がなされた。

　客観責任主義は，過失の有無にかかわらず，国家に帰属する国際義務の違反という客観的な要因のみで国家責任が成立するという構成をとる。また，この立場は，従来，過失とされてきた要素（たとえば，「相当な注意」）が問題となる場合には，そのような要素を国際義務（第一次規則）の内容として位置づけることによって解決しようとする。今日では，客観責任主義が，有力な見解であり，ILC条文案もこの立場を採用している（ILC条文案2条）。

他方，過失責任主義の側にも変化がある。過失の概念は，以前は，国家機関の地位にある者が行為（作為・不作為）を行う際の心理状態に着目する，注意の欠如という非難可能性を指すものであり，これこそが客観責任主義の批判の的であった（心理的要因説）。しかし，今日では，過失は，国家機関の行為について国家そのものの負う注意義務の不履行という非難可能性ととらえられている（違法性帰属要因説）。

　私人の行為に関しては，客観責任主義は，過失の要件性を否定しつつも，客観的な義務違反の判断の問題として「相当な注意」が払われたかどうかを考慮する。したがって，客観責任主義においても，「相当な注意」は，独立の要件かどうかはともかく，国家責任の成立を判断するための1つの要素であることにはかわりはなく，この限りにおいては，客観責任主義と過失責任主義との間に，実質的な大きな差異はないことになる。

（6）　無過失賠償責任

　国際違法行為に基づく国家責任（state responsibility）とは別に，国際法上の無過失賠償責任（strict liability ; absolute liability）が，条約上の制度として発展してきた。無過失賠償責任とは，国際法上禁止されていない活動に関して，特定の損害が発生し，活動と損害との間に因果関係が存在するならば，活動の違法性や過失を問うことなく，損害賠償責任が発生するというものである（§Ⅹ3(2)参照）。無過失賠償責任は，国家責任（客観責任主義，過失責任主義）と，法的な根拠や構成がまったく異なるものである点に注意を払う必要がある。

　無過失賠償責任は，科学技術を駆使した高度に危険な活動に起因する，重大な損害に対する事後救済を目的とするものであり，このような問題に必ずしも迅速かつ効果的に機能しえない国家責任の制度を補う役割をもつものといえる。高度に危険な活動は，危険が伴うとしてもその有用性から禁止されず，また，産業上の管理が十分行われているため損害発生の蓋然性は低いが，ひとたび事故や災害が発生すると大規模な損害をもたらすような活動である。また，科学技術を駆使する新規の産業活動については，それに起因する損害を予見することは困難であり，国家の側に「相当な注意」を払う義務を期待することは，一般に困難または不可能である。

　ILCにおいては，高度に危険な活動から生ずる損害に対する無過失賠償責任

を認めるか否かの検討がなされており，1978年から「国際法によって禁止されない活動から生じる有害結果に関する国際賠償責任」の条約案の作成作業が行われている。

4　国家責任の効果

ここでは，国家責任がもたらす国際法上の効果について検討する。ILC条文案によれば，国家責任の効果は大きく2つに分かれる。1つは，(1)違法行為を停止することなどを通じて，違法行為以前のもともと存在した法的な関係に再び戻らなければならない違反国の義務である。もう1つは，(2)違法行為によってもたらされた違法な結果を是正するために違反国が行う賠償の義務である。これらの国家責任の効果から生ずる義務を履行しないことを正当化するために，国内法を援用することは許されない（ILC条文案32条）。国家責任の効果から生ずる義務は，国際違法行為の原因となった国際義務（第一次規則）の性格と内容およびその違反の状況に照らして，相手国，複数の国家または国際共同体全体に対する義務となりうる（ILC条文案33条）。すなわち，国家責任の効果としての義務においても，普遍的義務の存在が考慮されている。

（1）　以前の状態に戻る義務

ILC条文案は，違法行為以前に存在した状態に戻る（return to *status quo ante*）義務をさらに2つに区分している。すなわち，違反した国際義務について違反国家はどのように対処すべきかという問題と，国際義務の違反状態が継続する場合に，義務違反の行為に対していかに対応すべきかの問題である。

前者については，国際義務に違反した国家は，国際違法行為の法的効果が生じても，違反した国際義務を履行する義務はなおも存続するとする（ILC条文案29条）。つまり，違反の結果国家責任が生じ，それによる新たな義務が課せられたとしても，もともとの違反した義務は消滅せずに残り続けるのである。

後者については，国家責任を負う国は，①原因となった国際違法行為が継続している場合には，その行為（作為・不作為）を停止（cessation）しなければならず，また，②状況が必要とする場合には，再発防止のための適切な保証を行わなければならない（ILC条文案30条）。違法行為の停止は，現在の義務違反の

状態を違法行為以前の状態に戻すことにとどまり，将来の行為に何らかの関与をするものではない。他方，再発防止の保証は，将来の行為にも及ぶ積極的な予防の意味をもつものとみることができる。

（2） 賠償の義務

責任を負う国家は，国際違法行為により生じた侵害（被害）に対して十分な賠償を行う義務を負う。ここにいう侵害とは，有形的損害か非有形的損害かを問わず，国際違法行為により引き起こされたすべての損害を含む（ILC条文案31条）。賠償（reparation）とは，事後的な救済のことであり，責任の解除あるいは回復とも呼ばれる（広義の賠償）。賠償の具体的な意味が何かについては，可能な限り違法行為の一切の結果を取り除き，当該違法行為がなかったならばおそらく存在したであろう状態に復元することである（1928年常設国際司法裁判所ホルジョウ工場事件（本案）判決）。賠償の形態には，原状回復，金銭賠償（狭義の賠償）およびサティスファクションがあり，それらは単独でまたは組み合わせて用いられる（ILC条文案34条）。

また，ILC条文案は，国際違法行為の被害国やその被害者が，故意または過失のある作為・不作為により損害の発生に実質的に寄与している場合には，賠償の決定に際しては，そのような寄与が考慮されるとする（ILC条文案39条）。

㋐ 原状回復

国家責任を負う国家は，原状回復（restitution *in integrum*）の義務を負う。原状回復とは，違法行為が行われる前に存在した状態に復元する（再び作り出す）ことである（ILC条文案35条）。他方，ホルジョウ工場事件判決のように，原状回復を，違法行為が行われなかったであれば存在したであろう状態の復元としてとらえる立場も存在する。後者の方が，原状回復をより広く理解しようとする。

国際法上，国家責任が成立した場合の事後救済においては，原状回復が基本的な方法とされている。ただし，次の2つの場合には，原状回復は要求されない（ILC条文案35条）。

第1は，原状回復が実際上不可能な場合である。この例には，人命の喪失をはじめ，財産が，永久に失われたり，破壊されたりまたはその価値が減失してしまったりする場合が挙げられる。ILC条文案においては，国内法の援用によ

る義務違反の正当化を認めていないことから（ILC条文案32条），原状回復に対する違反国の法的，政治的または行政的な障害は，原状回復が実際上不可能な場合とはみなされない。

　第2は，原状回復がなされると，被害国や被害者によって得られる利益に比べ，責任を負う国家には著しく均衡を欠く負担が生じる場合である。著しい不均衡が存在するかどうかは，公平や合理性の観点から利益衡量を通じて判断されることになる。

　(イ)　金銭賠償

　損害の回復が，原状回復によっては十分になされない限りにおいて，責任を負う国家は，金銭賠償（compensation）を行う義務を負う（ILC条文案36条1）。このように金銭賠償には，原状回復を補完するような性格が原則的に与えられているものの，現実には，金銭賠償は最も一般的に用いられている回復の手段である。

　ILC条文案によれば，逸失利益を含め金銭上評価可能ないかなる損害も，それが証明される限りにおいて，金銭賠償の対象となる（ILC条文案36条2）。金銭賠償は，国際違法行為から生じた相当な因果関係の範囲内にある損害であることが証明されなければならない。したがって，相当因果関係の範囲内にある金銭上評価可能な損害であれば，違法行為から直接生じた人身損害や財産損害（直接損害）のみならず，逸失利益のような間接的な損害も金銭賠償の対象となる。しかし，金銭上評価しえない損害，たとえば，有形的損害を伴わない国家の権利侵害のような，国家の受ける精神的損害（moral damage）については，金銭賠償の対象から外れることになる。

　ILC条文案における金銭賠償は，発生した現実の損害を補塡することを目的としている。それゆえ，懲罰的損害賠償のような現実の損害を超える額の金銭賠償を課することは，現実の損害の回復を超えて，責任を負う国家を処罰したり懲戒したりする性格を伴うことになるので，ここにいう金銭賠償の範囲を越えるものとなる。

　(ウ)　サティスファクション

　サティスファクション（satisfaction）とは，外形的行為による救済，精神的満足，謝罪などとも呼ばれる。これは，原状回復または金銭賠償によって損害

が回復されない限りにおいてとられる、原状回復または金銭賠償以外の回復の形態である（ILC条文案37条1）。

サティスファクションの対象となる損害とは、金銭的評価が可能ではない損害、すなわち、上記の国家の受ける精神的損害や、単純な義務違反の事実に起因する象徴的な損害のような非有形的損害（non-material injury）である。

サティスファクションの内容は、違反の自認、遺憾の意の表明、公式の陳謝を含み、その他の適切な態様をとることもできる。したがって、責任者の国内法上の処罰や再発防止の保証なども含まれる（ILC条文案37条2）。

サティスファクションは、損害の程度に比例したものでなければならず、また、責任を負う国家にとって屈辱的なものであってはならない（ILC条文案37条3）。

5　国家責任の履行

国際違法行為が存在し国家責任が成立する場合には、以上でみてきたような国際法上の効果が伴う。責任を負う国家が、国家責任から生ずる義務を果たさない場合には、被害国（など）がその実現を要求することになる。これが国家責任の履行の問題である。これには、被害国が加害国に対して行う、責任の追及と対抗措置という2つの対応がある。

(1)　国家責任の追及

(ア)　法益の侵害

国際違法行為を受けた被害国は、加害国の責任を追及する権利を有する。責任の追及は、国際請求とも呼ばれ、国家責任の義務の履行そのものを要求することであり、当事国間の交渉あるいは国際裁判等の紛争解決手続を通じて行われる。

国家責任追及のための要件としての法益侵害は、国家責任成立の要件としての損害発生の問題とは、区別される。責任を追及するためには、その前提として、被害国に対する法益の侵害が存在しなければならない。ここでの法益の侵害とは、国際法上保護される国家の権利や利益（保護法益）が損なわれることであり、そこには有形的な侵害のみならず非有形的な侵害も含まれる。し

がって，法益侵害の発生には，実害（物質的・経済的被害）が生じていることは必ずしも必要とされない。

ILC条文案は，被害国が責任の追及をすることができる条件として，次のものを挙げる（ILC条文案42条）。1つは，2国間の条約関係におけるような，特定の被害国に対する国際義務違反である。2つめは，多数国間の条約関係におけるような，被害国を含む国家の集団または国際共同体全体に対する国際義務違反であって，被害国がそれにより特別な影響を受ける場合，および，そのような義務違反が，その後の義務の履行について他のすべての国家の立場を根本的に変更する場合があるとされる。この区分は，ウィーン条約法条約（60条 条約違反の結果としての条約の終了または運用停止）の規定に準じた形をとっているが，いずれの場合でも，基本的には被害国の法益侵害の存在が要求されている。

(イ) **外交的保護**

国家は，自国民の権利や利益を他の国家の国際違法行為から保護する，国際法上の権利を有する。これを外交的保護（diplomatic protection）と呼ぶ。従来，外交保護が問題となってきたケースは，次のようなものである。すなわち，個人が，外国国家の領域内において損害（身体損害・財産損害）を受けた場合に，個人の本国が，損害をもたらした他の国家の国際違法行為（作為・不作為）に対して，自国民の救済を求めたり，その国の国家責任を追及するケースである。

外交的保護は国家の他国に対する権利であるので，それを行使するかどうかは，被害者個人の請求とは関係なく，国家の裁量に委ねられる。また，外交的保護がなされ被害者の本国が賠償を得たとしても，それは個人に認められた権利ではないので，国際法上は，本国には被害者個人を救済する義務はない。これらの点を指して，外交的保護の国家的性格と呼んでいる。

外国在留の個人には，属人的管轄に基づく本国の外交的保護と，属地的管轄に基づく在留国の領域主権の両者が及ぶため，両者の衝突を避けるための調整が必要となる。そのため，個人の本国が外交的保護を行使するためには，伝統的に2つの要件が満たされる必要がある。1つは国籍継続の原則であり，もう1つは国内救済完了の原則である（ILC条文案44条）。

(a) **国籍継続の原則**　外交的保護の目的は自国民の保護にあるため，対象

となる個人は，外交的保護を行使する国の国籍を有していなければならない。さらに，個人がより効果的な外交的保護を求めて自己の都合のよい国籍に便宜的に変更することは認められるべきではないことから，個人の国籍は，外交的保護の原因発生の時からその行使の時まで継続している必要がある。これが「国籍継続の原則」である。継続期間の始期は，個人が損害を受けたときであるが，終期については見解が分かれ，外交的保護を通じて最終的な解決に至ったとき，または，その国際請求が提起されたとき，とされる。ところで，会社に対して外交的保護を行使できる国家は，会社が設立された国や本拠地が所在する国とされてきたが，バルセロナ・トラクション事件判決では，会社が設立されかつ本拠地のある国である，との基準が示された。

また，外交的保護を行う国と被害者個人との間には，単に形式的な国籍の関係があるだけでは足りず，両者の間に「真正な結合」，すなわち実質的な関係が存在することが必要とされている。

(b) **国内救済完了の原則**　国家による外交的保護の行使の前提条件として，あらかじめ被害者個人が，加害国で利用可能なすべての救済手段を尽くしている必要がある。これを「国内救済完了の原則」という。この原則は，外国での個人の被害について，国内的な紛争解決手段と国際的な紛争解決手段がある場合には，前者を優先し後者を補充的なものにするはたらきをもつ。原則的には，被害者は，国内訴訟の最上級審まですべての手続を尽くす必要があるが，他方，例外もある。①たとえば，最初から明白に外国人に公正な救済が与えられていない場合や，判例上上訴しても勝訴する見込みがない場合などの実効性に欠ける場合，②被害者が加害国の領域外にいる場合または領域に非自発的に入った場合，および，③国家そのものや国家機関の法益が侵害された場合には，国内救済完了の原則は適用されない。なお，ILC条文案は，利用可能かつ実効的な国内救済が尽くされることを求めている（ILC条文案44条）。

(c) **カルヴォ条項**　中南米諸国は，欧米諸国による自国の海外進出企業への外交的保護の行使に対抗するために，自国（中南米諸国）と外国人（進出してきた外国企業）との間の契約（コンセッション）の中に，契約に関する紛争はすべて国内の裁判手続（国内救済）によって解決し，外交的保護は行使しない，との条項を盛り込むことを行ってきた。これが「カルヴォ条項」である。しか

し，私人である外国企業が，本国の国家の権利である外交的保護を，進出先の国家との契約の中で放棄することは不可能であるため，今日では，一般に，カルヴォ条項の国際法上の効力はなく，この条項が存在しても本国は外交的保護を行使しうるとされている。

(ウ) 普遍的義務と責任の追及

普遍的義務（国際社会の一般利益に対する義務）が存在しうるかという問題（本章2）とは別に，普遍的義務の違反があった場合に，直接にその法益を侵害されていない国家も，違反国の責任を追求できるかという問題がある。

ILC条文案48条は，普遍的義務の違反に対して，被害を受けない国が責任を追及することを肯定する。それによれば，国際共同体全体に対する義務（普遍的義務）の違反，または，集団的利益の保護を目的とする国家集団に対する義務の違反の場合には，被害国以外のいかなる国も義務違反国の責任を追及する権利を有する。その上で，責任を追及する国家は，国際違法行為の停止と再発防止の保証，および，賠償の義務の履行を，責任を負う国に請求することができるとする。

このようなILCの進歩的な立場とは裏腹に，国際共同体全体の利益を侵害する行為（普遍的義務の違反）について，被害を受けていない国家が義務違反国の責任を追及できるとすることは，一般には消極的にとらえられている。その理由は，次の点にある。すなわち，今日の国際法上，民衆訴訟（*actio popularis*）を提起する制度が一般には存在していないため，法益侵害を受けない国家は普遍的義務の違反国家の責任を追及する手続を有していないこと，また，従来の責任追及のしくみのもとでは当事者適格（原告適格）または法的利益（訴えの利益）が欠けると判断されるため，責任追及のための請求原因が確定できないことが指摘されている。

(2) 対抗措置

国際違法行為の被害国は，責任を負う加害国に対して，国家責任の義務を履行させるために一方的な措置をとることができる（ILC条文案49条1）。これが対抗措置（復仇）である。ILC条文案によれば，対抗措置の目的は国家責任の義務の実現に限られており，その意味で，対抗措置は加害国に対する処罰的な性格を有しない。対抗措置は，加害国の違法な行為に対して被害国も違法な行

為で対抗しうるものであり，その点で，単に不当な行為に対して同様な不当な行為で対応する報復とは区別される。

　適法な対抗措置の要件には，次のようなものがある。対抗措置としてとられる国際義務違反の行為は，一時的なものに限られるほか，とられる対抗措置は，原因となった国際違法行為によってもたらされた損害と均衡のとれたものでなければならない（ILC条文案49条2・51条）。対抗措置は，武力行使の禁止，基本的人権の保護，国際人道法上の個人に対する復仇の禁止に反したり，一般国際法の強行規範を損なうものであってはならない（ILC条文案50条1）。被害国は，対抗措置をとる前に，加害国に対する義務履行の要求，交渉および紛争解決の手続を履行することが義務づけられている（ILC条文案50条2・52条1）。原因となった国際違法行為が停止された場合や，紛争が拘束力ある紛争解決機関に付託された場合には，被害国は対抗措置をとることはできず，すでにとられている対抗措置は遅滞なく停止しなければならない（ILC条文案52条3）。また，加害国が国家責任の義務を履行した場合には，被害国は対抗措置を直ちに終了しなければならない（ILC条文案53条）。

§XII 紛争を平和的に解決するには

1 国際紛争の平和的解決

(1) 国際紛争とは

　国際紛争とは，事実，法または政策に関する主張・請求について一方の国家の主張が，他方の国家の主張する見解と一致せず，互いに拒絶・反対することをいう。このような国際紛争を武力によらず平和的手段によって解決することは，国際法学の重大な関心の1つである。なお本章では，原則として国家間の紛争の平和的解決についてのみ扱うこととし，国家間紛争でない内戦（内乱）や国家と企業・個人間の紛争については検討対象としない。

(2) 武力行使の禁止と紛争の平和的解決義務

　伝統的国際法は，国家間の紛争を解決する手段として，外交交渉や周旋・仲介などの平和的な紛争解決方法以外に，戦争のように武力を用いた強制的な方法を認めてきた。しかし，第1次世界大戦後，戦争に代表される武力行使を一般的に違法化して，武力を用いた紛争解決を原則として禁ずるようになった（たとえば，1928年の「戦争抛棄ニ関スル条約（不戦条約）」）。第2次世界大戦の反省の下に成立した国連憲章も，すべての国連加盟国が国際紛争を平和的手段によって解決しなければならないとし（2条3項・33条1項），紛争の平和的解決に関する第6章を設けた。この紛争の平和的解決の原則は，その後の国連総会決議で繰り返し確認されている（たとえば，1970年の「国際連合憲章に従った諸国間の友好関係及び協力についての国際法の原則に関する宣言（友好関係原則宣言）」（国連総会決議2625）（Ⅰ第2原則）や，1982年の「国際紛争の平和的解決に関する宣言（マニラ宣言）」（国連総会決議37／10））。今日では紛争の平和的解決の義務は国際法上確立しており，慣習法上の義務であるといわれる（たとえば，

国際司法裁判所のニカラグア事件判決（本案）(1986年))。

(3) 紛争解決手段の多様性と選択の自由

　国際社会は，国際紛争平和的処理条約（1899年締結，1907年改正）や国連憲章第33条1項を通じて国際紛争の平和的解決のための手段を発展させてきた。今日では多様な紛争解決手段が存在し，交渉，周旋，仲介，審査，調停，国際連合による紛争解決，常設仲裁裁判所（PCA）および国際司法裁判所（ICJ）などがある。これらの紛争解決手段は，紛争解決を促進する第三者が当事者を法的に拘束する決定を行うか否かを基準として，裁判による解決手段とそれ以外の解決手段とに大別される。

　これらの紛争解決手段のうちいずれを選択するのかは，原則として，紛争当事国の自由に委ねられている（憲章33条1項，友好関係原則宣言 I 第2原則5項，マニラ宣言 I 部3項・10項）。国際社会は未だ分権的な性質を有するため，裁判に代表される組織的な紛争解決手段が必ずしも適切であるとはいえない。また，条約によって，特定の紛争解決手段を義務づけることや，特定種類の紛争解決手段の中から当事者が選択することもある。

　このように紛争解決手段選択の自由が認められていることから，同一の事実に基づく紛争であっても，異なる複数の紛争解決手段に紛争が付託されて，それらの結論が相互に抵触・矛盾する可能性がある（国際法の断片化）。

(4) 法律的紛争と政治的紛争

　国際紛争の解決を目的とした条約や学説において，国際紛争をその性質により「法律的紛争」と「政治的紛争（または非法律的紛争）」とに分類することが行われてきた。ここで法律的紛争とは，国際法の適用を通じて紛争解決が可能であり，とくに裁判による紛争解決が望まれる紛争をいう。これに対して，政治的紛争とは，国際法の適用を通じては解決できず，裁判以外の政治的な紛争解決手段によって解決される紛争をいう。法律的紛争と政治的紛争を区別する基準として，①政治的な重要性の有無，②適用できる国際法規範の存否，③国際法に基づいて紛争解決を行うという当事者の意思の有無などがこれまでに主張されてきた。このような法律的紛争と政治的紛争の区別は，今日でも実定法上なされている（たとえば，国連憲章36条3項，国際司法裁判所規程36条2項）。

　多くの国家間紛争は法的側面と政治的側面の両方を兼ね備えており，また，

国際社会には中央集権的かつ恒常的な立法機関や執行機関が存在しないという現実の中で，国際紛争を実際に解決するためには，法的解決手段とそれ以外の政治的紛争解決手段とを状況に応じて柔軟に活用することが必要となる。たとえば，ICJも，付託された紛争が政治的性格を有するとしても，その法的側面については判断可能であるとしている（たとえば，在テヘラン米国大使館員等人質事件（本案）(1980年))。もっとも，付託される事件が例外的に高度な政治性を有するため司法判断適合性に欠け，ICJが判断を回避するべき司法権の限界が存在すると主張されることがある。

2　裁判以外の紛争解決──交渉・周旋・仲介・審査・調停

(1)　交　渉

交渉 (negotiation) は，紛争当事国が，自らの外交手続等を利用し，第三者を介在させずに相手国と直接に接触して，紛争解決を図るものである。

条約の中には，紛争当事国に対して，まず交渉または協議 (consultation) を行うべきことを義務づけているものもある（たとえば，「条約についての国家承継に関するウィーン条約」41条，「国家の財産，公文書及び債務についての国家承継に関するウィーン条約」42条，国連海洋法条約283条，「原子力事故の早期通報に関する条約」11条1項）。また，条約上，交渉によって紛争が解決されなかったことが，他の紛争解決手段へ移行するための前提条件となることもある（たとえば，国際紛争平和的処理条約9条・38条，「国際紛争の平和的解決に関する改正一般議定書」1条）。もっとも，一般国際法上は，交渉が継続しているとしても，他の紛争解決の手段に訴えることの妨げとはならない。

また，ICJは，裁判判決の中で，最終的な紛争解決を当事者に委ねて，紛争当事国に対して誠実な交渉を行うよう命じ（交渉義務命令），その交渉過程において考慮すべき要因を示すこともある（たとえば，北海大陸棚事件（1969年），漁業管轄権事件（本案）(1974年))。

(2)　周旋と仲介

周旋 (good offices) と仲介 (mediation) は，紛争と直接の利害関係を有しない第三国（国家元首やローマ教皇を含む）が，その影響力を利用して，紛争解決

へと導くものである(国際紛争平和的処理条約2条・3条)。周旋と仲介は第三国の関与の程度によって理論上は区別される。周旋は、介入の程度が比較的弱く、交渉の機会や会場を提供するなど、第三国が紛争解決を促進するために便宜を与えるものをいう。仲介は、居中調停とも呼ばれ、第三国は単なる便宜提供に止まらず、紛争当事国の主張の調整や解決案の提示など、交渉の内容に直接的に関与する。周旋と仲介との区別は、実定法上明確ではなく、事実上区別せずに用いられることも多い。

周旋の例としては、日露戦争についてアメリカのセオドア・ルーズベルト大統領の周旋によるポーツマス条約の締結(1905年)、ベトナム戦争についてフランスの周旋によるパリ協定の調印(1973年)があげられる。仲介の例としては、インドとパキスタン間の紛争についてソ連のコスイギン首相の仲介によるタシケント会談(1966年)、アメリカのカーター大統領の仲介によるエジプトとイスラエルのキャンプ・デービッド合意(1978年)と平和条約締結(1979年)、在テヘラン米国大使館員等人質事件に関するアルジェリアの仲介(1981年)などがある。

(3) 審　　査

審査(inquiry)は、個人資格を有する委員から構成される審査委員会が、中立の第三者の立場から、紛争当事者間の合意に基づいて事実調査を行い、事実関係を明確にすることで紛争解決を促進する方法である。審査は、1899年の国際紛争平和的処理条約において初めて設けられたが、国家間の紛争解決のために実際に利用されることは少ない。しかし、紛争の性質によっては、審査の有用性は必ずしも否定されていない。

審査の例としては、日露戦争の際に、ロシアのバルチック艦隊が北海近海のイギリスの漁船を日本の水雷艇と誤認して砲撃したことを端緒とした1904年のドッガー・バンク事件に関する、イギリスとロシア間の国際審査委員会がある。

さらに、審査の機能は、必ずしも事実関係の解明に限定されないことがある。たとえば、先のドッガー・バンク事件では、国際審査委員会は、付託合意に基づいて、事実の解明に加えて、ロシア側に責任があるとする報告書を提出した。また、イギリスとデンマーク間で争われた1961年のレッド・クルセイダー号事件では、国際審査委員会は事実関係の解明に止まらず、法と責任の問題にも言

及した報告書を提出した。

（4） 調　　　停

調停（conciliation）は，個人資格を有する委員から構成される国際調停委員会が，中立の第三者の立場から，事実調査・法的検討・解決条件の提示などを行い，これによって国際紛争の解決を図るものである。調停は，紛争解決手段として条約中に規定される場合もあるが，紛争当事国間の合意によって事後的に設置される場合もある。「国際紛争の平和的解決に関する改正一般議定書」（1928年国際連盟総会採択，1949年改正）は，紛争を，調停，司法的解決（国際司法裁判所）または仲裁裁判のいずれかに付託すべきことを定めている。なお，国際調停委員会が提示する解決条件は，一般に法的拘束力を有さず勧告としての性質を持つだけである。

調停の例としては，アイスランドとノルウェー間のヤン・マイエンの大陸棚境界画定に関する調停委員会（1981年）がある。調停は国家間紛争の解決のために頻繁に利用されてきたわけではないが，近年，特定分野の条約の解釈・適用をめぐる当事者間の紛争解決を図るための手段として規定されている（たとえば，「市民的及び政治的権利に関する国際規約」42条，「条約法に関するウィーン条約」66条ｂ・附属書，国連海洋法条約284条・第15部第3節・附属書Ⅴ）。

3　国際連合による紛争の平和的解決

（1）　国連憲章における紛争の平和的解決

国連憲章は，その第6章で，国連とその加盟国が行う紛争の平和的解決手続を規定し，紛争処理にあたる主要な機関として安全保障理事会と総会を予定している。安保理は，国際の平和及び安全の維持に「主要な責任」を負い（24条），総会も紛争処理に関して広範な権限を有するが，安保理との関係では制約を受ける。今日ではこのほかに国連事務総長の役割も重要である。本節ではこれら国連機関による紛争解決を概説する。

（2）　安全保障理事会による紛争の平和的解決

(a)　**安全保障理事会による紛争への関与**　　国連憲章第6章が定めている安保理の紛争解決への関与の方法には，以下のものがある。

第1は，安保理が国際紛争を審査し勧告する義務を負う場合である。①国連加盟国は，「継続が国際の平和及び安全の維持を危くする虞のある紛争」について，当事国が選択する平和的手段によって解決を求める義務を負う（33条1項）。②これによっても当事国間で解決に至らなかった場合，紛争を安保理に付託しなければならない（37条1項）。この付託は，合意によらずとも，片方の当事国によって一方的に行うことができる。③安保理は，このようにして付託された紛争が，「紛争の継続が国際の平和と安全の維持を危くする虞」のあるものであるか否かを審査する（37条2項）。④この審査によって虞があるとされた場合，安保理は，(i)紛争当事国に対して，「適当な調整の手続又は方法」を勧告するか，(ii)「適当と認める解決条件」を勧告しなければならない（37条2項）。

第2は，安保理が自主的に事実調査を行う場合である。安保理は，「紛争」の継続または「国際的摩擦に導き又は紛争を発生させる虞のある事態」の継続が，「国際の平和及び安全の維持を危くする虞」となるかどうかを決定するために，事実関係を調査することができる（34条）。このため，国連加盟国（35条1項），総会（11条3項），事務総長（99条）は，安保理に対して注意を促すことができる。また，総会は「総会に付託される国際の平和及び安全の維持に関するいかなる問題」についても安保理に対して勧告することができる（11条2項）。さらに，国連の加盟国でなくとも，憲章の平和的解決の義務を受諾すれば，自国が当事者である紛争について，安保理に対して注意を促すことができる（35条2項）。

第3は，すべての紛争当事国の合意に基づく安保理への付託である。安保理は，たとえ紛争が国際の平和と安全の維持を危くするような重大なものでないとしても，すべての紛争当事国が要請すれば，平和的解決のために勧告することができる（38条）。

(b) **安全保障理事会での紛争等の討議と勧告**　このようにして紛争もしくは事態が安保理に付託された場合（「安全保障理事会仮手続規則」規則3）または理事国によって会議の要請がなされた場合（同規則2），安保理の議長は，安保理を招集する。「紛争当事国」は，理事国でない国連加盟国または国連の非加盟国だとしても，当該紛争の討議に投票権なしで参加するよう勧誘され（国連

憲章32条)，また，「利害関係国」は，理事国でない国連加盟国であっても，安保理が利害関係を認めれば投票権なしで討議に参加することができる（31条）。

安保理による紛争処理の遂行にあたっては，①国連の目的と原則に従って行動すること（24条2項），②当事者が既に採用した紛争解決の手続を考慮すること（36条2項），③解決手続の勧告に際しては，法律的紛争が原則としてICJに付託されなければならないことを考慮すること（36条3項）などの制限がある。しかし，現実の慣行において安保理は広範な裁量を有しており，特定の条文に依拠することなく柔軟に対応している。

(3) 総会による紛争の平和的解決

総会は，憲章の範囲内にある問題または事項を討議・勧告する広範な権限を有する（10条）。紛争の平和的解決についても，①「国際の平和及び安全の維持についての協力に関する一般原則」を審議・勧告し（11条1項），②「総会に付託される国際の平和及び安全の維持に関するいかなる問題」についても討議・勧告し（11条2項），③「一般的福祉又は諸国間の友好関係を害する虞があると認めるいかなる事態」についても，これを平和的に調整するための措置を勧告することができる（14条）。それゆえ，紛争の平和的解決の分野において総会が憲章上与えられている権限は，討議の対象・手続が厳密に定められている安保理よりも，広範である。なお，国際の平和および安全の維持に関する勧告は，重要問題として扱われ，総会の決定にあたっては3分の2の多数が必要となる（18条2項）。

もっとも，安保理との関係で総会は次のような制限を受けている。①安保理が憲章によって与えられた任務を紛争または事態について遂行している間は，総会は安保理の要請がないかぎり，勧告をしてはならず（12条1項），②総会に付託された紛争または事態を討議するにあたって，「行動」を必要とするものについては，討議の前後に安保理に付託しなければならない（11条2項）。

(4) 事務総長による紛争の平和的解決

紛争の平和的解決の分野において，国連事務総長に国連憲章上認められている権限は，①総会または安全保障理事会などの諸機関から委託される任務を行う権限（98条）や，②「国際の平和及び安全の維持を脅威すると認める事項」について安保理に注意を促すこと（99条）である。さらに，事務総長としての

憲章上の一般的権限に基づき，事務総長自らのイニシアチブで，紛争解決のために広範な活動を行っている。

実際の紛争に際して，事務総長は，自らや事務総長特別代表等による調査，周旋・仲介活動，平和維持活動（PKO）などを，安保理等との連携の下に実施している。また，ニュージーランドとフランスの間のレインボー・ウォーリア号事件（1985年）で，国連事務総長は，両国の要請により裁定を行った（1986年）。

4 仲裁裁判所

（1） 仲裁裁判の意義と歴史

仲裁裁判（arbitration）は，その判決が紛争当事者を法的に拘束する点において常設の国際司法裁判所による司法的解決と同様であるが，事件毎の当事者の合意によって裁判所が設置され，その構成や裁判準則が決定される点で異なる。

近代仲裁裁判の歴史は，イギリスとアメリカが締結した1794年の友好通商航海条約（ジェイ条約）にさかのぼる。本条約は，英米同数の国民からなる3種類の混合委員会の設置を定めていたが，これが19世紀の仲裁裁判の発展へとつながった（たとえば，南北戦争中のイギリスの中立義務違反に関するアラバマ号事件仲裁判決（1872年））。

（2） 常設仲裁裁判所

常設仲裁裁判所（PCA）は，1899年の国際紛争平和的処理条約によって設置され，1907年の修正でも同制度は維持された（41条）。その名称にもかかわらずPCAの法廷は常設されず，国際事務局がオランダのハーグにおかれた（43条）。PCAの仲裁裁判官の選定手順としては，①各締約国が，4人以内の仲裁裁判官をあらかじめ任命し（44条1項），②国際事務局は，任命された仲裁裁判官の総名簿を全締約国に通知し（44条2項），③締約国は，実際の紛争をPCAに付託する際に，この名簿をもとに裁判部を構成する裁判官の選定を行う（45条）。PCAの手続では，裁判部の構成や手続を紛争当事国の合意によって定めることができるが，国際紛争平和的処理条約は，当事国がこのような合意をしない場合の補充的な規則を定めており，本規則はPCA以外の仲裁裁判

手続にも影響を与えている。

（3） 仲裁裁判所の構成・手続・準則

紛争当事国が仲裁裁判所へ事件を付託するために締結する合意は、一般にコンプロミー（compromis）と呼ばれる。通常、コンプロミーにおいて、仲裁裁判所の構成、仲裁裁判官の選定方法、裁判手続、裁判準則などが定められる。また、仲裁への付託手続を定める付託条項を有する条約も存在する。

裁判準則もコンプロミーによってさまざまに異なる。条約によっては実定法の厳格な適用を緩和し、柔軟な解釈・適用を許容するものもある（たとえば、国際紛争平和的処理条約は「法ノ尊重ヲ基礎トシ」て仲裁裁判を行うとするが（37条）、これは法の厳格な適用の緩和を認めたものだといわれる）。また、「衡平及び善に基づく」裁判を認める条約もある（たとえば、「国際紛争の平和的解決に関する改正一般議定書」は、適用法規が欠缺している場合、衡平と善に基づいて裁判を行うとする（28条））。仲裁裁判の判決は、法的拘束力を有する（国際紛争平和的処理条約37条）。

このように仲裁手続は柔軟であるため、技術性・専門性が強い分野の紛争に関しては、仲裁裁判が活用されている（たとえば、国連海洋法条約は、拘束力を有する紛争解決手続の選択について紛争当事者が宣言をしていないか一致しない場合、仲裁裁判に付託されるとする（287条3項・5項））。また、仲裁裁判所は、国家以外の主体（国際機構・会社・自然人）との紛争解決手段としても利用される。

5　国際司法裁判所

国際司法裁判所（ICJ）は、国際連盟時代に設立された常設国際司法裁判所（PCIJ）の後身であり、オランダのハーグに設置される（国際司法裁判所規程（以下、規程）22条1項）。ICJは、国連憲章上、国際連合の「主要機関」の1つであり（憲章7条1項）、「主要な司法機関」（憲章92条、規程1条）として位置づけられている。しかし、ICJは国連憲章とは別個の条約である国際司法裁判所規程を設立条約としている。国連憲章と規程の関係について、憲章は規程が憲章と「不可分の一体」をなしているとし（憲章92条）、国連加盟国は当然に規程の当事国となる（憲章93条1項）。また、国連の加盟国でなくとも規程に加

入することができる（憲章93条2項）。

（1） 国際司法裁判所の構成

ICJは，国籍の異なる15人の裁判官から構成される（規程3条1項）。裁判官の任期は9年であり，3年ごとに5名ずつ改選される（規程13条）。

裁判官の選任は次の手続で行われる。すなわち，①常設仲裁裁判所（PCA）の裁判官4人が国別裁判官団となり，通常の選挙では各国別裁判官団が4人以内の裁判官候補者を指名する（ただし，自国民は2人以内）（規程4条1項・5条2項）。②国連事務総長は裁判官候補者の名簿を作成し（規程7条1項），この名簿について国連総会と安全保障理事会とで別々に選挙を行い（規程8条），両方で投票の絶対多数を得た者が当選者となる（規程10条1項）。

裁判官は「徳望が高く，且つ，各自の国で最高の司法官に任ぜられるのに必要な資格を有する者又は国際法に有能の名のある法律家」でなければならず（規程2条），裁判官全体のうちに「世界の主要文明形態及び主要法系」が代表されねばならない（規程9条）。裁判官は，慣行上，安全保障理事会の理事国の構成に対応する地理的配分によって選出され（アジア3，アフリカ3，ラテン・アメリカおよびカリブ2，東欧2，西欧その他5），また，これまで安保理の常任理事国の裁判官候補者は常に選出されてきた。

裁判官は個人の資格で選出され，その国籍国を代表するのではない（規程2条）。国籍国が紛争当事国である裁判官は（国籍裁判官），裁判に出席する権利を有する（規程31条1項）。また，紛争当事国が裁判官席に国籍裁判官を有しない場合，当該事件のためだけに特別選任裁判官（アド・ホック裁判官）を指名することができる（規程31条2項・3項）。なお，裁判官が裁判所の事務に従事する間，外交官の特権と免除が与えられる（規程19条）。

15人の裁判官全員から構成される通常法廷には，原則として全員の裁判官が出席するが（規程25条1項），裁判を行うための定足数は9人である（規程25条3項）。ICJは，通常法廷のほかに，少数の裁判官からなる裁判部（Chamber）を設置することができる（規程26条・29条）。

（2） 管轄権（先決的抗弁）手続と付随手続

ICJの訴訟手続は，国際司法裁判所規程（規程）と国際司法裁判所規則（規則）に定められている。図1は，ICJの係争事件（contentious case）の一例を

```
                    提　訴
                付託合意／請求訴状
                      ↓
                   先決的抗弁
                管轄権／受理可能性
                      ↓
                   管轄権判決
                      ↓
                   書面手続
                      ↓
                   口頭手続
                      ↓
                    判　決
```

管轄権（先決的抗弁）手続：提訴〜管轄権判決
本案手続：書面手続〜判決

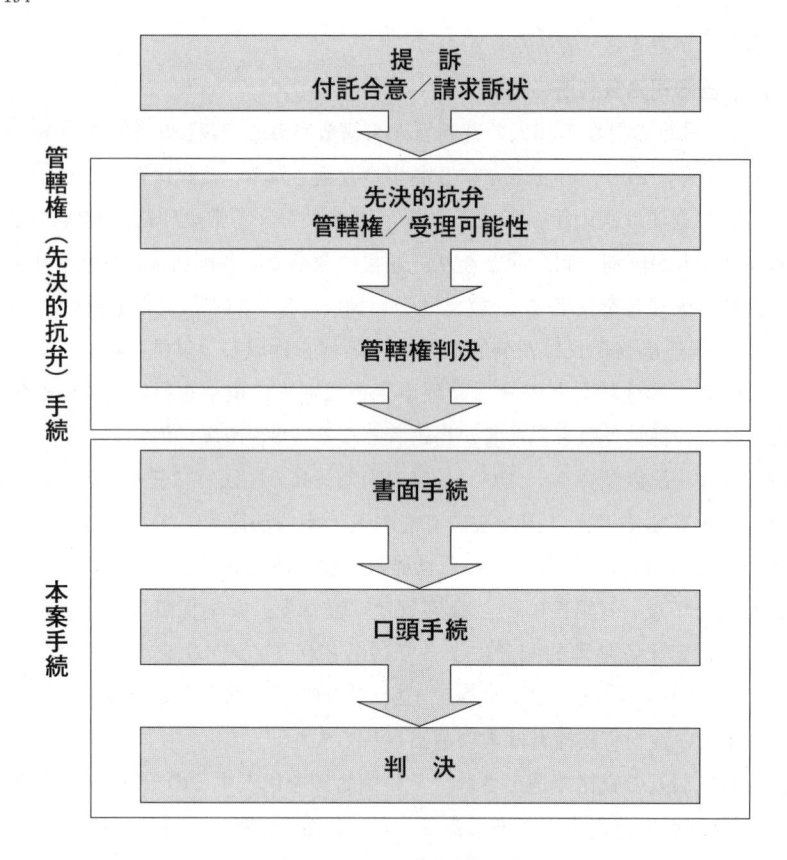

図1　ICJ の訴訟手続の例

示したものである。

　ICJ の本案手続は書面手続と口頭手続からなる（規程43条1項）。これ以外の付随手続としては，仮保全措置（暫定措置），先決的抗弁，反訴，第三国の訴訟参加などがある。

　(a)　**裁判所への提訴**　　ICJ は，規程の当事国に開放される（規程35条1項）。ICJ に係属する係争事件の当事者となれるのは，国家のみであり（規程34条1項），国際機構や個人は，係争事件の当事者とはなれない。規程の当事国でなくとも安全保障理事会が定める条件に基づき ICJ を利用できる（規程35条2項）。

　ICJ への事件の提起は，裁判所書記に対して，①紛争当事国間で締結された

特別の合意（付託合意）の通告，または，②一方の紛争当事国による請求訴状の提出によって開始される（規程40条1項）。紛争当事国は付託合意または請求訴状を提出するにあたって，「紛争の主題」と「当事者」を記載せねばならない（規程40条1項）。請求訴状による一方的提訴の場合，管轄権の法的根拠をできる限り明確に記載しなければならず，あわせて正確な請求内容ならびに請求の基礎となる簡潔な事実および理由を記さなければならない（規則38条2項）。

当該事件において当事国を代表する者が代理人であり，また，当事国は補佐人または弁護人の援助を受けることができる（規程42条，規則40条）。

(b) **争訟管轄権** ICJが，実際に紛争を処理できるのは，紛争当事国が紛争発生の事前または事後に裁判所の管轄権を認めた場合に限られる（同意原則）。ICJが係争事件を扱う争訟管轄権を有するのは，以下の4つの場合だけである。

第1は付託合意による場合であり，これは，紛争当事国が特定の事件についてICJの管轄権を認める付託合意を事後的に締結するものである（規程36条1項）。

第2は裁判条約または裁判条項による場合であり，これは，紛争当事国が特定種類の紛争をICJに付託することを認める条項を2国間条約または多数国間条約の中に置くことで，ICJの管轄権行使について事前に同意を与えるものである（規程36条1項）。

第3は選択条項（optional clause）の受諾の場合であって，これは，①規程当事国が特定種類の法律的紛争についてICJの義務的管轄権を受諾する旨の宣言（選択条項受諾宣言）を事前に行い，②同様の宣言を行った国との間で当該種類の紛争が生じた際に，一方の紛争当事国の付託により，特別の合意なく裁判を行うものである（規程36条2項）。選択条項受諾宣言の対象となる法律的紛争の種類としては，①条約の解釈，②国際法上の問題，③認定されれば国際義務の違反となるような事実の存在，④国際義務の違反に対する賠償の性質または範囲がある。

規程の締約国は，選択条項受諾宣言にあたり，留保を付すことができると解釈されており，実行上も確立している。選択条項受諾宣言に留保が付されると，留保に該当する事件に対するICJの管轄権は排除される。留保の中には，自国

が国内管轄事項と判断するものをICJの管轄権から除外する「自動的留保」と呼ばれるものがあるが，選択条項制度の趣旨に反するものであるとして批判されている。また，訴訟の相手国の留保を自らも援用できるという意味で，留保には相互主義が適用される（たとえば，ノルウェー公債事件（1957年））。

第4は応訴管轄（*forum prorogatum*）であり，これは，紛争当事国間で管轄権の根拠が存在しなくとも，一紛争当事国の提訴に対して，他方当事国が応訴する意思を明示的または黙示的に表明した場合，その時点で事後的にICJの管轄権が成立するというものである（たとえば，1948年のコルフ海峡事件（先決的抗弁））。この応訴管轄の制度は判例の蓄積を通じて確立したものであり，規程中には言及がないものの，裁判所規則は応訴管轄の手続について定めている（規則38条5項）。

ICJが管轄権を有するか否かについて当事国間に争いがある場合，ICJは管轄権の有無を自らの裁判で決定する（規程36条6項）。また，事件がICJに正式に付託された後に，裁判所に管轄権を付与した基礎が失われるとしても，当該事件の管轄権は影響を受けない（ノッテボーム規則）。

(c) **受理可能性**　紛争当事国がICJに事件を付託するには，ICJが管轄権を有すること以外に，国内的救済の完了や訴えの利益の存在など，請求の受理が可能であることを示す一定の要件を満たす必要がある。すなわち，紛争の一方の当事国によって事件がICJに提訴されても，他方当事国から，当該事件について，①国内的救済が完了していないこと，②法律的紛争ではないこと，③原告が訴えの利益を有しないこと，④第三国の権益事項に関係していることなどの反論が，受理可能性に関する先決的抗弁として主張されることがある。

(d) **先決的抗弁**　先決的抗弁とは，ICJに提訴された事件が本案手続に進むことを妨げるため，当該事件を扱うICJの権限を否定する旨の，一方の紛争当事国（通常は被告）による抗弁をいう。先決的抗弁としては，①管轄権に関する抗弁，②請求の受理可能性に関する抗弁，③その他の抗弁がある（規則79条1項）。

先決的抗弁が提出されると，本案手続は停止される（規則79条5項）。ICJは，当事国の意見聴取の後，先決的抗弁の許否について判決の形式で決定する（規則79条9項）。抗弁を認容した場合，本案の審理は行われず，裁判は終了する。

抗弁が却下された場合または抗弁がもっぱら先決的性質を有しない場合は，本案の審理が再開される。抗弁がもっぱら先決的性質を有しない後者の場合，先決的抗弁は本案に併合される（規則79条9項）。

(e) **仮保全措置（暫定措置）** 訴訟当事国は，訴訟手続のいかなる段階であっても，権利保全のための仮保全措置（暫定措置）の申請を一方的に行うことができ（規則73条1項），ICJは仮保全措置を指示する権限を有する（規程41条1項）。本手続は，裁判の進行中に回復できない損害が発生することを防止し，当事国の権利を保全するためのものである。仮保全措置命令についての審理は，他のすべての事件に優先して行われる（規則74条1項）。

(3) 本案手続と判決

(a) **本案手続** ICJの本案手続は，書面手続と口頭手続から構成され（規程43条1項），手続全体を通して裁判所の指揮の下に行われる。

書面手続は，申述書と答弁書の提出によって行われ，さらに必要があれば，裁判所の許可または指示により，抗弁書等の訴答書面やその他の文書・書類が提出される（規程43条2項，規則45・46条）。口頭手続は，代理人・補佐人・弁護人等による弁論や陳述の聴取から構成される（規程43条5項）。弁論は裁判所長の指揮の下に（規程45条）公開を原則として行われる（規程46条，規則59条）。たとえ一方の当事国が欠席したとしても，裁判を行うことが可能である（規程53条）。

ICJは付託される紛争を国際法に基づいて裁判する（規程38条1項）。当事国の合意があれば「衡平及び善に基づいて（*ex aequo et bono*）」裁判することもできるが（規程38条2項），衡平および善に基づく裁判の例はICJでは今までのところ存在しない。また，ICJの審理においては，国際法上の義務違反だけではなく，一方の当事国の主張が他方当事国に対して「対抗力（opposability）」を有するか否かが問題となることがある。

(b) **判決** 判決は，裁判官の評議を通じて形成される。評議は非公開であり秘密とされる（規則54条3項）。出席した裁判官の過半数を獲得した意見が判決となり（規程55条1項），可否同数の場合は所長の決定投票によって決する（規程55条2項）。裁判官は，自らの意見が裁判所の判決の全体または一部と一致しない場合，「反対意見」または「個別意見」を付すことができる（規程57

条）。また，自己の立場を示すため「宣言」を表明することができる（規則95条2項）。判決は，当事国に通告され，公開の法廷で朗読される（規程58条，規則94条2項）。

　(c)　**判決の効力**　　ICJの判決が法的拘束力を有するのは，紛争当事国間のみであり，当該事件に関してだけである（規程59条）。それゆえ判決の先例拘束性は否定されているが，ICJの実行上，判決は先例として尊重されている。

　判決は，終結的であり上訴は認められない（規程60条）。もっとも，ICJは，当事国の要請があれば，判決の意義や範囲に関して，自らの判決を「解釈」できる（規程60条）。また，判決の後に，決定的となる新事実が発見された場合，一定の条件下で「再審」することができる（規程61条）。

　(d)　**判決の執行と不履行**　　国連加盟国は自らが当事国である判決を履行する義務を負い（憲章94条1項），多くの判決は当事国によって履行されている。しかし，一方の当事国が判決に基づく自らの義務を履行しない場合，①他方当事国は，安保理にその旨を訴えることができ，②安保理は，必要な場合，判決を執行するために，勧告または措置を決定することができる（憲章94条2項）。

（4）　勧告的意見

　ICJは，これまで述べてきた係争事件のほかに，国連の機関や専門機関の要請に応じて，法律問題に関する勧告的意見を与えることができる（規程65条1項）。すなわち，①安全保障理事会と総会は「いかなる法律問題」についてもICJに意見を求めることができ（憲章96条1項），②国連のその他の機関と専門機関は，総会の許可を条件として，「その活動の範囲内において生ずる法律問題」に限定してICJの勧告的意見を要請できる（憲章96条2項）。これに対して，国家や個人は，ICJに勧告的意見を要請する権利を有しない。しかし，裁判所で裁判を受けることができる国家は，当該問題に関して陳述書を提出し，口頭陳述を行い，他の国家または国際機関の陳述について意見を述べることができる（規程66条）。

　規程の文言上，ICJは勧告的意見の要請に対してこれを与えるか否かの裁量権を有する（規程65条1項）。ICJは要請を拒否せざるをえない特別な理由がある場合以外は意見要請に応えねばならないとし，これまでこの裁量権を行使して意見要請を退けたことはない。また，勧告的意見の手続では，裁判所が適用

できると認める範囲内で係争事件の手続を準用する（規程68条，規則102条2項）。

　勧告的意見を表明するにあたって特に問題となるのは，国家間に係争中の法律問題に関して勧告的意見が求められる場合である（規則102条2項2文）。このような場合，争訟手続と同様に，特別選任裁判官の制度が適用される（規則102条3項）。

　勧告的意見は，その法的拘束力を認める特別の条約がないかぎり（たとえば，「国際連合の特権及び免除に関する条約」8条30項），それ自体としては法的拘束力を有しない。しかし勧告的意見は，国際法に関する権威的意見の表明であるため，実務上も尊重される。

§XIII 武力行使が許されるのは

1 武力行使の違法化と留保

(1) 第1次世界大戦以前

　第1次世界大戦（1914〜18年）頃までの国際法は，国家が戦争を開始することを制限しなかった。すべての主権国家は，国家政策の手段として戦争に訴える権利を等しく保持した。いったん戦争が開始されると，交戦国は，戦時国際法の許容する範囲で，敵を屈服させるために必要な武力を行使することができた。

　戦争の開始が合法とされていたこの時代は，自存権または自助権の範疇で，戦争に至らない武力行使とされた自衛，武力復仇，干渉，平時封鎖，緊急状態排除行動なども認められた。しかし，こうした戦争に至らない平時の武力行使には，開始と限度に一定の条件が存在した。

　自衛権行使の条件については，1837年に生起したカロライン号事件（英領カナダで独立を目指すカナダ人叛徒をアメリカ人が支援していたため，イギリスは叛徒輸送に従事していた米船カロライン号を米国領域で襲撃し，米国人乗員等を殺害しナイアガラ瀑布に落下させた）の外交処理過程において米国務長官ウエブスターが1842年に明らかにしている。すなわち，自衛権の行使を開始する場合は，必要性（necessity）の原則が適用され，「自衛の必要が差し迫っており，圧倒的で，他に選択の手段がなく，熟慮の時間もない」ことが条件とされた。この条件の範囲内であれば，武力攻撃以外の違法行為に対しても自衛権の行使が可能であり，また，先制自衛も許された。自衛権行使の限度については，均衡性（proportionality）の原則が適用され，自衛としてとられる措置は，「必要」の「限度内にとどまる」こととされた。ウエブスターが明らかにしたこの条件は，その後，慣習国際法へと発展した。

　武力復仇については，1914年に生じたナウリラ事件（ポルトガル領アンゴラ

のナウリラにおいてドイツの官吏 1 名と将校 2 名が殺害され，これに対しドイツ南西アフリカ総督はアンゴラ攻撃を命じ，ナウリラからはポルトガル守備隊を一掃した）に関する1928年の仲裁裁判において，慣習国際法上の条件が確認された。すなわち，合法な復仇であるためには，復仇の対象となる国の側に違法行為があること，復仇に先行して救済の要求がなされていること，および復仇行為は過度になってはならず受けた侵害の程度と均衡を失しないことが必要であるとされた。

なお，主権国家が戦争に訴える権利を有していた時代の自衛権の行使や武力復仇などは，戦争とは区別されるものであり，戦時国際法が適用されない平時の限定的な武力行使であった。

（2） 第 1 次世界大戦後

第 1 次世界大戦後，国際社会は，戦争の開始に法的制限を加えるようになった。1919年に署名（1920年発効）された「国際連盟規約」は，国家が戦争を開始することに一定の制限を課した。すなわち，国際連盟加盟国の間で国交断絶に至るおそれのある紛争が発生した場合には，当該事件を国際裁判または国際連盟理事会の審査に付し，裁判判決または連盟理事会の報告がなされた後3カ月を経過するまでは戦争に訴えないこととされ，また，裁判判決に従っている国に対して戦争を開始することが禁止された。

1928年に署名（1929年発効）された「戦争抛棄に関する条約」（不戦条約）は，戦争の制限をさらに進めた。同条約は，「国際紛争解決のため戦争に訴えることを非とし，且つその相互関係において国家の政策の手段としての戦争を放棄することを……宣言す」（1条）とした。この条約の解釈に関する米国政府公文は，不戦条約は「いかなる形においても自衛権を制限しまたは毀損するなにものも含むものではない。……各国は，いかなる場合にも……自国の領土を攻撃または侵入から守る自由を持ち，また，事態が自衛のための戦争に訴えることを必要ならしめるか否かを独自に決定する権限を持つ」とした。この米国の見解に異議を唱える国はなく，英日仏独も不戦条約は自衛を害さないとする公文を発した。

不戦条約は，国際紛争解決のための戦争，すなわち侵略戦争を違法としたが，国家が武力攻撃を受ける場合には自国を防衛するため自衛戦争に訴える権利が

ある,とする法意識を国際社会に築くこととなった。こうして不戦条約以後の自衛権は,平時に固有のものではなくなり,戦争またはその他の武力紛争開始の国際法根拠ともみなされるようになった。ただし,平時の限定的な武力行使としての自衛権概念も,同時に維持された。

(3) 第2次世界大戦後

第2次世界大戦(1939～45年)の連合国は,1945年6月26日に「国際連合憲章」(国連憲章)を採択し,戦後の国際秩序を構築するルールを定めた(10月24日発効)。国連憲章は,国家に対し,国際紛争を平和的に解決する義務を課し(2条3項),また,武力行使を原則として行わない義務を課し(2条4項),それでも平和を破壊する違法国が出現した場合には,国連が集団安全保障の措置を発動して平和を回復することとした(7章)。

国連憲章第2条4項は,「すべての加盟国は,その国際関係において,武力による威嚇又は武力の行使を,いかなる国の領土保全又は政治的独立に対するものも,また,国際連合の目的(国際の平和と安全の維持など)と両立しない他のいかなる方法によるものも慎まなければならない」と規定した。戦争という名称を使用するかしないかにかかわらず,この2条4項の規定に反する武力行使は,違法とされたのである。

かつて認められていた武力復仇など平時における限定的な武力行使も,国連憲章が明示的に許容している自衛権の行使を除いて,一般には,国連憲章第2条4項に反するものとして違法とみなされるようになった。たとえば,1970年の国連総会で採択された「国際連合憲章に従った諸国間の友好関係及び協力についての国際法の原則に関する宣言」(友好関係原則宣言)は,「加盟国は,武力の行使を伴う復仇行為を慎む義務を有する」と述べている。

国連憲章は,このように武力行使を禁止しつつ,第7章で,国連による集団安全保障の制度を設け,国際社会に侵略行為等が生起した場合には,国連軍による武力行使等でもって平和を回復することを企図した。また,第8章で,国連安全保障理事会の許可の下に行う地域的集団安全保障の制度も認めた。さらに,国連憲章51条は,国連加盟国に対して武力攻撃が発生した場合には,国連安全保障理事会が必要な措置をとるまでの間,自衛権行使としての武力行使が認められることを明らかにした。

このように，国連憲章は，他国の領土保全・政治的独立を侵す武力行使および国際の平和・安全の維持などの国連の目的に反する武力行使を禁止する一方で，合法な武力行使として，国連の権限の下で実施される集団安全保障の措置としての武力行使と，武力攻撃に対抗して各国家が行う自衛権の行使としての武力行使を明示した。

この他に，国連憲章には明文の規定はないものの合法と認められ，または，有力な諸国により合法と主張され実行されてきた武力行使もある。まず，国連の行う平和維持活動に際しては，限定的な範囲であるが武力行使権が付与されてきた。また，欧米を中心とした諸国は，在外自国民の保護および外国に対する人道的介入を行ってきており，その軍事行動に伴う武力行使も許されると解している。

2　国連による集団安全保障措置としての武力行使

(1)　国連憲章の規定

国連の第1の目的は，国際の平和と安全を維持することであり，そのため，平和に対する脅威の防止および除去と，侵略行為その他の平和の破壊を鎮圧するため有効な集団的措置をとることとされた（憲章1条1項）。この集団的措置，すなわち，国連による集団安全保障の措置の手続などは，国連憲章第7章（39条～50条）に規定されている。

まず，国際社会で違法な武力行使等が行われた場合，国連安全保障理事会は，「平和に対する脅威，平和の破壊又は侵略行為の存在を決定」する（39条）。また，安全保障理事会は，事態の悪化を防ぐため，必要または望ましい暫定措置に従うよう関係当事国に要請することができる（40条）。

次に，安全保障理事会は，「国際の平和及び安全を維持し又は回復するために，勧告をし，又は第41条及び第42条に従っていかなる措置をとるかを決定する」（39条）。「勧告」に基づく措置は，勧告を受け入れる国によって実施されるが，安全保障理事会の「決定」については，国連加盟国はそれに従う義務がある（25条）。41条の措置は，違法国に対する経済関係・運輸通信手段の中断，外交関係の断絶などの非軍事的措置である。この非軍事的措置による平和およ

び安全の維持または回復が不十分な場合には，安全保障理事会は42条の軍事的措置の実施を決定する。軍事的措置とは，国連軍による平和回復のための武力行使であり，国連による集団安全保障の根幹をなすものである。

　安全保障理事会が，42条の軍事的措置を実施する場合には，国連加盟国から提供される兵力の数および種類等を定めた特別協定が，安全保障理事会と国連加盟国との間で事前に締結されていることが必要である（43条）。国連加盟国から安全保障理事会の指揮の下に提供される兵力が国連憲章上の国連軍である。国連軍の兵力使用計画は，安全保障理事会常任理事国の参謀総長またはその代表者で構成される軍事参謀委員会の援助を得て，安全保障理事会が作成する（46条）。戦略上の指導は軍事参謀委員会が責任を負う（47条）。

（2）　国連憲章が予定した制度の問題

　安全保障理事会は，常任理事国5カ国（米英仏露中）と，非常任理事国10カ国で構成されているが，国連憲章第7章の措置を「決定」するためには，全常任理事国を含む9カ国の賛成を必要とする。すなわち，常任理事国の一国でも反対すれば，決定決議は採択されない（27条3）。冷戦期には，常任理事国に起因する問題でこの拒否権がしばしば行使された。また，国連憲章43条の特別協定を締結した国は一国もなく，国連憲章上の国連軍も編成されなかった。このようなことから，安全保障理事会が国連軍を指揮して国連憲章42条の軍事的措置を実施することは，これまで実際に行われることはなかった。

　朝鮮戦争では，ソビエト連邦が安全保障理事会を偶然に欠席していた間に，安全保障理事会の勧告決議に基づく措置がとられた。1950年6月25日に北朝鮮が韓国に対し開始した武力攻撃について，安全保障理事会は，即日，「平和の破壊を構成する」と決定し（決議82），6月27日に，北朝鮮による武力攻撃を撃退し地域における平和と安全を回復するために必要な援助を韓国に与えるよう国連加盟国に勧告した（決議83）。また，7月7日には，6月27日の勧告を受諾した国が派遣する兵力は米軍指揮下の統一司令部の下に置くことを勧告するとともに，統一司令部が国連旗を使用することを許可した（決議84）。これらの勧告を受諾した16カ国が朝鮮国連軍を編成した。1950年10月には中国軍が北朝鮮を援助して参戦したが，安全保障理事会にソビエト連邦代表が復帰したことからその拒否権行使によって安全保障理事会の機能が停止した。このため，

国連総会が，安全保障理事会に代わって，中国の行動を「侵略行為」と認めた(1951年2月1日総会決議498)。このような朝鮮戦争における集団安全保障の措置は，43条の国連軍によってなされたものではなく，また，全国連加盟国を拘束する42条の決定による軍事的措置でもない，変則的なものであった。しかし，このような方式も，朝鮮戦争における一例にとどまり，以後実施されることはなかった。

（3） 国連加盟国軍隊による平和回復

冷戦の終結とともに，国連安全保障理事会は，国際の平和を維持し回復を図るため，国連憲章第7章の集団安全保障の措置を実施できるようになった。しかし，それは，国連憲章42条の軍事的措置ではない。それは，安全保障理事会が国連加盟国に対し武力行使を含むあらゆる必要な手段を行使する権限を付与し，これを受けた国連加盟国が自国軍隊を使用して国際の平和を回復する方式である。

この方式が最初に実施されたのは，イラクに対するものであった。1990年8月2日，イラク軍は隣国クウェートに侵攻し全土を占領した。これに対し，安全保障理事会は，同日，国連憲章39条に基づき，イラクの行為を「国際の平和と安全の破壊」と決定した。また，イラクに撤退を要求した（決議660）。この撤退要求にイラクが応じなかったため，安全保障理事会は，8月6日，41条にもとづく非軍事的措置として，対イラク輸出入禁止等の経済制裁を決定した（決議661）。また，8月25日には，国連加盟国に対し，イラクに出入する船舶を海上で停船させ，積荷を検査し，禁輸品を積載している場合には行き先を変更させることを含む禁輸執行措置を要請した（決議665）。このような措置によってもイラクはクウェートの支配を続けたため，11月29日，安全保障理事会は，国連憲章第7章の措置として，イラクが1991年1月15日までに決議660および関連決議に完全に従わない場合には，「加盟国に……国際の平和と安全を回復するために，あらゆる必要な手段（all necessary means）を行使する権限を付与する」との決議を採択した（決議678）。しかしイラクが撤退しなかったため，1991年1月17日（現地時間），決議678を根拠として，米英仏等の多国籍軍はイラクに対する武力行使を開始した（湾岸戦争の開始）。多国籍軍は，クウェートを解放し，イラク軍にも打撃を与えたことから，安全保障理事会は

1991年4月3日に停戦決議を採択し（決議687），イラクがこれを受諾して，湾岸戦争は終結した。

　安全保障理事会が国連加盟国に対し武力行使を含む必要な手段をとる権限を付与して平和を回復する方式は，湾岸戦争後も引き続き行われている。1992年のソマリアにおける「人道的救援活動を確保するためのあらゆる手段」（決議794），1993年のボスニア・ヘルツェゴビナにおける安全地域防護のための「空軍力を使用したあらゆる必要な手段」（決議836），東チモールにおける1999年の「平和と安全の回復，国連ミッションの防護支援および人道支援活動の容易化のためのあらゆる必要な手段」（決議1264）などの例がある。

3　国連の平和維持活動と武力行使

　国連憲章第7章が定めた国連の集団安全保障制度は，冷戦によって機能を停止した。そのなかで，国連のプレゼンスの下で紛争の再発と拡大を抑止し，政治的・平和的解決のための条件整備を図る「平和維持活動」（PKO：Peace Keeping Operations）が行われるようになった。このPKOは，国連憲章に根拠となる規定はないものの，平和をもたらす必要な制度として国際社会に定着し，現実的な対応を実施しつつ発展してきた。

　PKOは，安全保障理事会または国連総会の決議に基づき設けられる。1948年から1978年までの30年間に，13のPKOが設けられた。その後，冷戦が終結するころまでの10年間は，新たなPKOは設けられなかったが，既存のPKOの一部が存続した。この時代に設けられたPKOには，非武装の将校で構成されて停戦監視を任務とする軍事監視団と，軽武装の歩兵部隊で構成されて緩衝地帯の管理，衝突の再発防止等にあたる平和維持軍がある。

　冷戦終結前までのPKOは，次のような特徴を有していた。まず，PKOに従事する要員は，紛争に利害のない中小国の軍事要員で構成された。また，軍事監視団や平和維持軍の派遣は，戦闘停止の後に，かつ，紛争当事国の同意を得て行なわれた。PKOは，全紛争当事国に対し中立を維持し，内政不干渉を原則とした。また，PKOは，抑止の行動であり，強制行動は行わない。武力行使が認められるのは，自衛の場合およびPKOの任務が妨害を受けたときに

それを排除する場合等であり，それも，国連事務総長が指示する具体的な基準（SOP）に従って抑制的に行うものであった。

1988年以降，冷戦の終焉とともに新たなPKOが次つぎと設立され，1998年までの10年間に限っても，36のPKOが設けられた。この時代になると，伝統的なPKOも存続する一方で，PKOが新たな方向へと発展した。まず，停戦監視等の伝統的な活動の他に，制憲議会選挙の準備，実施の監視および運営なども合わせて行い，国家としての自立の基礎づくりを支援することがPKOの活動に含まれるようになった。1992年の国連カンボジア暫定統治機構は，国家再建を支援したPKOの例である。また，1992年にボスニア・ヘルツェゴビナに派遣された国連防護軍は，停戦を派遣の前提とした伝統的なPKOとは異なり，武力紛争の継続中に任務を遂行した。また，同年マケドニアに派遣された国連防護軍は，紛争の発生が危惧される時点で，紛争予防の目的で派遣された。

さらに，抑止行動を超えて強制行動が任務に付加され，また，武力行使権が，自衛および任務妨害を排除する場合を超えて拡大されたものも出現した。「第2次ソマリア活動」という名称のPKOには，1993年3月26日の安全保障理事会決議814により，強制的武装解除などの権限が付与された。また，ボスニア・ヘルツェゴビナの国連防護軍は，1993年6月4日の安全保障理事会決議836により，「安全地域に対する砲撃，安全地域への武力侵入および安全地域周辺における国連防護軍の移動または人道援助輸送に対する意図的な妨害に対しては，武力行使を含む必要な措置をとる権限を付与する」とされた。

このように，冷戦終結以後に設けられたPKOには，伝統的な特徴を変化させたものも出現し，発展と多様化がみられた。

4　自衛権の行使

（1）　自衛権行使を開始する条件

自衛権は，今日の国際法の下で，各国家の判断で武力行使を開始することができる主要な根拠である。国連憲章は，51条で，「……国際連合加盟国に対して武力攻撃が発生した場合には，安全保障理事会が国際の平和及び安全の維持に必要な措置をとるまでの間，個別的又は集団的自衛の固有の権利を害するも

のではない。……」と規定した。

　国連憲章上，自衛権行使を開始する条件は，「武力攻撃が発生した場合」(if an armed attack occurs, 原文は現在形) である。すなわち，自衛権の行使は，武力攻撃の発生に対応するものである。武力攻撃以外の何らかの違法行為が発生したとしても，これに対し自衛権に訴えることは一般には適法とはみなされない。たとえば，国内の反政府組織に外国が補給品を供給する行為について，国際司法裁判所は，干渉や威嚇になるとしても，武力攻撃ではなく，自衛権行使の対象とはならないとする趣旨の判断を示している（1986年6月27日のニカラグア事件判決）。

（2） 武力攻撃発生の時期（自衛権行使が可能となる時期）

　武力攻撃発生の時期，すなわち，攻撃を受ける国にとって自衛権の行使が可能となる時期は，相手が攻撃のための行動を開始した時点である。自衛権に基づく反撃は，相手からの発砲まで，または，その結果の被害発生まで，待つことは要求されない。日本政府も，武力攻撃発生の時期は，侵害のおそれのある時ではなく，また，現実に被害を受けたときでもなく，それは，相手国が武力による攻撃に着手したときであるとしてきた（昭和57年4月16日，衆議院安保委員会など）。アメリカは，武力攻撃を「敵対行為」と「敵対意図の明示」に分けてとらえ（2000年「合衆国軍隊のための統合参謀本部常備ROE（対処行動規則）」），敵対行為の例として，相手が現にミサイルを発射し，射撃し，爆弾を投下した場合を挙げ，敵対意図の例として，相手の航空機がミサイル発射や爆弾投下ができる位置に運動する場合，あるいは相手がミサイル誘導レーダーや射撃管制レーダーをロック・オンした場合を挙げている（1987年6月15日，国防長官の議会報告書）。この敵対意図の明示は，攻撃のための行動開始を意味するものである。

　なお，相手からの攻撃行動開始がないにもかかわらず相手の攻撃意図を推定して行う先制攻撃は，国連憲章の下では，一般には適法な自衛とはみなされない。1981年に，イスラエルは，先制自衛の権利を主張してイラクが建設中の原子炉を爆撃したことがある。これに対し国連安全保障理事会は，「国連憲章および国際的行為に関する諸規範の明らかな違反」とする決議を全会一致で採択した（1981年6月19日，決議478）。

しかしながら，先制自衛がすべての場合に違法とされるのではなく，とくに重大な武力攻撃の脅威があり，その脅威を回避する唯一の方法として先制自衛が真に必要な例外的な場合には，許容され得ると考えられる。たとえば，大量破壊兵器をもつテロリストが都市住民に対し無差別攻撃を行う意図を明らかにしており，これを防ぐ手段が他にない場合などには，許容されよう。

(3) 武力攻撃を行う主体（自衛権行使の対象）

武力攻撃を行う主体，すなわち自衛権行使の対象となる相手は，一般には国家およびその軍隊であるが，必ずしも，これに限定されるわけではない。国際司法裁判所は，正規軍の越境ばかりでなく，武力攻撃を実行する武装団，グループ，非正規軍または傭兵が国境を越えて侵入する場合にも自衛権行使の対象になるとの判断を示している（1986年6月27日のニカラグア事件判決）。また，2001年に，ニューヨークおよびワシントンに対して行われた大規模同時多発テロに対し，アメリカ，イギリス等は個別的および集団的自衛権を根拠として，アフガニスタンに所在するテロリスト集団などに対し対テロ戦争を開始したが，国連および諸国家は，これを支持し，または容認してきた。

(4) 自衛権行使として許容される反撃の大きさ

国連憲章51条は，自衛権行使の継続期間について，「安全保障理事会が，国際の平和及び安全の維持に必要な措置をとるまでの間」としている。しかし，自衛権行使として許容される反撃の程度については規定しておらず，また，安全保障理事会が必要な措置をとりえない場合の継続限界についても沈黙している。この点に関し，慣習国際法として，自衛権の行使に「必要性と均衡性の原則」があるとされ，それが国連憲章成立以降も適用されることは，1986年の国際司法裁判所ニカラグア事件判決などにおいても確認されている。

必要性と均衡性の原則について，国際社会の一般的解釈は，人道法国際研究所（IIHL）が各国政府等の国際法専門化を結集してまとめた『海上武力紛争に適用される国際法サンレモ・マニュアル』（1995年）のなかにみることができる。すなわち，自衛権行使として許容される反撃の大きさと限度は，攻撃を撃退し，領域を回復し，その将来の安全に対する脅威を除去するといった防衛の目的を達成する範囲である。それは，被攻撃国に対して使用されたのと同じ程度および種類に限った武力の使用を求めているのではなく，正当な自衛の目的

達成に必要とされるものに釣り合うところまでの反撃を許容するものである。

（5） 自衛権が行使される事態

歴史的に，不戦条約成立以前の自衛権は，戦争とは区別される概念であり，平時に行われる武力行使の一根拠とされていたが，不戦条約以後は，武力攻撃に対し防衛戦争を行う根拠ともされるようになった。国連憲章の下における諸国の法意識や現実の国家実行をみてみると，自衛権は，平時の小規模な武力衝突事件から，継続する武力紛争，そして当事国が戦争であると認める武力紛争に至るまで，武力紛争の規模や期間にかかわりなく，武力行使を開始する際の国際法根拠として用いられている。

平時の法根拠とする一例に，スウェーデンが1982年に制定した「平時および中立時等におけるスウェーデン領域の侵犯の際のスウェーデン国防軍の措置に関する命令」がある。それは，平時に適用する規則として，「スウェーデンの国の船舶または航空機が，公海上もしくは公海上空において外国の国の船舶または航空機から暴力行為を受ける場合には，自衛の範囲内で武力を行使することができる」と規定している。また，米国政府が2000年に策定した『合衆国軍隊のための統合参謀本部常備ROE（対処行動規則）』は，戦争以外の平時における行動等に適用されるもので，その事態における武力行使の根拠として自衛を説明している。他方，継続する武力紛争または戦争開始の法根拠として自衛権が主張された例には，1971年のインド・パキスタン戦争，1973年の第4次中東戦争，1980年のイラン・イラク戦争および1982年のフォークランド紛争などがあり，また，2001年の対テロ戦争開始においても自衛権の行使であると国連に報告された。

（6） 個別的自衛権と集団的自衛権

国連憲章51条は，個別的自衛権と集団的自衛権を規定している。個別的自衛権は，武力攻撃の対象となる国が自国を防衛するために，攻撃をしかけてきた国に反撃する権利である。集団的自衛権は，国連憲章によって創設された概念であり，一国に対し武力攻撃が加えられたとき，その武力攻撃の対象となっていない他の国が，被攻撃国を防衛し，攻撃国に対し反撃する権利をいう。国際司法裁判所は，集団的自衛権の発動には被攻撃国からの要請が必要であるとの判断を示している（1986年6月27日のニカラグア事件判決）。

2001年に開始された対テロ戦争では、テロ攻撃を受けたアメリカは個別的自衛権を発動したものであるが、テロ攻撃の対象とならなかったイギリスなども戦闘部隊を投入しており、その国際法根拠は集団的自衛権である。

5　自国民保護

外国に在住する自国民の生命が急迫した危険にさらされているとき、本国が兵力を派遣してこれを救出する国家実行が存在する。この自国民保護が派遣先国政府の同意の下に行われる場合には、国際法上、問題とはならない。たとえば、1977年に、西ドイツは、ソマリア政府の同意を得てモガジシオ空港に部隊を派遣し、ハイジャック犯の人質とされていた自国民等を救出した。

また、自国民保護が自衛権の行使と主張されて行われることがある。1980年に、アメリカは、武装集団によって占拠された在テヘラン米大使館内で人質とされている自国民を救出するための作戦を実行した際、国連安全保障理事会に対し、武力攻撃に対する固有の自衛権の行使であると報告した。自衛権に基づく自国民保護についても、国連憲章および慣習国際法上の自衛権行使の条件を満たす場合には、兵力派遣に関し国際法上の問題は生じないといえる。

他方、自国民保護に際し、派遣先国政府の同意を得ることも、根拠を自衛権に求めることもできない状況がありえる。たとえば、兵力派遣の同意を求めるべき相手政府が内戦や暴動により実体を喪失し、また、自国民は直接の攻撃目標とはされていないものの戦闘地域に取り残され生命の危機に瀕しているような場合である。

このような場合の一例として、1990年にアメリカによって行われたリベリアからの自国民等救出がある。リベリア国内の反政府武装勢力が首都モンロビアを包囲し、米国大使館近辺においても戦闘が激化するなど、在住米国民の生命が危険な状態になったため、米軍救出部隊が派遣され、大使館に集結中の米国民と外国人をモンロビア沖に待機する米艦へ待避させたものである。自国民保護の作戦は、1997年にアルバニアにおいても行われた。反政府暴動によって無政府状態となったアルバニアから、アメリカ、イタリア、ドイツ、イギリス、フランス等の軍隊が、自国民および外国人を救出したものである。このとき、

日本人11名も，ドイツ軍によって無事救出された。ドイツ軍は，救出作戦中に武装集団から銃撃を加えられたので，これに応戦もしている。

　在外自国民および外国人を保護救出するための兵力派遣について，国連憲章その他の条約に直接的な根拠はない。他方，自国民等の保護が，国連憲章2条4項に反しない場合，すなわち，兵力の使用が他国の領土保全および政治的独立を侵すものではなく，かつ，国連の目的である国際の平和および安全の維持と両立する場合には，適法であるとする見解がある。また，適法な自国民保護の条件として，国連憲章2条4項に反しないことの他に，外国に所在する自国民が生命を失いまたは重大な傷害を被る差し迫った危険な状態にあり，当該地域の官憲が危険な状態にあるそれらの者を保護することができないか，その意思がないこと，また，適切な保護を確保する他の手段が試みられ，それが地域秩序の崩壊などによって失敗したか効果的ではないことが必要であるとされる。

6　人道的介入（人道的干渉）

　ある国の住民がその国の政府等から残虐行為を受けており，これを阻止する手段が他にない場合，当該国政府の同意を得ないで外国が兵力を投入し，残虐行為を止めさせ，また，被害者を保護することが行われる。このような行動は，人道的介入または人道的干渉と呼ばれる。この人道的介入について，国連憲章その他の条約に直接的に根拠となる規定はない。また，1970年の「友好関係原則宣言」国連総会決議は，「理由のいかんを問わず……干渉する権限を有しない。したがって，……武力干渉およびその他いかなる介入若しくは威嚇の試みも国際法に違反する」としていた。

　1990年代以降，人道的介入は，欧米諸国により現に行われている。湾岸戦争終結後，イラクは，国内のクルド人とシーア派住民に対して軍事力による弾圧を行った。このため，国連安全保障理事会は，1991年4月5日，「クルド人居住地域の最近のものを含み，イラクの多くの地域におけるイラク住民に対する抑圧を非難する。……直ちにこの抑圧を終わらせることを要求する」とした決議688を採択した。この決議は，国連加盟国に対しイラク領域に対する兵力使用を承認したものではなかったが，米軍は，4月7日からイラク領クルド人地

区に航空機によって援助物資の投下を開始し，14日からは英仏軍がこれに加わった。また4月中旬以降，米英仏3国の陸上部隊がイラク北部に進駐し，直接クルド人の保護にあたった。また米英仏は，クルド人地区に対するイラク軍の航空攻撃を防止するため，北緯36度以北のイラク領空におけるイラク機の飛行を禁止した。

その後イラク軍は，イラク南部地区に居住するシーア派住民に対しても航空攻撃等により弾圧を加えたため，1992年8月26日，米英仏は，イラクに対し北緯32度以南のイラク領空におけるイラク機の飛行を禁止した。以後，米英仏軍機がイラク領空でパトロールを行い，禁止区域を飛行するイラク軍用機があれば撃墜する措置をとった。また，1993年1月には，イラクが飛行禁止区域に地対空ミサイルを配備し，また米英仏の撤去要求を無視したため，米英仏軍機が当該地対空ミサイル等を攻撃した。英米仏の軍事行動に対し一部に反発する国も見られたが，国際社会の大勢は容認の姿勢を示し，日本政府は支持を表明した。イラク政府は，1996年にもクルド人地区に軍事介入し，クルド人自治区の首都を制圧したため，アメリカは，イラク軍防空施設を巡航ミサイルで攻撃した。また，南部飛行禁止区域を拡大し北緯33度以南とした。こうした対応について日本政府は，「イラクが国連決議を遵守せず国際法への挑戦を続ければ，決議の履行確保に必要な措置をとることは理解しなければならない」，「米軍の行動は国連決議に従っている」と表明した。

1999年にも大規模な人道的介入が行われた。ユーゴスラビア連邦セルビア共和国のコソボ自治区で，セルビア部隊等によりアルバニア系住民に対する虐殺等が行われていることから，NATO諸国は，これを停止させるため，ユーゴ全域に所在する各種軍事目標に対し爆撃および巡航ミサイル攻撃を実施したものである（3月24日～6月10日）。

このNATOの人道的介入は，国連安全保障理事会の決議に基づくものではなく，自衛権の行使でもなかった。このため，国際法上の根拠に欠け，また，国連憲章2条4項に違反するとの指摘もある。しかしながら，国連安全保障理事会は，ロシアが提出した攻撃停止決議案を，12対3の圧倒的多数で否決している。人道的介入に参加した米英独仏蘭等を含むNATO加盟19カ国は，人道的介入を支持した。NATOは，この人道的介入に国際的な一般的同意がある

ことなどから，形成されつつある慣習国際法の下での合法な軍事力の行使と判断した。日本政府は，NATOの人道的介入は「さらなる犠牲者の増加という人道上の惨劇を阻止するためのやむを得ない措置」であるとの認識を示した（1999年3月25日，小渕首相）。

7　武力紛争法の発展

（1）　武力紛争法の意義

　国連憲章などによって，武力行使を開始することは特定の場合を除き禁止された。この結果，国際社会から武力紛争が消滅したとすれば，武力紛争犠牲者の保護を図り戦闘の方法や手段を規制する国際法は，不要となろう。しかし，現実の国際社会では，国家間の武力紛争あるいは国内における内戦が，ほとんど絶え間なく生起し続けてきた。21世紀に入ってからも，対テロ戦争やイラク戦争が行われた。こうした武力紛争によって，被害を受ける多くの人々が現に存在する。このため，国際社会は，武力紛争の発生を防止する努力を続ける一方で，武力紛争によって生じた犠牲者の保護を図り，また，戦闘の方法や手段等を規制していくことも必要であると認識してきた。

　武力紛争において適用され，武力紛争の影響を受ける人々（武力紛争犠牲者）の保護を図り，また，戦闘の方法や手段等を規制する国際法を，武力紛争法といい，また，国際人道法，戦争法または戦時国際法ともいう。武力紛争法は，武力行使の開始が合法（自衛権行使，国連の集団安全保障など）であったか，違法（国連憲章2条4項違反）であったかという問題から離れて，武力紛争が生起すれば，その事態に適用される。武力紛争法は，武力紛争の様相変化や軍事科学技術の進歩などに対応して変化しつつ，また，人道の見地から人の保護を厚くしつつ，発展を続けている。現代武力紛争法の中心的な条約は，次の，1949年のジュネーヴ諸条約と1977年のジュネーヴ諸条約追加議定書である。

1949年のジュネーヴ諸条約
　第1条約：戦地にある軍隊の傷者及び病者の状態の改善に関する条約
　第2条約：海上にある軍隊の傷者，病者及び難船者の状態の改善に関する条約
　第3条約：捕虜の待遇に関する条約

第4条約：戦時における文民の保護に関する条約
1977年のジュネーヴ諸条約追加議定書
第1議定書：国際的武力紛争の犠牲者の保護に関する追加議定書
第2議定書：非国際的武力紛争の犠牲者の保護に関する追加議定書

　1949年のジュネーヴ諸条約は，傷者，病者，難船者，捕虜，文民等の保護に関する詳細な規則を定めている。1977年の第1議定書は，保護の対象となる人および物の範囲を拡げるとともに保護の程度を高め，さらに，戦闘行為に関する従来の諸規則を現代の状況に合致するように改めるとともに，新たな諸規則も加え，これを詳細に規定した。1977年の第2議定書は，内戦に適用する武力紛争法の諸規則を定めた。

　武力紛争法には，ジュネーヴ諸条約および同追加議定書の他に，1907年のハーグ諸条約や一定の兵器の使用を禁止または制限する諸条約等がある。また，条約化されていない慣習国際法の規則も多く存在しており，とくに海上で適用される武力紛争法（「海戦法」という）は，ほとんどが慣習国際法で構成されている。

(2) 武力紛争法の基本的規則

　武力紛争犠牲者の保護および戦闘行為の規制等を図る基本的な規則は，次のとおりである。

　(a) **傷者・病者・難船者の保護**　　傷者・病者とは，負傷や疾病等により医療援助または看護を必要とし，かつ，いかなる敵対行為も行わない者をいう。戦場で負傷し戦闘能力を喪失した敵兵は，この傷者である。交戦者は，戦闘の後には，傷者・病者を捜索し，収容し，略奪や暴行から保護し，十分な看護と治療を遅滞なく行わなければならない。また，傷者・病者は，すべての場合に人道的に待遇する。難船者とは，沈没した敵船や墜落した敵機の乗組員が海上において危険にさらされており，いかなる敵対行為も控える者である。この難船者も，海戦の後に，捜索し，海上から救助収容し，人道的に待遇し，必要な医療上の看護および治療をできるだけ遅滞なく行わなければならない。

　(b) **捕虜の人道的待遇**　　捕虜資格を有する敵の戦闘員等が降伏し，またはこれを捕らえた場合には，捕虜として処遇する。捕虜は，常に人道的に待遇し，

暴行，脅迫，侮辱および公衆の好奇心から保護しなければならない。捕虜の抑留に際しては危険から離隔させる。捕虜に不健康なまたは危険な労働をさせてはならない。また，捕虜から情報を得るために拷問その他の強制を加えてはならず，回答を拒む捕虜を脅迫し，侮辱し，不快もしくは不利益な待遇を与えてはならない。

(c) **文民の保護**　武力紛争において，敵国の文民は，交戦国領域内か占領地かを問わず，尊重し保護しなければならない。文民はすべての場合に，身体，名誉，家族として有する権利，信仰，宗教上の行事および風俗習慣を尊重される権利をもつ。また，文民は人道的に待遇しなければならない。とくに，すべての暴行，脅迫，侮辱および公衆の好奇心から保護しなければならない。女性は，その名誉に対する侵害，とくに，強姦，強制売春，その他あらゆる種類のわいせつ行為から保護しなければならない。また，孤児となり家族から離散した15歳未満の児童は，遺棄してはならず，給養，教育等を実施しなければならない。占領地にあっては，住民を強制移送または追放してはならず，占領国は占領地住民の食糧，衣料品等の供給を確保する義務を負う。

(d) **軍事目標と民用物の区別**　軍事目標とは，合法に攻撃することができる対象をいう。敵軍の基地施設，軍用車両等のように軍が所有し使用するものは，慣習国際法上，当然に合法な攻撃目標であった。第1議定書は，軍事目標の定義を定め，「物については，その性質，位置，用途又は使用が軍事活動に効果的に貢献する物で，その全面的又は部分的な破壊，奪取又は無力化が，その時点における状況のもとにおいて明確な軍事的利益をもたらすものに限る」とした。この定義に合致する場合には，橋梁，通信線，発電所，戦争遂行のための製品を生産する産業施設なども合法な攻撃目標となる。軍事目標以外のものは，民用物という。攻撃を指向する対象は，厳格に軍事目標に限定しなければならない。民用物を対象とする攻撃は禁止されている。

(e) **戦闘員と非戦闘員の区別**　戦闘員とは，軍隊構成員で，衛生要員と宗教要員を除く者をいう。戦闘員は，戦闘を行う資格を有しており，また，敵の戦闘員は攻撃の対象とすることができる。他方，非戦闘員を攻撃の対象とすることは禁止されている。非戦闘員の中心は文民である。また，敵の戦闘員であった者でも降伏した者や捕獲した者（捕虜），負傷や疾病により戦闘能力を

失っている者（傷者・病者）ならびに沈没した敵船や墜落した敵機の乗員で海上に漂っている者（難船者）は，非戦闘員であり，攻撃してはならない。また，敵軍の衛生要員・宗教要員も，非戦闘員である。

（f）**無差別攻撃の禁止**　第1議定書は，無差別攻撃を明確に禁止した。無差別攻撃とは，軍事目標と文民・民用物に区別なく打撃を与える性質の攻撃をいう。都市の中に軍事目標が散在する場合があるが，このとき，軍事目標だけを狙って攻撃するのではなく，その都市全体を攻撃すると無差別攻撃になる。

（g）**比例性規則**　攻撃に際しては巻き添えとなる文民と民用物の被害を最小限にとどめなければならない。軍事目標のみを対象とする攻撃であっても，その付近に所在する文民や民用物が不可避的に巻き添えになることがある。このとき，軍事目標を攻撃することによって付随的に生じる文民の死傷や民用物の損傷が，その攻撃によって得られる具体的かつ直接的な軍事的利益と比較して，過度となってはならない。これを，武力紛争法の比例性規則という。攻撃を行う者は，付随的な文民の死傷や民用物の損傷を最小限にとどめる実行可能な措置をとり，また，それが過度になる攻撃は中止する義務を負う。

（h）**戦争犯罪**　戦争犯罪とは，武力紛争法に違反する行為で，その行為に責任のある者を処罰し得るものをいう。保護の対象となる傷者，病者，難船者，捕虜，文民等に対する各種の非人道的行為，文民を対象とする攻撃等，ジュネーヴ諸条約および第一議定書が重大な違反行為としているものは，戦争犯罪を構成する。締約国は，重大な違反行為を行いまたは命じた疑いのある者を捜索し，その者の国籍を問わず，自国の裁判所に公訴を提起する義務がある。ジュネーヴ諸条約および第一議定書の重大な違反行為の他にも慣習国際法上戦争犯罪となるものもある。1998年に採択された国際刑事裁判所規程は，合計50件の戦争犯罪を定め，それらの犯罪について管轄権をもつ国が国内法に基づき裁判を実施しない場合，国際刑事裁判所が管轄権を行使して刑罰を科すこととしている。

事項索引

あ行

アグレマン……………………………81
アジェンダ21 …………………………150
アパルトヘイト条約 ………………127
アラブ連合共和国……………………28
安全保障理事会(安保理)……38, 188, 204
アンドラ………………………………19
EC分野（共通経済政策）……………43
EC法 …………………………………46
EU条約 ………………………………43
遺伝資源の利用 ……………………159
一貫した反対国の原則 ………………7
一般的国際機構………………………34
一般的受容方式 ……………………140
委任状…………………………………83
委任統治………………………………90
インスタント慣習法 …………………7
インド…………………………………20
ウィーン条約 ………………………154
ウィーン宣言及び行動計画（ウィーン宣言）…………………………125
ウィルソン……………………………11
ウクライナ……………………………17
宇宙活動自由の原則 ………………119
宇宙空間領有禁止原則 ……………120
宇宙条約 ……………………………119
宇宙物体損害責任条約 ……………149
宇宙平和利用原則 …………………120
宇宙法 ………………………………119
エストラーダ主義……………………25
越境汚染 ………………………143, 144
越境環境影響評価条約 ……………154
NGOの協議資格制度 ………………54
エルガ・オムネスな義務 …………134
欧州委員会（European Commission）……………………………44
欧州議会（European Parliament）……45
欧州経済共同体（EEC）………………42
欧州原子力共同体（Euratom）………43
欧州憲法………………………………43
欧州司法裁判所（Court of Justice）…45
欧州社会憲章 …………………141, 142
欧州人権裁判所 ……………………141
欧州人権条約 ………………………141
欧州石炭鉄鋼共同体（ECSC）………42
欧州理事会（European Council）……44
欧州連合（EU）………………………43
　──を設立する条約（マーストリヒト条約）………………………43
応訴管轄 ……………………………196
オーストリア・ハンガリー…………19
オープン・スカイ政策 ……………115
オゾン層の保護 ………………153, 154
温室効果ガス ………………………156

か行

外交使節………………………………80
外交的庇護……………………………66
外交的保護……………………63, 180
外交特権………………………………81
外交能力………………………………48

外国人	60	共通外交・安全保障政策	43
——の入国	60	共通ではあるが差異のある責任	151
海賊行為	74, 105	京都議定書	155
開放条約	9	京都メカニズム	157
海洋法	94	極東国際軍事裁判所	76
——に関する国際連合条約（国連海洋法条約）	96	拒否権	39
		緊急避難	30, 172
加害条項	72	近接権	105
閣僚理事会（Council of Ministers）	44	グダニスク	88
過失	174	国の権利及び義務に関する条約	17
過失責任主義	174	クリーン開発メカニズム	157
割譲	86	軍艦	101
加盟国	50	軍事監視団	206
仮保全措置（暫定措置）	197	軍事参謀委員会	204
カルヴォ条項	65, 182	軍事目標	216
カロライン号事件	200	群島航路帯通航権	108
管轄権	29	群島水域	107
環境	144	経済社会理事会（経社理）	39
環境影響評価	153	警察・刑事司法協力	43
環境影響評価手続	158	血統主義	58
慣行	7	原加盟国	37
勧告的意見	198	権原	86
慣習法	52	権限外の行為	168
間接適用	140	原子力事故早期通報条約	153
帰化	58	原子力損害民事責任ウィーン条約	149
危険責任主義	121	牽連犯罪	71
気候変動に関する政府間パネル	158	行為の国家への帰属	167
気候変動枠組条約	150, 155	公海	104
基線	97	——自由の原則	104, 113, 147
北大西洋条約	31	公害輸出	143
議定書	152	航空運送人の損害賠償責任	117
客観責任主義	173	交渉	186
旧ユーゴ国際刑事裁判所	76	交渉義務命令	186
協議	153, 186	交戦団体	16

高等弁務官················20
高度に危険な活動··········175
衡平および善に基づいて······196
拷問等禁止宣言············128
国際移動通信衛星機構········122
国際違法行為··············167
「国際違法行為に対する国の責任」に
　関する条文草案·········165
国際海峡················108
国際海底機構·············107
国際河川条約···············89
国際環境損害防止義務········144
国際関心事項···············32
国際機構··················33
　──の法主体制············47
国際義務違反··············168
　──の時間的側面··········169
　──の累積的側面··········169
国際行政連合···············35
国際刑事裁判所··············76
国際原子力機関（IAEA）·······42
国際航空条約（パリ条約）···114, 117
国際航空業務通過協定········115
国際公法···················5
国際公務員················40
国際私法···················5
国際司法裁判所（ICJ）·····40, 192
国際司法裁判所規則·········193
国際司法裁判所規程······192, 193
国際人権規約··············124
国際人道法················16
国際水域の海上警察権········105
国際請求··············49, 178
国際責任··················49

国際犯罪··············73, 165
国際標準主義（文明標準主義）····62
国際紛争·················184
　──の平和的解決に関する改正一般
　議定書················188
国際紛争平和的処理条約······185
国際法委員会（ILC）·····14, 51, 164
国際法違反の犯罪············75
国際法上禁止されていない活動···175
国際法の定立···············51
国際礼譲··················85
国際連合··················35
国際連合憲章（国連憲章）
　············36, 123, 184, 202, 203
国際連盟（国連）·············35
国際連盟規約··············201
国　籍···················57
国籍継続の原則·········64, 81
国籍裁判官···············193
国籍条項··················63
国籍唯一の原則··············57
国内事項··················24
国内人権機関··············141
国内的救済完了の原則······64, 181
国内避難民（IDP）············68
国内標準主義···············62
国連軍··················204
国連事務総長··············190
国連人権委員会············135
国連人権高等弁務官·········136
国連総会決議··············184
国連難民高等弁務官事務所（UNHCR）
　·······················67
国連ファミリー··············36

個　人……………………………56
個人通報制度 ………………………140
国家機関の行為 ……………………167
国家責任 ……………………………165
　──の効果 …………………………176
　──の追及 …………………………179
　──の履行 …………………………179
国家通報制度 ………………………139
国家報告制度 …………………139, 152
国家免除……………………………79
個別的自衛権 ………………………210
コモンウェルス（英連邦）…………18
コルフ海峡事件 …………………145, 146
コンスタンティノープル条約………89
コンプロミー ………………………192

さ行

最恵国待遇……………………………62
裁判権免除……………………………79
裁判部 ………………………………193
自　衛 ………………………………172
自衛権………………………………30, 207
時　効 ………………………………86
自国民不引渡の原則…………………70
自国民保護 …………………………211
事実主義………………………………24
事実上の政府…………………………24
私人の行為 …………………………168
事前通知合意 ………………………160
事前通報同意 ………………………163
持続可能な開発 ……………………150
実体的義務 …………………………164
自動執行力 …………………………140
児童の権利条約 ……………………127

事務局………………………………40
事務総長……………………………40
ジャン・ボーダン……………………29
宗教改革………………………………2
自由空説 ……………………………114
重国籍………………………………58
周　旋 ………………………………187
重大な損害 …………………………147
集団安全保障 ………………………203
集団的自衛権 ………………………210
柔軟性措置 …………………………156
主権免除……………………………79
出　国………………………………61
出　生………………………………58
受理可能性 …………………………196
純粋な政治犯罪………………………71
傷者・病者・難船者の保護 ………215
常設国際司法裁判所（ICJ）………192
常設仲裁裁判所 ……………………191
商　船 ………………………………101
尚早の承認……………………………22
常任理事国……………………………39
条約締結権……………………………48
条約に関する国家承継条約…………27
植民地独立付与宣言…………………92
諸国の共通利益を害する犯罪………73
女子差別撤廃条約 …………………127
白ロシア……………………………17
新欧州連合条約（アムステルダム条約）
　………………………………………43
深海底 ………………………………106
人権高等弁務官事務所 ……………136
人権の促進および保護に関する小委員
　会（国連人権小委員会）…………135

人権の不可分性と相互依存性 ……… 132	1503手続 …………………………… 137
審　査 ………………………………… 187	先決の抗弁 …………………………… 196
紳士協定 ……………………………… 15	宣言的効果説 ………………………… 21
人種差別撤廃条約 …………………… 126	先住民 ………………………………… 131
真正な連関（結合）……………… 64, 181	漸進的発達 …………………………… 51
神聖ローマ皇帝 ……………………… 2	先制自衛 ……………………………… 209
信託統治地域 ………………………… 90	先　占 ………………………………… 86
信託統治理事会 ……………………… 39	戦争犯罪 ……………………………… 217
人道的介入（人道的干渉）………… 212	戦争抛棄に関する条約（不戦条約）… 201
森林原則声明 ………………………… 150	選択条項 ……………………………… 195
人類の平和と安全に対する罪 ……… 76	選択条項受諾宣言 …………………… 195
推定過失責任 ………………………… 118	戦闘員 ………………………………… 216
制限免除主義 ………………………… 80	専門機関 ……………………………… 41
制限領域主権 ………………………… 146	専門的国際機構 ……………………… 34
政治的紛争 …………………………… 184	戦略地区 ……………………………… 91
政治犯不引渡の原則 ………………… 71	総　会 ……………………… 38, 188, 190
精神的損害 …………………………… 179	争訟管轄権 …………………………… 195
生地主義 ……………………………… 58	創設的効果説 ………………………… 21
正統主義 ……………………………… 24	相対的政治犯罪 ……………………… 71
政府間国際機構 ……………………… 33	相当な注意 ……………………… 147, 174
征　服 ………………………………… 86	遭　難 ………………………………… 172
生物多様性条約 ……………………… 159	双方可罰性の原則 …………………… 70

た行

世界人権宣言 ………………………… 124	
世界貿易機関（WTO）……………… 42	第1次国連海洋法会議 ……………… 95
赤十字国際委員会 …………………… 54	第1審裁判所（Court of First Instance）
セクター原則 ………………………… 93	………………………………… 45
接続水域 ……………………………… 101	大韓航空機撃墜事件 ………………… 113
絶対免除主義 ………………………… 79	対抗措置（復仇）………………… 171, 182
設立条約 ……………………………… 46	対抗力 ………………………………… 197
設立準拠法主義 ……………………… 59	第3次国連海洋法会議 ……………… 96
1949年のジュネーブ諸条約 ……… 215	第三世代の人権 ……………………… 129
1977年のジュネーブ諸条約追加議定書	逮捕状事件 …………………………… 141
………………………………… 215	大陸棚 ………………………………… 104
1235手続 …………………………… 137	

台 湾……17
多国籍軍……205
単一欧州議定書（SEA）……43
タンザニア……22
ダンチッヒ……88
地域的機構……34
チェルノブイリ原発事故……153
地球温暖化の防止……155
地球共有物（グローバル・コモンズ）……143
仲 介……187
仲裁裁判……191
超国家的国際機構……35
調査制度……139
張振海事件……71
朝鮮戦争……204
調 停……188
直接効果……46
直接適用……140
直線基線……97
追跡権……106
追放・送還禁止の原則（ノン・ルフールマン原則）……68
通過通航制度……108
通 報……153
停止されない無害通航制度……109
手続的義務……153, 163
デロゲート条項……134
デロゲートできない権利……134
添 付……86
東京条約……116
逃亡犯罪人引渡法……69
同 意……171
特定海域……111

特定性の原則……70
特別選任裁判官（アド・ホック裁判官）……193
独立権……29
特権免除……48
トバール主義……24
トリー・キャニオン号事件……173
ドルナドッテ伯事件……47, 49
トレイル熔鉱所事件……144, 145

な行

内国民待遇……62
内 水……98
ナウリラ事件……201
ナミビア事件……125
南極条約……158
南極条約環境保護議定書……158
難 民……67
難民条約……67
ニース条約……43
西サハラ事件……130
西周助（西周）……4
日・米航空協定……116
日米安保条約……84
日米行政協定……84
日米修好通商条約……3
日米地位協定……84
日米和親（神奈川）条約……3
日満議定書……23
日韓保護協約……19
日清講和条約……87
ニュールンベルグ原則……76
ニュールンベルグ国際軍事裁判所……76
認可状……83

人間環境宣言（ストックホルム宣言）
　…………………………………148
ノッテボーム事件…………………64
ノッテボーム規則 ………………196

は行

バイオセイフティ議定書 …………160
バイオセイフティ・クリアリング・ハウス ……………………………161
廃棄物の越境移動 ………………162
ハーグ条約 ………………………116
ハーグ平和会議……………………13
排出量取引 ………………………157
排他的経済水域 …………………102
バーゼル条約 ……………………162
バーゼル損害賠償責任議定書 …163
発見優先の原則……………………88
発展の権利 ………………………130
パリ条約……………………………90
バルセロナ・トラクション事件
　…………………59, 65, 134, 166, 181
バンキング ………………………157
万国公法 ……………………………4
万国普遍之法 ………………………4
犯罪人引渡…………………………69
犯罪人引渡条約……………………69
反乱団体の行為 …………………168
PKO ………………………………206
東チモール事件 …………………134
非加盟国……………………………50
引渡または裁判……………………75
庇　護………………………………66
庇護事件(アヤ・デ・ラ・トーレ事件)
　……………………………………66

非自治地域…………………………91
非常任理事国………………………39
非政府団体（NGO）………………53
非戦闘員 …………………………216
必要性と均衡性の原則 …………209
ピノチェト事件 …………………141
非有形的損害 ………………173, 179
評　価 ……………………………153
比例性規則 ………………………217
フィラルティガ事件 ……………140
不可抗力 …………………………172
不干渉義務…………………………31
複合的犯罪…………………………71
不遵守手続 ………………………153
婦人の地位委員会 ………………136
不戦条約 ………………………12, 31
普遍的義務（対世的義務）
　………………………152, 166, 176, 182
普遍的国際機構……………………33
武力攻撃 …………………………208
武力復仇 …………………………201
武力紛争法 ………………………214
紛争解決手段選択の自由 ………185
文　民 ……………………………216
閉鎖条約……………………………9
ヘイ・バリラ条約…………………89
ヘイ・ポンスフォート条約………89
平和維持活動 ……………………206
平和維持軍 ………………………206
平和に対する権利 ………………130
ベラルーシ…………………………17
ベルギー条項………………………72
ベルサイム条約……………………90
ペルソナ・ノン・グラータ………81

ベルリン条約（1878年）……………23
変形方式………………………………140
ベンタム………………………………13
編入方式………………………………140
法人（企業）…………………………59
法的信念………………………………7
法典化…………………………………51
法の一般原則…………………………8
法律上の政府…………………………24
法律的紛争……………………………185
補完性の原則…………………………77
補助機関………………………………41
捕　虜…………………………………216
ホルジョウ工場事件…………………176
本拠地法主義…………………………59
本務領事官……………………………83

ま行

マグロマティス特許事件……………64
マニラ宣言……………………………184
マラケシュ合意………………………157
マールポール73／78条約……………150
満州国…………………………………20
マンハイム条約………………………90
箕作麟祥………………………………4
民衆訴訟…………………………134, 182
民族自決………………………………129
民用物…………………………………216
無害航空の権利………………………114
無害通航………………………………89
　　──にあたらない活動……………100
無害通航権……………………………99
無過失賠償責任………………………174
無国籍…………………………………58

無差別攻撃……………………………217
無主の土地……………………………87
明示的権限……………………………46
名誉領事官……………………………83
黙示的権限……………………………47
モントリオール議定書………………154
モントリオール協定…………………117
モントリオール条約…………………116

や行

野生動植物の国際取引………………161
ヤルタ会議……………………………91
優位性…………………………………46
有形的損害……………………………173
友好関係原則宣言…………………202, 212
油濁民事責任条約……………………149
尹秀吉（ユン・スーギル）事件………72
横田喜三郎……………………………14
予防原則………………………………151
予防的アプローチ………150, 151, 155, 159
ヨーロッパ同盟（EU）………………16

ら行

ラヌー湖事件…………………145, 146, 153
リオ宣言………………………………150
立法条約………………………………9
リバース・リスト……………………150
領域権…………………………………29
領域使用の管理責任…………………146
領域的庇護……………………………66
領　海…………………………………99
領空主権………………………………113
　　──の原則…………………………114
臨　検…………………………………105

ルワンダ国際刑事裁判所…………………76
歴史的水域………………………………99
連　邦………………………………………9
ローマ条約……………………………43, 118
ローマ法王………………………………2
ロンドン海洋投棄条約 …………………150
ロンドン・ダンピング条約 …………151

わ行

枠組条約 …………………………………152
ワシントン条約 …………………………161
ワルシャワ条約…………………………31
ワルソー条約 ……………………………117
湾岸戦争 …………………………………206

松田　幹夫　編

〔執筆者〕　　　　　　　　　　　　　〔担当箇所〕

松田　幹夫（獨協大学名誉教授）　§ Ⅰ，Ⅱ，Ⅴ，Ⅵ

鈴木　淳一（獨協大学助教授）　§ Ⅲ，Ⅳ，Ⅸ，Ⅻ

安保　公人（拓殖大学教授）　§ Ⅶ，ⅩⅢ

中村　恵（日本大学教授）　§ Ⅷ

一之瀬高博（獨協大学教授）　§ Ⅹ，Ⅺ

（執筆順）

みぢかな国際法入門

2004年4月26日　第1版第1刷発行
2006年4月5日　第1版第2刷発行

編者　松田幹夫

発行　不磨書房
〒113-0033 東京都文京区本郷6-2-9-302
TEL 03-3813-7199／FAX 03-3813-7104

発売　(株)信山社
〒113-0033 東京都文京区本郷6-2-9-102
TEL 03-3818-1019／FAX 03-3818-0344

© 著者, 2004, Printed in Japan　　印刷・製本／松澤印刷

ISBN4-7972-9077-3 C3332

◆既刊・新刊のご案内◆

gender law books

ジェンダーと法
辻村みよ子 著（東北大学教授）　　■本体 3,400円（税別）

導入対話による
ジェンダー法学【第2版】
監修：**浅倉むつ子**（早稲田大学教授）／阿部浩己／林瑞枝／相澤美智子
　　　山崎久民／戒能民江／武田万里子／宮園久栄／堀口悦子　　■本体 2,400円（税別）

比較判例ジェンダー法
浅倉むつ子・角田由紀子 編著
相澤美智子／小竹聡／今井雅子／松本克巳／齋藤笑美子／谷田川知恵／
岡田久美子／中里見博／申ヘボン／糠塚康江／大西祥世　　　　　［近刊］

パリテの論理
男女共同参画へのフランスの挑戦
糠塚康江 著（関東学院大学教授）
待望の1作　　■本体 3,200円（税別）

ドメスティック・バイオレンス
戒能民江 著（お茶の水女子大学教授）　　A5変判・上製　　■本体 3,200円（税別）

キャサリン・マッキノンと語る
ポルノグラフィと買売春
角田由紀子（弁護士）
ポルノ・買売春問題研究会
9064-1　四六判　■本体 1,500円（税別）

■スポーツ法■

導入対話によるスポーツ法学
9108-7
小笠原正（東亞大学）／井上洋一（奈良女子大学）／川井圭司（同志社大学）／齋藤健司（筑波大学）
諏訪伸夫（筑波大学）／濱野吉生（早稲田大学）／森浩寿（日本大学）
■ 2,900円（税別）

スポーツ法学
の学習に必携

小笠原正・塩野宏・松尾浩也（編集代表）
スポーツ六法
事故防止からビジネスまで
■ 3,200円（税別）
【編集委員】浦川道太郎／菅原哲朗／髙橋雅夫／道垣内正人／濱野吉生／守能信次

不磨書房

■導入対話シリーズ■

導入対話による民法講義（総則）【第3版】　■ 2,900円（税別）
橋本恭宏（中京大学）／松井宏興（関西学院大学）／清水千尋（立正大学）
鈴木清貴（帝塚山大学）／渡邊力（関西学院大学）

導入対話による民法講義（物権法）【第2版】　■ 2,900円（税別）
松井宏興（関西学院大学）／鳥谷部茂（広島大学）／橋本恭宏（中京大学）
遠藤研一郎（獨協大学）／太矢一彦（東洋大学）

導入対話による民法講義（債権総論）　■ 2,600円（税別）
今西康人（関西大学）／清水千尋（立正大学）／橋本恭宏（中京大学）
油納健一（山口大学）／木村義和（大阪学院大学）

導入対話による刑法講義（総論）【第3版】　■ 2,800円（税別）
新倉 修（青山学院大学）／酒井安行（青山学院大学）／高橋則夫（早稲田大学）／中空壽雅（獨協大学）
武藤眞朗（東洋大学）／林美月子（立教大学）／只木 誠（中央大学）

導入対話による刑法講義（各論）　★近刊 予価 2,800円（税別）
新倉 修（青山学院大学）／酒井安行（青山学院大学）／大塚裕史（岡山大学）／中空壽雅（獨協大学）
信太秀一（流通経済大学）／武藤眞朗（東洋大学）／宮崎英生（拓殖大学）
勝亦藤彦（佐賀大学）／安藤泰子（青山学院大学）／石井徹哉（千葉大学）

導入対話による商法講義（総則・商行為法）【第3版】　■ 2,800円（税別）
中島史雄（高岡法科大学）／神吉正三（流通経済大学）／村上 裕（金沢大学）
伊勢田道仁（関西学院大学）／鈴木隆元（岡山大学）／武知政芳（専修大学）

導入対話による国際法講義【第2版】　■ 3,200円（税別）
廣部和也（成蹊大学）／荒木教夫（白鷗大学）共著

導入対話による医事法講義　■ 2,700円（税別）
佐藤 司（元亜細亜大学）／田中圭二（香川大学）／池田良彦（東海大学）／佐瀬一男（創価大学）
転法輪慎治（順天堂医療短大）／佐々木みさ（前大蔵省印刷局東京病院）

導入対話によるジェンダー法学【第2版】　■ 2,400円（税別）
浅倉むつ子（早稲田大学）／相澤美智子（一橋大学）／山崎久民（税理士）／林瑞枝（元駿河台大学）
戒能民江（お茶の水女子大学）／阿部浩己（神奈川大学）／武田万里子（金城学院大学）
宮園久栄（東洋学園大学）／堀口悦子（明治大学）

導入対話によるスポーツ法学　■ 2,900円（税別）
井上洋一（奈良女子大学）／小笠原正（亜亜大学）／川井圭司（同志社大学）／齋藤健司（筑波大学）
諏訪伸夫（筑波大学）／濱野吉生（早稲田大学）／森浩寿（大東文化大学）

スペイン語法律用語辞典　山田信彦 編著
西和・和西のどちらでも引ける，初の法律専門用語辞典　定価：本体 10,000 円（税別）

日本の人権／世界の人権　横田洋三著　■ 1,600 円（税別）

導入対話による 国際法講義【第2版】
廣部和也（成蹊大学）／荒木教夫（白鷗大学）共著　　■本体 3,200円（税別）

みぢかな 国際法入門
松田幹夫編　■本体 2,400 円（税別）

講義国際組織入門
家 正治編　■本体 2,900 円（税別）

国際法 ◇ファンダメンタル法学講座
水上千之／臼杵知史／吉井淳編著　■本体 2,800 円（税別）

◆はじめて学ぶひとのための　法律入門シリーズ◆　　　［学部・LS 未修者に］

プライマリー 法学憲法
石川明・永井博史・皆川治廣 編
■本体 2,900 円（税別）

プライマリー 民事訴訟法
石川明・三上威彦・三木浩一 編

プライマリー 刑事訴訟法
椎橋隆幸（中央大学教授）編
■本体 2,900 円（税別）

早川吉尚・山田 文・濱野 亮 編

ADRの基本的視座
根底から問い直す "裁判外紛争処理の本質"

1　紛争処理システムの権力性と ADR における手続きの柔軟化　　　　（早川吉尚・立教大学）
2　ADR のルール化の意義と変容アメリカの消費者紛争 ADR を例として　　　（山田 文・京都大学）
3　日本型紛争管理システムと ADR 論議　（濱野亮・立教大学）
4　国による ADR の促進　（垣内秀介・東京大学）
5　借地借家調停と法律家 日本における調停制度導入の一側面　（高橋 裕・神戸大学）
6　民間型 ADR の可能性　（長谷部由起子・学習院大学）
7　現代における紛争処理ニーズの特質と ADR の機能理（和田仁孝・早稲田大学）
8　和解・国際商事仲裁におけるディレンマ（谷口安平・東京経済大学／弁護士）
9　制度契約としての仲裁契約 仲裁制度合理化・実効化のための試論　（小島武司・中央大学）
10　ADR 法立法議論と自律的紛争処理志向　（中村芳彦・弁護士）

A 5判　336 頁　定価 3,780 円（本体 3,600 円）

不磨書房